| 中 国 好 校 长 丛 书 |

教育的回归

李明新 /著

中国教育报刊社人民教育家研究院 /组编

北京师范大学出版集团
BEIJING NORMAL UNIVERSITY PUBLISHING GROUP
北京师范大学出版社

图书在版编目（CIP）数据

教育的回归/李明新著；中国教育报刊社人民教育家研究院组编. —北京：北京师范大学出版社，2023.7（2024.3重印）
（中国好校长丛书）
ISBN 978-7-303-29081-9

Ⅰ.①教… Ⅱ.①李… ②中… Ⅲ.①小学教育－研究 Ⅳ.①G62

中国国家版本馆 CIP 数据核字（2023）第 076812 号

图书意见反馈 gaozhifk@bnupg.com 010-58805079
营销中心电话 010-58802135 010-58802786
北师大出版社教师教育分社微信公众号 京师教师教育

出版发行：北京师范大学出版社 www.bnupg.com
北京市西城区新街口外大街 12-3 号
邮政编码：100088
印 刷：保定市中画美凯印刷有限公司
经 销：全国新华书店
开 本：710 mm×1 000 mm 1/16
印 张：16.75
字 数：246 千字
版 次：2023 年 7 月第 1 版
印 次：2024 年 3 月第 2 次印刷
定 价：65.00 元

策划编辑：伊师孟 责任编辑：伊师孟
装帧设计：陈 涛 焦 丽 美术编辑：陈 涛 焦 丽
责任校对：包冀萌 责任印制：赵 龙

丛书编委会

编写说明

中华文明延绵数千载，先贤辈出，群英荟萃。教育，是文明传播和民族振兴的根本。习近平总书记指出，要坚持把高质量发展作为各级各类教育的生命线，加快建设高质量教育体系。建设教育强国，基点在基础教育。基础教育搞得越扎实，教育强国步伐就越稳、后劲就越足。新时代中小学校长，是建设高质量基础教育体系的领军人物，是倡导和推进实施教育家办学的践行者和领航者。

近年来，由中国教育报刊社人民教育家研究院牵头组织、北京师范大学出版社出版的《新时代中小学校长群像》《领航者在行动》等以新时代中小学校长为书写对象，以传播教育智慧、推广办学经验、展示精神风貌、宣传先进事迹为宗旨的诸多图书，较为全面地呈现了近百位鲜活生动、有血有肉的新时代优秀校长的典型形象。他们来自全国不同地区，教育成长过程和办学治校经历也各不相同，但他们都扎根中国大地，以人民为中心，以推进教育现代化、建设教育强国、办好人民满意的教育为己任，在教育实践界和出版界产生了重要的影响。

为进一步扩大新时代中小学校长的影响力，精准定位读者群众，探索教育家型校长的成长规律，持续推进校长队伍的专业化水平，提升更广大校长的业务素养，进一步提高名校名校长的社会认知度，回应国家、社会对名校名校长的关切，我们推出“中国好校长丛书”。

本丛书立足于中小学校长办学实践，聚焦中小学校长专业发展，探寻教育家型校长办学经历及办学规律，着眼中小学校长的专业阅读与学习需求，以名校名校长的发展为个案，全面、系统地总结名校名校长的成功经验，展示名校名校长的精神风貌。每本书以校长为第一人称的方式进行写作，从校长成长、校长素养、校长与学校的共生发展等几个方面讲述个人的办学经历和思想体悟。校长成长重点呈现校长的学习与培训经历，校长素养重点突出校长的个人品质和业务素养，校长与学校的共生发展重点讲述校长与学校共同成长的故事，丰富中小学发展的实证研究，彰显学校的办学特色。

我们努力向大家送上一套呈现校长与学校互动关系的叙事丛书，通过深入挖掘校长与学校相互成长的故事，展示教育家型校长的教育人生，让校长在书中以第一人称的方式，讲述自己成长和学校发展的过程，总结教育家型校长的办学经验，体现新时代中小学校长风貌。我们也努力探索研究与出版并行，加强出版专业性的同时，充分依托中国教育报刊社人民教育家研究院，以探寻中国好校长专业成长规律为目标，开展课题研究或教研活动并凝练成果，进而将之转化服务学校。

夏至华夏，葱葱茏茏。在这个成长的季节，希望这套丛书能够给广大教育同仁尤其是中小学校长提供成长榜样、效法先锋，从而树立“躬耕教坛、强国有我”的志向和抱负，大胆实践，创新教育理念、教育模式、教育方法，筑梦教育新时代，追梦教育家。

“中国好校长丛书”编委会

于北京文慧园

序言

……………

做发展素质教育的引路人

李明新校长最新专著《教育的回归》即将付梓。提前阅读全书，仿佛在翻阅李明新校长从教的历程。从语文教师到特级教师，从普通教师到小学校长，从小学教师到领航校长的导师……李明新校长一路走来，一路“回归”，不断在教育实践中探问教育的本真，探寻教育的原点，探求教育的规律，探索教育的创新。“教育的回归”概括了一位优秀教育者对教育本真的不懈探问、探寻、探求、探索。李明新校长用他不断的教育实践创新，持续诠释着这一追求，汇聚成发展素质教育的累累成果，成为通过教育实践引领我国基础教育、发展素质教育的引路人。

在教育理念的回归中，探问教育的本真，引领素质教育的办学思想。在当今世界教育变革不断深化，教育概念层出不穷，教育发展日新月异，教育竞争如火如荼的情况下，提出“教育的回归”需要一种勇气和魄力，需要教育的智慧和定力。李明新校长是一位教育实践家，敢于提出“教育的回归”这样的理念，源于他对教育实践深刻的理解，对当下教育实践存在问题的深刻反思。他看到，在教育实践中，很多家长和学生“为了不输在起跑线上，埋在书山题海中，埋在各种培训班中。有些幼儿园教育有‘小学化’倾向，盲目地教授小学知识，导致部分学生从小厌恶学习、厌恶知识、厌恶书本甚至厌恶上学”。所以，李明新校长在实践中一次次地追问：“学生失去了学习的兴趣和探索的精神，这，还是基础教育吗？”这是反基础教育的做法。他认为，人生是长跑而不是短跑，基础教育要给每个人留下的是“科学的呼吸、持续的耐力和健康的体魄”，这三点是人生“长跑”所需要的。他认识到，人的发展有快有慢，有先有后，基础教育应扎扎实实地做“基础性的工作”，为少年儿童人格的发展做好奠基工作，而非使他们的学习起点就变成人生终点。正是在这种实践反思中，他开始倡导基于“五养”教育理念的教育回归。“回归”，就意味着当下教育存在价值迷失与实践迷失。他认为，“基础教育”四个字本来说得很清楚，就是给每个学生的人生发展打好基础，为整个民族的素质打好基础。这个“基础”，对于每一个具体的学生来说，不是传统意义上的“双基”概念，而是指人一生身心健康、可持续发展、幸福工作与生活的基础。这个基础是全面的、和谐的、利于个性化发展的基础。那么，如何进行基础教育实践，才能尊重它的基础性呢？他认为就要“目中有人”，也就是心中有具体的儿童。他说，搞基础教育，把“儿童”两个字扔在一边是极为不负责任的。于是，他把自己的教育理念概括为五个“养”，即儿童的成长要慢养、顺养、牧养、素养、调养。

李明新校长提出的“五养”理念的核心是以学生为中心，办符合儿童成长规律的教育，而不是急功近利的教育。这一理念，正是我们发展素质教育的核心理念。发展素质教育就是要坚持以人为本，以学生为中心，遵循学生成长规律和教育规律，促进学生在德智体美劳等方面得到全面发展。概括来说，素质教育的核心就是人的发展，就是要尊重人的发展规律。“五养”正是建立在以儿童为中心基础上，遵循儿童发展规律的教育方法论。因此，“五养”理念是在教育实践中引领素质教育发展的科学的办学理念体系。

在教育实践的回归中，探求教育的规律，引领素质教育的实践创新。理念是行动的引领，有了理念的回归，还需要行动的跟进。这是一位校长重要的领导力。李明新校长在坚守教育理念回归的过程中，不断探寻、不断创新，形成了发展素质教育的系列改革措施，产生了很好的实践效果，实现了学生学业的高质量发展，学生素养的高质量提升，教师的高素质成长和学校的高品质变革。他注重学生的全面发展，重新诠释了体育不只是“体”育，阐明了劳动教育的真谛，构建了教师发展的平台，深化了课堂教学的环节。北京小学的每一次教育实践的创新探索都能引领基础教育实践迈向新的高度，切实成为素质教育创新的引领者。这其中让我印象最深的就是四季课程的提出和实践。李明新校长带领学校多年来一直坚持追求“创造适合学生发展的教育”的理念，其内涵包括三个方面：第一是教育要遵循儿童成长规律，依据儿童的年龄特征、身心特点，从儿童的自主发展需要出发；第二是办学要遵循教育规律，通过学校课程实践的整体优化，引导学生“主动发展、全面发展、个性发展”；第三是教育的“发现”和“发展”，发现其潜能，发展其个性。学校要为学生提供适合发展的教育，就离不开对“学生特点”和“学生发展规律”的深入研究。他们以“适性教育”的理念为指导，努力探索适合生命成长、适合儿童生活、适合个性发展需求的四季课程，并以此推进富有学校特色的课程建设。

四季课程的提出不仅体现了学校在遵循学生发展规律基础上的创新实践，而且体现了李明新校长作为学校课程的领导者卓越的领导智慧。首先，四季课程关注的是儿童的全面发展，通过构建综合主题的体育、艺术、科技、传统文化课程周，使平时渗透于日常教学过程的素质课程得到了集中整合与充分展示，凝聚了教师的课程发展智慧和力量，激发了学生自我发展的积极性和参与性，让课程建构与发展真正回归给师生，回归给儿童。其次，四季课程的构建采用了主题综合的课程发展方式。这一课程构建方式与日常的分科课程实现了互补和发展，为我国中小学发展素质教育的课程建构提供了创新范例。第三，四季课程注重了课程的开放性，实现了课程开发的师生同构，课程资源的家校协同，真正让课程成为促进学生全面发展、主动发展、个性发展的舞台。四季课程的成功得到了学生、家长、教师的认可，也得到了社会和专业人士的认同，是我国基础教育课程改革的创新示范。四季课程成功的本质是李明新校长带领团队尊重教育规律，追求教育回归本真的真实写照。

在展望未来的回归中，探寻教育的原点，引领发展素质教育的改革。从20世纪末开始，人类教育进入一次新的变革，展望未来教育成为当今教育者不可回避的课题。而把握变革的本质，是实现变革中超越的必然基础。习近平总书记在第二届世界互联网大会上指出：“纵观世界文明史，人类先后经历了农业革命、工业革命、信息革命。每一次产业技术革命，都给人类生产生活带来巨大而深刻的影响。”从教育发展历史看，人类每一次产业技术革命都与教育发展变革相伴相随，相辅相成。互联网的诞生对现代教育基本假设和基本范式提出了颠覆性挑战。互联网、大数据、云计算、人工智能的出现，带来了“知识爆炸”。人类面临一系列关于知识学习的挑战。第一，海量知识信息的扩增使“一切的知识教给一切的人”这个基本假设不再成立，泛智教育面临颠覆性挑战；第二，知识迭代加快超越学校教学内容，课程编制和教材开发模式面临实践性挑战；第三，人工智能的深度学习超越人类现代学习方式，现代学校和现代学制面临制度性挑战。信息革命推动了教育变革的进程。这是百年未有之大变局下世界教育变革的技术背景。在这种背景下，人类必须作出对教育目标的本质选择。

面对人工智能对教育发展带来的新挑战，李明新校长也在不断思考未来基础教育的发展方向，不断探寻如何在回归教育的过程中引领素质教育发展的未来方向。面对日益发展的人工智能时代，他提出，未来教师应该具有四种崭新的角色：第一，教师应该成为学生的人生引导者；第二，教师应该成为创意课程者；第三，教师应该成为魅力教育者；第四，教师应该是一个自我变革者。在他看来，未来教育中每一名教师都应成为学生的人生导师，而不仅仅是学段或学科教师。一名好的教师应该在建立教与学关系的过程中，在确立师与生角色的过程中，成为学生成长的促进者、人生的启迪者、心理的疏导者、情感的交流者。教师应该在人的情商发展方面体现出不可替代、不可或缺的作用。所以，一名教师应该具有对学生真诚的爱与人文的关怀，并且能够建立一种非常友善、平等、互敬的关系。技术越发达，物质条件越优越，人精神层面的需求就越高，这就给教师提出了更高的要求。教师如果只会教书不会育人，只关注知识而不关注生命，就无法成为未来时代需要的好教师。未来教师要针对每一名学生发展，创新性地研发具有鲜明个性的课程供学生选择和学习。未来的好教师应该是一个思想者，一个有德行的人，一个具有文化品位的人，一个具有人格魅力的人，一个对生活充满了热爱的人。其中，富有哲学气质、人文情怀、艺术素养的教师将是大受学生欢迎的人。

李明新校长面向未来的教育憧憬，体现了他善于在实践中学习、思考、创新的领导力和教育品格。也许正是这样的为人、为事、为学的品格成就了这样一位善于把握教育规律，敢于归回教育本真，能够不断领导创新发展的大先生。

此时阅读这本《教育的回归》，我们既在阅读过去，也是在阅读未来；既在阅读文字，也是在阅读人生；既在感受思想与实践，也是在感受人格的魅力与风采！相信这本饱含着李明新校长教育热情和智慧的著作能够吸引更多的教育同人共鸣！我即是这共鸣者之一！

是为序！

杨志成

首都师范大学

2023 年 3 月 12 日

前言

到 2023 年，我从事教育工作就满 35 年了。做教育的时间越长，我越感到自己的教育“本领”不高、不强、不够，因为许多教育问题，我还不能很专业地、深刻地加以认识和解答，更不要说顺利地解决了。特别是当前教育改革发展很快，我越学习越感到自己在教学上、在管理上还是个小学生。我唯一可以让自己心安一些的，是自己一直在学习，一直在思考，也一直在探索。“五养”教育理念、“实与活”的教学思想、四季课程、三型管理、集团化办学、共建良好学校教育生态，都是在学习、思考和实践中诞生的。《教育的回归》这本书所反映的就是我在办学中的学习、思考和实践之路。

其实，我一直没有出书的打算，一是因为工作太忙，二是因为总觉得对自己办学实践进行总结和思考的东西都不够成熟。尽管一些专家、朋友曾催促我加快出书的速度，我仍然没有行动。一个偶然的机会，清华大学教育学院的石中英教授热情地鼓励我，他认为出书的过程正是梳理、深化校长办学思想的过程，也是促使自己再次思考教育、思考管理的契机和抓手。于是，我动心了，开始整理、撰写相关的书稿。在准备书稿的过程中，我确实又深入地思考了许多教育问题，一些思想在梳理中更加清晰起来。

通过这本书，我试图回答基础教育的本质是什么，学校和家庭面对儿童的成长应该怎么办，面向未来的教育应该如何追求。我的这些认识不只是基于学习，更基于实践。它们虽然谈不上多么高明，却是我和学校教师静心教书、潜心育人的深切体悟。北京小学的校训是“脚踏实地做事，顶天立地做人”，我是这样教育学生和教师的，更是这样严格要求自己并努力地践行着的。所以，我的教育主张不是挂在口头的标语，而是办学中教育实践与教育改革的核心思想。知行合一，是我办学以来一贯的价值追求和鲜明风格。

在这本书整理出版的过程中，我自己有一点欣慰，因为对照近些年党中央和国务院关于基础教育领域深化改革的一系列工作精神与措施，我发现北京小学的许多探索往往是先行一步的，比如组建教育集团、创建四季课程、提出“五养”教育理念、减轻学生课业负担等，这说明我们的许多探索性的改革是符合教育规律要求和国家教育改革发展方向的。这一点使得我们增强了工作自信。

也正是在这本书整理出版的过程中，党的二十大胜利召开了。党的二十大报告对加快建设高质量教育体系，办好人民满意的教育进行了深刻的论述，提出了实施科教兴国战略，强化现代化建设人才支撑的战略部署，从而更加突出了教育、科技和人才在社会主义现代化建设中的战略支撑作用，进一步指明了高质量发展是迈向现代化强国的首要任务。于是，我把目光再次投向教育的未来，投向教育新的改革目标，投向教育发展所需要研究的一个个问题。

基础教育如何实现高质量发展？我认为应该体现在：以为党育人、为国育才为初心使命，以贯彻教育方针促进学生全面健康发展为指南，以立德树人为根本任务，以核心素养为目标，以遵循教育规律和儿童成长规律为原则，以转变育人方式为重要手段，从而培养有理想、有本领、有担当的社会主义建设者和接班人。

基础教育的高质量发展，最终落点将是学生的培养质量，着力点是学校的育人水平。学校的育人水平，是学校办学系统中各要素综合作用下的育人质量的反映。校长在思考如何提升育人水平、促进学校教育高质量发展的时候，要有系统思维的意识，实现办学理念、治理方式、管理效能、课程建构、队伍建设、评价改革等育人的相关要素的实践策略升级。

一是学校教育的格局要升级。为实现教育高质量发展，学校教育改革必须进一步实现价值提升和格局升级。第一，完善学校育人体系。全面贯彻党的教育方针，构建五育并举的育人体系，瞄准立德树人的根本任务，发展素质教育，实实在在补齐短板。学校要研究实施五育并举的有效策略，而不是简单地做加减法，更不是做表面文章。教育实践要从五育并举进一步深化到五育融合，进而上升到五育共生。第二，重构学校教育格局。高质量发展必须结合国家的发展战略，针对家长、社会的期盼和学生发展面临的问题与需求，重构学校教育格局，即从课内育人体系建构转变到课内课后育人体系一体化共建上来，既要学科育人，又要服务育人；既要促进全面发展，又要满足个性化需要；既要为每个人的健康发展打好基础，又要为国家所需要的各类人才打好基础。第三，强化学校育人的主体作用。提高校内课内教育教学质量，因材施教，面向人人，体现学校学科育人、教学为主的独特价值。

二是人本理念的管理要升级。在教育改革中，我们强调要以学生发展为本；在办好人民满意的教育中，我们进一步提出要服务家长、让家长满意。这些都是正确的。但是随着改革的深入，我们越来越感到，以人为本的理念不能仅仅停留在学生和家长两个方面，还要渗透到教师队伍建设的认识中，教师的工作状态会直接且深刻地影响学生的成长。因此，让教师健康同等重要，让教师快乐同等重要，让教师成长同等重要。我们要从关注教师工作表现进一步提高到关注教师工作状态，工作状态既包括工作表现也包括生命状态，教师的工作状态与未来的教育质量发展有着密切关系。因此，学校人本理念的管理必须是三位一体的，即做温暖学生的教育、温暖家长的服务、温暖教师的管理。

三是课程供给的方式要升级。课程供给方式要立足学生的需要、立足学生的自主性、立足学生全面而富有个性的发展，从单一的供给走向多级的供给再走向多维的供给。多级的供给，是目前大多数学校都在实践探索的，已经被研究得比较广泛了，国家课程、地方课程、校本课程三级管理下的课程供给方式给了学校一定的创新空间。然而，随着网络化、数字化、智能化等技术在教育领域的广泛应用，多维供给的课程将打破时空，资源更开放，手段更丰富，方式更多样，在课程中也更能实现个性化的教育。新的课程理念也让我们要重视跨学科教学，资源的建设将从校内走向更广阔的校外，资源供给方式更立体。必修与选修、线上与线下、单科与跨科、校内与校外资源的整合将凸显泛在学习的资源特点，更好地服务学生的个性化需求。

四是课堂教学的导向要升级。通过多年课改，课堂教学从原来的知识技能导向发展到了三维目标导向，而现在新修订的课程标准又提出了核心素养导向。核心素养是对三维目标中知识、技能、情感、态度、价值观的整合，是学生通过课程逐步形成的正确价值观、必备品格和关键能力。以核心素养为目标导向，我们的教学方式也必须进一步变革，特别是学生的学习方式的变革。核心素养不是讲出来的，不是刷题刷出来的，而是做中学、用中学、创中学，是从实践中生成出来的，所以不变革学习方式是不行的。有的专家指出，研究学生的学习逻辑时，既要关注学科逻辑，也要关注生活逻辑。学生学习的情境性、实践性和综合性将是课堂教学设计的显著特点。既然强调在真实的学习情境之下解决实际问题，生成学生的核心素养，那么创设真实的、激发情感与思维的学习情境，设计有挑战性的学习任务，开展有意义的跨学科学习，将成为课堂教学研究的重点。

五是教师素质的要求要升级。党的二十大报告强调科教兴国、人才强国战略，这个重任谁去完成？是人民教师，因为教师就是专门为党、为国家、为民族培养人才的。既然明确了为党育人、为国育才的价值导向，我们就必须强化这个使命，因为我们教师的名字叫“人民教师”。围绕为党育人、为国育才，我们需要进一步思考教师的素质应该如何提升？习近平总书记曾提出“四有好老师”和“四个引路人”的要求，它将为教师素质提升指明方向。每一位教师在素质提升上，要努力做到育人和育己的统一、强化责任担当与强化初心使命的统一、提高教学能力与提高育人能力的统一、提升专业技能与提升师德水平的统一。

这五个方面虽然还不能包括学校全方位的工作，但是都与教育高质量发展密切相关。这些思考也是我原有研究认识的深化，它将促使我开始新的探索和实践，为《教育的回归》这本书续写新的篇章。

目　录　CONTENTS

目　录　CONTENTS

目　录　CONTENTS

目录 CONTENTS

理念就是信念

学习起点不等于人生终点。

基础教育要给每个人留下的是“科学的呼吸、持续的耐力，健康的体魄”。

儿童的成长要慢养、顺养、牧养、素养、调养。

适合才是好的教育。

儿童成长中有个名字，叫学生；而学生发展中同样有个名字，叫儿童。

没有了“未来”意识的教育不是好教育。

让基础教育回归本真

当前，围绕贯彻落实党的教育方针和立德树人的根本任务，我国基础教育改革已经进入关键时刻，有很多深层次的问题亟待解决。其中，“关注每一位学生的健康成长问题”“关注学生发展的因材施教问题”等都需要我们教育工作者迫切地探索、研究、解决。正是深入的研究，使得我们对基础教育的价值有了更深入的认识，对基础教育课程改革的意义有了更深入的理解。

一

我认为，在改革与现实的教育实践中，坚守基础教育的本真，是让每一位学生健康成长的必然要求，是今天教育改革的迫切需要，也是基础教育工作者的职责。

在基础教育阶段，学生的健康成长指什么？基础教育的本真又是什么？其实，“基础教育”这四个字说得非常明确，它的本真就是“基础”二字。学生的健康成长就是按基础教育的要求培养学生，就是使教育实践遵循教育规律。因此，如何认识“基础”二字，是我们基础教育工作者必须不断思考的问题。

作为一名多年从事基础教育实践和研究的工作者，我认为基础教育的本位价值应该在于它的基础性。不可否认，基础教育存在多元的功能，但是，我们必须认清它的本位价值与功能，这一价值是有别于其他教育而存在的，是具有根本属性的价值。因此，“基础”二字必须牢牢把握，它有别于高等教育，有别于精英教育。今天之所以要探讨“基础”二字，是因为某些教育实践或社会现象提示我们，一些从事基础教育的人并没有很准确地把握“基础”二字的内涵与其本位价值。我认为，针对学生课业负担过重、校外培训班负担过重、应试教育倾向仍然存在等问题，基础教育应该、也必须回归它的本位价值，即回归本真。我们今天有的基础教育实践已经偏离了基础教育的本位价值，这种实践方向的迷失实际反映了价值追求的迷失，因此，我们必须呼唤基础教育的价值实现“基础性回归”。

这里所谈的“基础”，不能简单地理解成是一种学科的基础、知识的基础或技能的基础。我们过去谈基础，一般是指“双基”概念，就是基础知识和基本技能。在一定程度上，“双基”概念逐步替代了“基础”概念。人们会不自觉地把基础教育的“基础”窄化为“双基”内涵，“双基”成了主业，其他诸如人格培养、身心健康、创新精神、实践能力、社会交往等都成了副业。因而，我认为，坚守基础教育的本位价值，就必须正确认识基础教育的基础性内涵。

当然，在今天的学校教育当中，基础知识和基本技能仍然是人发展所必需的。但是，我们又必须认识到，今天的教育更应关注人的全面发展、和谐发展、健康发展，而不仅仅是知识的掌握。所以，对于我们国家基础教育的“基础”而言，含义应包括两层：一是为中华民族素质的不断提高打基础、为培养优秀的社会主义建设者和接班人打基础；二是为人的一生发展打基础，即为人生奠基，它既包括身体素质也包括心理素质，既包括思想道德水平也包括知识能力水平，既包括创新精神也包括实践能力等。人生的“基础”是一个整体，是德智体美劳的统一，是知识能力与价值观的统一，而不仅仅是“学科知识的基础”。否则基础教育会导致学生片面地发展，甚至单纯追求名次和分数，从而迷失自己的方向，丢却自己根本的价值与功能。关注学生的健康成长，就必须有“健康的教育”，这里“健康的教育”就是指遵循规律的教育，指符合基础教育功能定位和本质要求的教育，它应充分实现基础教育的基础性。

二

影响基础教育深化改革的因素是多方面的，不断滋长的功利主义就是其中之一。上学的价值就是应试，应试的价值就是上重点学校，上重点学校的价值就是考大学，还有各种考级、体育特长比赛、上奥数班等，无不是有着功利目的的。因此，中小学的基础教育改革与实践要回到基础教育本来的价值，回到基础教育自身要完成的任务，就必须去短视化、去功利化，这是坚守基础教育本真的必然要求。基于此，我们必须澄清社会上的一些认识。

第一，学习起点不等于人生终点。

基础教育是影响人一生的教育，所以有时候眼前的成绩并没有那么重要。我们期待着学生健康成长，期待着学生的能力更强一些，但是我们应该认识到，教育的作用有时还体现在他们未来走上社会之后。现在有句话叫“不要让孩子输在起跑线上”，对这句话，我早就表明了不认同的态度。许多学生为了不输在起跑线上，埋在书山题海中，埋在各种培训班中。有些幼儿园教育有“小学化”倾向，盲目地教授小学知识，导致部分学生从小厌恶学习、厌恶知识、厌恶书本甚至厌恶上学。学生失去了学习的兴趣和探索的精神，这，还是基础教育吗？这是反基础教育的做法。我认为，人生是长跑而不是短跑，基础教育要给每个人留下的是“科学的呼吸、持续的耐力和健康的体魄”，这三点是人生“长跑”所需要的。我们必须认识到，人的发展有快有慢，有先有后，基础教育应扎扎实实地做“基础性的工作”，为少年儿童人格的发展做好奠基工作，而非使他们的学习起点变成人生终点。

第二，考场状元不等于职场状元。

基础教育是让每一个人获得全面、健康发展的教育，而不是使每个人都要争得 100 分的教育。“状元情结”至今存在于我们的现代生活中，它激励着少数人，也折磨着大多数人。一些家长和一些学校鲜少关心考场状元是不是真正的“社会生产力”，只追逐第一名的荣誉。其实，学习的真正价值不在于是不是“考第一”，而在于拥有“完善的人格”，在于更好地服务社会。基础教育应该让每一个人追求的目标之一是走上工作岗位后，争做“职场状元”，为人民、为国家、为整个社会做出能做的贡献。所以，基础教育不是比一所学校有没有状元，也不是比平均分高了几分，而是应把功夫用在对学生正确的世界观、人生观、价值观、成才观的引导与建立上。

第三，高分数教育不等于高质量教育。

基础教育的质量高不高、好不好，衡量的标准不应该只是学科成绩，而更应该是学生健康、全面的发展。对质量最有发言权的不应该是单方面的评价者，而应该包括家长、学生和社会。

面向未来，教育要追求的是公平、优质、创新和开放。我认为，在这个过程当中，高标准、高质量可能是我们基础教育面临的一个实际问题。2000年，联合国教科文组织在达喀尔会议上曾经有这样的论断：我们今天给全民提供公平的教育是一种胜利，但是不能够给他们提供保证质量的教育可能是一种空洞的胜利。因此，基础教育应该在提高质量和提高水平上下功夫，从而使我们的人民群众在享受机会公平的前提下享受到更优质的教育。但是，什么是真正的基础教育的质量？这涉及科学的质量观问题。未来的基础教育要提高质量，就得看德智体美劳的教育方针能不能得以贯彻，立德树人的根本任务是不是得以落实，素质教育的思想能不能在实践中得到深化，因为我们所说的“质量”是五育并举的教育质量，是体现素质教育思想的质量，是真正追求和实现学生作为人的全面、健康发展的质量，而不是片面追求分数和升学率的质量。这与基础教育回归本真是密切相连的。

三

既然我们承认基础教育的本真在于基础性，那么，我们就要进一步看到：一个民族的基础性、一个国家的基础性都会聚焦到每一个具体的人的身上。也就是说，在基础教育阶段，我们要聚焦到每一个学生的素质发展上，必须要在德智体美劳的全面发展上下功夫。五育并举是方针，五育发展是目标，五育落实是关键。我们只有落实了五育的全面发展，才能够夯实人的基础性。

我们应该清晰地看到，中华人民共和国成立以来，党和国家一直没有改变促进人的全面发展的教育方针，只是随着时代的发展，对全面发展的认识在不断地加深。2018年，习近平总书记在全国教育大会上明确地提出了德智体美劳全面发展的要求，并特别指出劳动教育的重要意义。事实上，从德智体到德智体美再到德智体美劳，是我们对全面发展的实践、认识、再实践、再认识的过程。五育并举的再次完整提出，是与落实立德树人的根本任务，与实现中华民族伟大复兴和培养社会主义的建设者与接班人有着密切的关系的。我们要通过全面发展素质教育，培养完整的人，和谐的人，积极向上的人，高素质的国家公民和民族复兴大业的担当者。

我认为，要落实德智体美劳全面发展的方针要求，就要对五育并举有科学的、深刻的把握。首先，德智体美劳的全面发展，关键在全面，重点在发展。当然，全面发展并不是全面优秀。这是符合人个性发展的特征的。但是，我们不能因为不等于全部优秀，就忽视乃至放弃全面发展。所以，全面发展是硬道理。既然是为每一个学生的一生成长奠定基础，我们就不能够让学生片面发展。在这一方面，我认为教育既要扬人之长，又要在基础教育阶段补人之短。所谓补短，就是要关注学生思想的、道德的、能力的、身心的各个方面的发展。哪个方面出现了问题，我们教育工作者和家长就必须关注，必须研究，必须实施教育。比如，一个学生很有美术天赋，但是他的道德品质如果存在问题，或者他的身体素质存在问题，我们就不管了吗？有些专家认为中小学只提扬长的教育就可以，这显然容易丧失基础教育阶段教育者的责任，也很容易导致学生的片面发展，更容易导致学校和家长片面追求升学率。因此，我们必须坚持“全面”发展。全面发展才是科学的基础性。

其次，基础教育的基础性是作为全面发展的基础性，其中，德育是基础中的首要基础。我们必须认识到，五育是相互渗透的，而德育贯穿于五育当中。所以，无论是学科教学，还是班级管理，一切与学生有关的教育场景都有德育的因素参与其中。这里所说的德育，是大德育的概念。它既包括基本的社会道德与规范教育，也包括世界观、人生观、价值观的教育；既包括学生生活的教育，也包括学生政治的教育；既包括学生意志品格的教育，也包括学生心理健康的教育。没有道德和健康人格的生长就没有人的真正精神生命的生长。立德树人，德为根本，德育为先，我们要牢牢把握德育在基础教育当中的重要地位。

再次，我们既然认识到德智体美劳全面发展是基础教育基础性的重要内涵，那全面发展在实践层面是不是五育的简单相加呢？答案是否定的。五育如果简单相加，各自为战，可能又会导致学生负担过重。我们应该重视五育的相互交融，相互渗透，相互促进，把五育并举的焦点聚焦到人的可持续发展上来。好的基础教育就是使人具有可持续发展的能力，让每一个人的成长有后劲。人的可持续发展素质综合起来看就是积极乐观的人生态度、极强的自我学习与自我更新能力、健康的体魄与顽强的毅力。这种可持续发展的素质难道只有智育能完成吗？不是。德育可以完成，体育可以完成，美育可以完成，劳育也可以完成。

一句话，基础教育的本真就是要回到人的全面发展上来，回到人的基本素质上来，回到人的可持续发展上来。

回归基础性教育：儿童成长讲“五养”

众所周知，教育改革影响千万学子，关乎民族发展。当前，举国上下都在进行教育的综合改革。任何改革，都不要忘记它的出发点，不要只在表面上做文章，而要把改革的价值与效果、内容与形式、方式与目的、过程与方法统一起来。因此，基础教育不论如何改，我认为聚焦点都应该是“尊重基础教育规律，利于学生健康成长”。如何更好地促进学生成长呢？首先，我们应该认识到学生的成长是生命体的成长，而不是单纯的认知体的成长；是“人”的成长，而不是泥偶的塑造。所以，育人是一门科学，而且是一门最难的科学。教育工作要求我们必须按规律办事，这个规律就是指基础教育自身的规律和人生命成长的规律。多年来，我们都在谈养育子女、培养学生、造就后代的问题。那么，这个“养”字怎么理解，怎么才能够更好地把握它的本质呢？

从事基础教育工作这么多年，我觉得，基础教育的核心价值追求应该回归它的基础性；我也曾大声呼吁了多年，“让基础教育回归本真”。“回归”，就意味着当下教育存在价值迷失与实践迷失。“基础教育”四个字本来说得很清楚，就是给每个学生的人生发展打好基础，为整个民族的素质打好基础。这个“基础”，对于每一个具体的学生来说，不是传统意义上的“双基”概念，而是指人一生身心健康、可持续发展、幸福工作与生活的基础。这个基础是全面的、和谐的、利于个性化发展的基础。

那么，如何进行基础教育实践，才能尊重它的基础性呢？我想就要“目中有人”，也就是心中有具体的儿童。搞基础教育，把“儿童”两个字扔在一边是极为不负责任的。我把自己在教育实践中的理解和感悟概括为五个“养”，即儿童的成长要慢养、顺养、牧养、素养、调养。

一、儿童成长要“慢养”

“慢养”不是故意“慢”，而是说在育人上我们要有耐心，不盲从，不急于求成，更不能够急功近利，要让生命按着自身的规律一点儿一点儿地成长。生命的成长是日积月累的过程，不能够“催化”。现在教育的功利主义倾向日益严重，导致许多家长盲从了不正确的教育做法，催化孩子的成长，“揠苗助长”，过度“施肥”。

和“慢养”相对的，自然就是“快养”。“快养”的现象非常令人担忧，幼儿教育小学化，小学教育中学化，学生学习奥数化，人生成长分数化。过度“施肥”就使得学生“营养失衡”。我这里说的“营养失衡”是指学生的成长被异化，即学校无限度地灌输知识，却限制他们的实践参与，这是不利于他们的健康成长的。教育是要开发学生的潜能，而不只是让学生提前记忆一大堆他不理解的知识。

有家长问我，学生到底应不应该学奥数。我想这个问题应该这样来看：从基础教育来讲，对奥数的作用、价值是有着清晰认识的，确实奥数不必要人人学。再者，从学生个体来讲，我提倡“适性教育”，适合才是好的教育。如果学生非常喜欢奥数，也有能力去钻研奥数，那么奥数就适合于他，这也是因材施教，个性化教学。但是，我不赞成让所有的学生都去学奥数，不赞成用奥数去衡量学生在基础教育阶段的数学发展水平，更不赞成用奥数去作为敲开中学大门的一块砖。实际上，许多家长之所以让孩子参加奥数性质的课外培训班或专业小组活动，并不是因为孩子有这方面的爱好，而是“被特长”“被爱好”，真正的爱好却被远离。家长的躁动、教育者的躁动已经成了一种必须警惕的社会问题。

在教育上，如果我们不能够静下心来，不能够耐心地去育人，那么学生就会在这种“快养”的教育当中失去真正的自我。“不要让孩子输在起跑线”误导了广大家长，让家长把关注点放到了“系统学科知识的抢跑”上，而不顾儿童的年龄特征与接受能力，也不顾儿童的成长规律。人生明明是长跑，我们却让儿童以百米冲刺的方式起跑，这使很多儿童倒在了人生的半途：身心受损，兴趣磨灭，失却创造，精神缺氧。

因此，儿童的成长必须回到“慢养”。我们应该关注的不是谁掌握的知识多、快、难，而是应该关注谁成长得全面、健康、快乐。校长、教师，特别是家长，在儿童成长时一定要淡定，静等花开。

二、儿童成长要“顺养”

“顺养”不能够理解成溺爱，也不能够理解成放任自流。“顺养”不是说儿童想怎么做就怎么做，想干什么就干什么，想说什么就说什么，那样就失去了我们教育存在的价值。这里说的“顺养”，是指要“顺木之天性”，因材施教。尊重儿童的天性，尊重儿童健康甚至高雅的兴趣和爱好，促其有个性地成长，鼓励他成为最好的自己。

许多儿童在成长过程中，遇到了人为的障碍，没有兴趣的必须去学，有兴趣的又不能去学。比如，我们在调查中发现，在儿童成长的过程当中，许多家长都让孩子去弹钢琴，去学奥数，去学英语，却很少有家长鼓励孩子参加科技活动，培养科学态度、那些在科学方面有潜能的孩子就得不到很好地发展。还有一些孩子喜欢异想天开，但是有时候我们的教育者更喜欢孩子是循规蹈矩的，这就使得孩子们逐渐泯灭了好奇的天性，失去了创造的追求。

因此，“顺养”应该在教育上重视儿童的兴趣爱好，重视儿童的个性化成长。谈到个性化成长，北京小学近年来一直在开展一项很重要的活动，这项活动对学生的成长起到了很好的导向作用，那就是每年举办的“年度荣誉奖”评选活动。这项活动的初衷是在引导学生个性化地发展，让每一个学生都能够认识到，只要努力就可以成为“最好的自己”，而不是考 100 分才是最好的自己。

关于引导学生个性化成长，我想到一个例子。我曾接到一个毕业生家长的电话。他说，他的孩子考上了理想的大学。我记得这个孩子，她在北京小学学习的时候，特别喜欢读书和写作文，其他学科学得也不错，数学能得 90 多分。她不爱学奥数，家长也就没有给她报奥数班，她把更多的精力投入自己喜欢的写作、阅读以及社会公益活动当中。当时家长问过我，要不要给她报奥数班，我说这个孩子如此喜欢写作，还是应该让她保持这方面的兴趣爱好。到了中学，这个孩子仍然热爱写作，家长又来问我，需不需要给她报奥数班等补习班，我仍然坚持我的观点，尊重孩子，让这个孩子能够在“合格”的基础上“扬长”。通过中学六年的努力，这个孩子日积月累，不仅在写作上大有进步，写了几本书，而且综合素质高，学习能力强，顺利考取了理想的大学。毫无疑问，她是一个全面发展、个性鲜明的好学生。

这个孩子的成长经历告诉我们，当一个儿童有自己的兴趣爱好的时候，家长和教师应该呵护，应“顺木之天性”，发展他的个性，开发他的潜能。顺人性，让儿童享受童年；顺个性，让儿童个性发展，这是“顺养”的内涵。因此，教育工作者应该经常问问自己：我们的课程设置、课堂教学、教育活动尊重儿童的人性吗？尊重学生的个性吗？千万不要在繁忙的工作与浮躁的追逐中失却了这些本应该牢记的问题。

三、儿童成长要“牧养”

这是一个非常形象的说法。“牧养”有“放养”的意思，但不是放手不管，而是比喻我们培养儿童要像草原的牧人放牧一样，把牛羊带到肥美的草地，让牛羊尽情地享用——我们要把儿童引到更广阔的、更富有意义的知识空间，激发儿童主动学习的愿望和热情。

从这个角度上讲，激发儿童求知的主动性和积极性是“牧养”的关键要义。比如让一个儿童热爱阅读，让一个儿童有目的地去实践，去接触大自然，去参观各种博物馆，去参与各项社会公益活动，等等。这种“牧养”的方式有利于调动儿童成长的积极性，他们会非常快乐、非常主动、非常积极地参与到活动当中。

就拿阅读来说，读书是儿童自由、快乐地吸纳各种“营养”的方式。现在有一个非常时髦的概念，叫“阅读人生”。我在北京小学提出“让读书成为人生习惯”，就是指阅读应该成为儿童的生活方式和成长方式。因此，我们做家长的、做教师的，都应该深刻地认识到，儿童如果主动地学、积极地学、有兴趣地学，那么学多少内容都不会感到是一种负担。

现在的问题是许多的家长“圈养”孩子。儿童活动交往的范围很小，成长方式也非常单一甚至枯燥，他们每天就是上学、做作业、写试卷、上培训班。有的家长甚至很明确地给孩子提出：“你什么都别管，把成绩考好就行了。”于是，他们替代了儿童的成长，也束缚了儿童的发展。“圈养”让儿童的生命失去了意义与光彩。

北京小学四季课程的建设、小创客空间的建立、摇篮书屋的开放、社会实践的增加，都是“牧养”的充分体现。我认为，学校不应该让儿童总坐在教室中，而应该允许他们在校园里、在操场上自由地游戏；家长应该鼓励儿童参与集体活动、社会实践活动、体育健身活动，带儿童参观各种博物馆；教育者要挖掘一切的育人资源，为儿童提供丰富的养料，供儿童自主选择，让儿童主动汲取。

四、儿童成长要“素养”

所谓“素养”就是强调日常的修养，“素养”不能“速”成，“素质”也不能“速冻”。“素养”是美好心灵的培养，正确品德的培养，良好习惯的培养，健康心态的培养。善良、仁爱、宽厚、诚实、坚强、开朗，这些美德都是孩子将来一生所能用上的，是真正的财富，也是通过基础教育要落实在学生身上的。

我觉得没有“素”养就难有“素质”。我们说一个人有素质，他是天生的吗？我想绝大多数都是后天所培养的，是在日常的点点滴滴中进步的。基础教育在“素养”上必须坚持养成教育的思想。这种“养”要时时养、事事养、处处养、天天养，每一项教育活动、每一节教学课堂，都要增强育人的意识，注重教育的细节，使“素”字落实。

基础教育的“素养”不能眉毛胡子一把抓。常言道，“幼儿养性，童蒙养正，少年养志”，所以，幼儿园和中小学校必须很好地研究不同成长阶段的学生，从而明确我们应该抓住什么来培养以及怎样来培养，这样，才能符合学生培养的阶段性特点与方法论特征。我认为，讲“素养”就要在日常的学习、生活中进行价值引导，既言行示范，润物无声，又严格要求，持之以恒；既全面发展，又育德为先。在这个过程中，关键是教师、家长要身体力行，言行表率。为什么北京小学近几年一直强调要建设良好的学校教育生态，强调家长的言行要示范给孩子，要成立促进教育家长委员会？因为我们的学生每天都生活在教师和家长身边，他在耳濡目染中接受许多价值观，教师和家长的为人处世和待人接物，学生都看在眼里。素养，就必须在家校教育的一致性上做文章，就必须在持之以恒的教育上下功夫。

五、儿童成长要“调养”

“调养”也是一种形象的表述，它借鉴了中医的生命观、整体观、平衡观理论。教育儿童就如同调养身体，要关注儿童的身心发展：当发现儿童成长中存在问题的时候，我们要及时帮助儿童解决，要满腔热情地对待儿童，而不应该冷落儿童，更不应对发现的问题置之不理。

通过调查研究，我们发现与儿童相关的大多数问题都不是知识层面的，而是心理、情感、习惯、交往等方面的。我们在解决学生的问题当中，解决最多的，或者说是最棘手的是孩子的交往问题。儿童如果没有正确的交往方式，将来长大了，就很难融入社会，很难与更多的人交往，工作和生活就会受到影响。还有一些家长错误地认为“尊重儿童”就是孩子想干什么就干什么，想怎么干就怎么干，一味地迁就孩子，溺爱孩子，使孩子形成了任性的坏毛病。这个问题必须引起家长的重视。

当家长和教师发现孩子有问题，就要进行深入地分析，积极地寻找对策，从而更好地促进学生的成长。目前的问题是，我们的一些家长只愿意听教师表扬学生的优点，不愿意听教师指出不足，这样就是在回避孩子成长中的缺点。有些缺点时间长了，就形成了不好的习惯，再改，再“调养”，就很难了。还有一些教师为迎合家长的虚荣心理，不能够及时反馈学生的情况，因而导致学生身上的“病”长期存在，慢慢严重。

古人云，“养不教，父之过；教不严，师之惰”。调养学生，就要因材施教，因症施药。教师要专心研究每一个学生，家长也要认真审视自己的孩子，用发展的眼光看儿童，用辩证的眼光看问题，找准病因，药到病除。

以上是我对“养”字的五个内涵的理解。这“五养”是教育哲学，也是人生哲学，其实质是培养儿童作为生命体的健康成长。所以，这里的“培养”是“培植精神，养育人格”的意思，这是我们基础教育应该完成的。所有的家长，所有的教师，所有的学校，所有的教育，如果能够使基础教育回归基础性，回到“五养”的育人理念，共建起良好的教育生态，那么我们的学生就一定会幸福地成长！

六、专家视点：教育实践要不忘初心、回归本真[①]

做事如行路，要知道自己去哪儿、为什么去、怎么去。这些问题之于教育，便是教育的终极问题，即教育是什么、教育为什么、怎么实施教育。任何从事教育工作的人都在内心和行动中回答着这些问题。这些看似简单的问题却是人类有教育实践和教育研究以来，一直探讨但却争论至今的问题。这些问题就是每一位教育者的行动初心，也是不断探寻的教育本真。从古希腊哲学家苏格拉底提出的“产婆术”，到中国古代教育家提出的“愤悱启发”教学原则；从“理想国”，到“学记”；从夸美纽斯提出的“班级授课制”，到赫尔巴特提出的“统觉圈”原理；从杜威的“做中学”，到陶行知的“生活即教育”；从“三好”，到“素质教育”……教育发展的每一次进步和争论都在探讨这些教育的终极问题。

现在这个时代是中国历史上教育思想最为活跃的时代之一，是一个教育思想再启蒙、教育哲学再回归、教育实践再创新的时代。北京小学李明新校长就是这个时代探寻这些教育终极问题的一位教育实践者的代表。他在北京小学的教育实践中不断追问着教育的终极问题，提出了教育要“慢养”“顺养”“牧养”“素养”“调养”的“五养”育人理念，并在学校教育中成功实践，形成了“五养”特色教育理论体系与实践体系。“五养”丰富了当代中国基础教育理论体系与实践体系，是教育实践者不忘初心、回归本真的教育创新与发展。

（一）从教育本真的角度回答了“教育是什么”

教育是什么？这要回到教育的本源。教育学基本原理告诉我们，教育有三个基本要素，即教育者、学习者、教育的过程与媒介（或称为教育影响）。从教育发生的角度，人从诞生就开始了原始的生理性学习，也就是说，学习是人的生理本能，人天生就是学习者。而为了对人的这种天生的学习产生影响，成

① 本部分作者为首都师范大学党委副书记杨志成。

年人（最早是孩子的父母）早早就开始了对孩子的影响，这就诞生了一种行为，即教育。教育是成年人对孩子的学习施加影响的过程。只有两个以上的人才能产生教育现象，因此，教育是一种社会现象。基于教育发生学的分析，我们可以得到这样的结论：学习是人的先天生理本能，教育是基于学习的后天社会现象。学生和学习是教育的逻辑起点。

“五养”理论提出的“慢养”就是基于教育本真的哲学回归。“慢养”用通俗的语言表达了教育要有耐心，不盲从，不急于求成，更不能够急功近利，应该让生命按照自身的规律一点一点地成长。生命的成长是日积月累的过程，不能“催化”。

和“慢养”相对的是“快养”。李明新校长说，“快养”的现象非常令人担忧。幼儿教育小学化，小学教育中学化，学生学习奥数化，人生成长分数化。这样的问题越来越严重。现在困扰许许多多家长的，是社会上教育的功利主义倾向日益严重，这导致许多家长盲从了不正确的教育做法，都去催化孩子的成长，如同“揠苗助长”，过度“施肥”。“慢养”理论的提出让教育者和家长真正理解和回归教育本真，尊重教育规律，这样才能更有利于孩子的发展。

（二）从教育本真的角度回答了“教育为什么”

教育为什么，是教育的价值问题。教育的根本价值，也可称为教育的元价值，就是促进人的生命发展，其次是教育实现人的社会性发展和工具性发展。人的生命发展是教育所有价值的基础，也是教育的本真价值。教育实践的过程中，部分教育者会更加功利性地关注人的工具性价值的发展，也就是人的生产劳动能力的发展，而忽略甚至不惜损害人的生命发展的本真价值。我国基础教育也是在不断地实践探索和讨论中，逐步明确了基于教育本真价值的教育价值取向。1999 年，中国政府全面实施素质教育的决定的正式提出，标志着我国教育价值更加注重人的发展，更加注重人的全面素养发展，把教育的社会性价值和工具性价值建立在以人为本的教育价值取向上，实现了教育价值的本真回归。

“五养”理论中的“素养”和“调养”，体现了对教育本真价值的回归。没有“素养”就难有“素质”。基础教育的“素养”不能“眉毛胡子一把抓”，要遵循“幼儿养性，童蒙养正，少年养志”的古训，要在日常的学习生活中进行价值引导，既言行示范、润物无声又严格要求、持之以恒；既全面发展又育德为先。“调养”也是一种形象的表述，它借鉴了中医的生命观、整体观、平衡观理论，强调教育儿童就如同调养身体一样，关注儿童和谐的身心发展。“素养”和“调养”坚持教育价值的本真性，把发展儿童生命素养作为教育的重要基础，把全面协调地发展儿童素质作为教育的根本价值，实现了基础教育奠基人生的本真价值。

（三）从教育本真的角度回答了“怎么办教育”

办教育要基于人的认识规律和知识、能力、情感建构的逻辑规律，由此在教育实践中演绎为课程论、教学论和学习论。这三论也是教育理论与实践发展史中最为核心的教育学理论。然而，不同的研究也带来了不同的理论取向。教育实践有时基于知识体系建构的视角，有时基于成人的视角，有时基于机械的训练，有时也基于孩子的经验。到底什么才是教育行为的本真呢？这个问题也一直困扰着教育理论与实践者。近年来，教育理论发展在回归人本的过程中逐步厘清了教育方法与行为的本真逻辑，教育实践逐步回归儿童中心、经验中心，回归到教育的逻辑起点。2001 年，我国基础教育第八次课程改革启动，《基础教育课程改革纲要（试行）》中明确指出，改变课程内容“难、繁、偏、旧”和过于注重书本知识的现状，加强课程内容与学生生活以及现代社会和科技发展的联系，关注学生的学习兴趣和经验，精选终身学习必备的基础知识和技能。改变课程实施过于强调接受学习、死记硬背、机械训练的现状，倡导学生主动参与、乐于探究、勤于动手，培养学生搜集和处理信息的能力、获取新知识的能力、分析和解决问题的能力以及交流与合作的能力。我国基础教育课程改革开启了学校课程回归教育本真的新时代。

“五养”理论提出的“牧养”和“顺养”体现了回归教育本真的教育方法论和逻辑学。“顺养”是指要“顺木之天性”，因材施教。尊重儿童的天性，尊重儿童健康甚至高雅的兴趣和爱好，促其有个性地成长，鼓励其成为最好的自己。“顺养”不能够理解成溺爱，也不能够理解成放任自流。“顺养”应“顺木之天性”，发展其个性，开发其潜能。顺人性，让儿童享受童年；顺个性，让儿童个性发展，这是“顺养”的内涵。我国古代教育典籍《学记》中指出，“学者有四失，教者必知之。人之学也，或失则多，或失则寡，或失则易，或失则止。此四者，心之莫同也。知其心，然后能救其失也。教也者，长善而救其失者也。”《学记》中提出的“学者四失”也是教者必知的“顺养”原则。

“牧养”用比喻的方法提出了教育方法的本真回归。教师要像草原的牧人放牧一样，把牛羊带到肥美的草地，让牛羊尽情地享用——我们要把儿童引到更广阔、更富有意义的知识空间，激发儿童主动学习的愿望和热情。激发儿童求知的主动性和积极性是“牧养”的关键要义。为此，北京小学开发了学校课程体系“四季课程”，用“牧养”的理论为学生提供了丰富的学习课程资源，实现了学生快乐、自由、全面的发展。

北京小学用“五养”理论为指导，构建了学校的教育文化体系、课程体系、教学方法体系、教师发展体系，成就了学生全面充分而幸福地发展，实现了特色而优质地办学，成为当前我国基础教育改革创新的一面旗帜，是当今学校教育不忘初心、回归本真的一个代表。

别让“儿童”从“学生”中剥离

“六一”儿童节了，看着孩子们兴高采烈地参加各种活动，看着他们幸福地过着自己的节日，我默默地祝愿：祝愿孩子们不只是“六一”节，而是每一天都享受教育带来的幸福。同时，我也在期盼，我们的教师、我们的家长、我们的教育，能把对儿童的关注与关爱自然地融入每一天的学校与家庭生活中。

坦率地讲，作为教育者，我们离真正地了解、认识、理解我们的教育对象还有相当远的距离。尤其是当面对“教育对象”——学生的时候，我们对他们的认识是否完整、深入呢？

我们面对的是儿童，是一个个“活生生”的儿童，是“具体”的儿童。是否每个教育者都真正思考过“儿童”与“学生”这两个词语的区别与联系？在一个小孩子进入学龄阶段的时候，在他走进学校的时候，在他坐在课堂上的时候，这两个词语的意思便落在了同一个人的身上。我认为，之所以我们的教育、我们的课堂，常常实效性差，在一定程度上是因为，我们并没有认真思考过两者的关系。

儿童在课堂上是学生，因为他是在学习的人；但是学生在课堂上还是儿童，因为学生是具体的、活生生的人。这种思考一直在提醒我：面对学生，别忘了他们的另一个“身份”，那就是儿童。

这些话看起来没什么玄妙在里边，但一些教育者的确没有真正理解它们的含义。在现实的教育教学中，经常出现一个问题：目中无人。那么，这些教育者眼中有的是什么呢？有的只是所教的“知识”，有的只是学生的“分数”，而恰恰没有学习的“人”。因为，在这些教育者的心中，“儿童”与“学生”是割裂的，是剥离的。

我们如果深入地走进课堂就会发现，这种把“儿童”从“学生”的概念中剥离的现象并不少见。就拿学习兴趣来讲，它对一个孩子的学习追求是非常重要的。但是学生面对的往往是抽象的学科符号系统，难以对学习的内容产生兴趣。有经验的教师总是运用创设情境等生动的教学方法，使学生积极地投入学习之中。这样的做法就符合儿童的心理特点。而也有的教师只会讲授自己理解的知识，把儿童的感受、需要抛在一边。再比如，现在课本上的许多内容，放在十几年前，总能吸引学生——那时候信息手段有限，电视、电脑、网络等还未普及，学生获得间接经验和信息的主要途径就是教师和书本，因此，课本知识总是学生渴望的。现在不同了，由于信息手段的丰富，许多教学内容在学生看来已不新鲜，甚至是早已熟知的。这时，如果教师只想着“我要讲什么”，而忽视“学生会怎么学”，那么学生的学习兴趣是难以被激发起来的。没有兴趣，学生怎么积极地投入学习呢？我认为，这种忽视儿童学习兴趣的做法就是将“儿童”从“学生”中剥离的一种表现。

教育者必须时刻警惕这种剥离问题的发生。记得有一次，我与一位中学同行交换对挫折教育与赏识教育的看法，他说：“现在的小学生，毕业时总认为自己学得不错，所以中学入学考就必须出一张高难度的试卷，让他们知道自己学得并不扎实。这种挫折教育是非常有必要的。”而且他还建议小学教师不要搞赏识教育，不要老夸学生，否则就会把学生夸得盲目自大。这位同行的意见就有把“儿童”从“学生”中剥离的影子。首先，挫折教育是非常必要的，但是，实施挫折教育不能不考虑少年儿童的年龄特征，不能不考虑少年儿童的发展状态。以开学时的一次难度很大的考试给学生来个“下马威”，再简单评价为学习不扎实，这显然是一种违背少年儿童发展需要的错误做法。因为这些刚刚升入中学的十二三岁的少年，渴望在中学学习中有一个更大的飞跃，教师应该因势利导，让他们鼓足干劲。教师如果上来就来个“下马威”，那么这些成长中的少年就容易泄气，畏惧中学的学习生活，也就没有一个良好的开端。再有，对于赏识教育，这位同行的理解也有误。我曾谈到过，不能把赏识教育等同于“夸”学生。赏识教育必须进行具体的表扬，也必须不回避必要的批评。一味地夸学生当然不对，但是认识不到赏识教育的作用也是不正确的。相反，在小学阶段，赏识教育作为一种教育思想，在实践中发挥着巨大的作用。小学生是年龄尚小的儿童，他渴望得到教师的表扬与肯定。这种肯定是对成长的肯定，是对儿童作为人的追求的肯定。这种肯定不一定是奖励一朵小红花或一面小红旗，更不是随意的夸奖，它或许就是一道赞许的目光、一句赏识的话语、一个喜爱的手势、一个漂亮的“优”字。如果说小学生是一株树苗，那么在一定意义上，教师的肯定与赞赏就是哺育他茁壮成长的阳光、雨露。我坚信“失败是成功之母”，我更坚信，对于成长中的儿童，成功更是成功之母。只有重视学生这种渴望成功、渴望肯定的心理需求的教育，才是将“儿童”与“学生”融为一体的教育。

不要以为把“儿童”从“学生”中剥离的教育只在学校存在，其实，家长作为教育者，也常常做出这样的事情。他们以为孩子多上课、多学习就一定收获多，而并没有考虑自己孩子的接受能力、精力体力，也没有考虑孩子需要系统的学科知识学习以外的成长方式，更没有考虑孩子作为人所不容忽视的“童年生活的意义”。

在“六一”儿童节到来之际，我再一次提醒每一个教育者：儿童成长中有个名字，叫学生；而学生发展中同样有个名字，叫儿童。让它们在我们的教育中融为一体，而不是割裂与剥离。

面向未来，培养终身学习者

当今，教育问题人人关注，教育改革层出不穷。但是，大家是否深刻思考过：大家最关注的教育问题是什么？诸多教育改革的最终落点又是什么？

现在大家最关注的是什么？仍然是考试成绩问题，仍是按分数排名次问题。考好了，万事大吉；考差了，烦恼多多。然而，我们在教育改革上不能搞消极的“无奈论”。好的教育是有理想、有追求的，好的教育有责任引领广大教师、广大家长，把盯着眼前分数的头抬起来，把目光投得更远一点，展望“未来”的时代、“未来”的社会、“未来”的人。这种展望是必要的，也是好的教育所必需的。在一次座谈会上，一位教育界的前辈说：什么是好的教育？尊重规律的教育就是好的教育。我想，搞教育既要跟紧时代的步伐，又要引领社会的发展，这应该就是教育发展的一个重要规律吧。从这个角度说，没有了“未来”意识的教育不是好教育。

什么是教育的“未来”意识？就是教育的目光要有社会和时代的发展性，进而在育人的价值取向、目标内容上具有前瞻性。用一句通俗而形象的话讲就是，“今天的教育实际是在培养明天的人”。因此，无论是国家决策层，还是教育工作者，无论是广大的家长，还是社会各界人士，都应在设计、实施、评价教育时，增强“未来”意识。

就拿学生素质的培养来说，如果只顾眼前，当然就是分数第一，考试为上，学生只要能考高分就“皆大欢喜”。至于身体素质如何，思想道德怎样，人格形成如何，这些统统扔在一边。可是，这些却是在未来工作、生活中更被社会看中的东西。“更被社会看中的”，却成了我们今天最不看中的，这就失去了教育的“未来”意识。

因而，好的教育要立足当下，关注未来；而面向未来，我们则应该培养学生成为终身学习者。

“面向未来，培养终身学习者”实际有三个问题可以讨论：第一，未来是什么样的？第二，终身学习者的素质应该是什么？第三，如何培养终身学习者？

一、未来是什么样的

看清未来的样子，才知道如何充分地把握和预测未来。未来是指十年之后，还是二十年之后，还是三五十年之后？虽然时间长短不确定，但教育必须面向未来是教育的本质要求决定的。没有面向未来的教育是没有活力的。教育不只是要面向当下社会，还要考虑向着未来应该如何发展，而这个发展对于教育来讲最重要的就是培养什么人的问题。

首先，未来是我们中华民族实现伟大复兴的时代。思考未来的人、思考未来的教育、思考当下的教育改革，必须看一看未来中国是处于什么样的时代。既然未来是我们中华民族实现伟大复兴的时代，那么需要未来的人才具备什么样的素质？毫无疑问，这一定跟终身学习有着密切的关系。

其次，未来是人工智能技术飞速发展的时代。人工智能从弱智能到高智能再到超智能这三个阶段要走多少年？五十年还是一百年？我们不好说，但科学家已经做了预测，它一定会有这三个阶段，而且这三个阶段的时间会随着科技的不断提速而缩短。比如手机的普及也就是十几年的事，但是这十几年里手机的款式、版本、智能化程度都发生了多少变化！今天我们还处于弱人工智能阶段，就已经感受到它对我们的生活工作的改变，科技进步的巨大力量是无法想象的。

最后，未来也是人类生活工作不确定性增加的时代。过去的历史走得很缓慢，过去历史的发展模式也没有大的变化。但是现在，经过工业化时代、信息化时代，变化越来越大。特别是人工智能的发展，使得生活的不确定性大大增加，因此我们必须在考虑今天、思考未来的时候，关注这种不确定性，把确定性与不确定性统一起来，思考未来的教育改革。

二、终身学习者的素质应该是什么

终身学习，关键不在学习，而在终身。终身不是一个简单的时间概念，它必须解决人在未来工作与生活中的可持续发展问题。

其一，终身学习者最需要的是主动适应未来并积极变革的能力。

谈到这个问题，我们可以联系当下教育的现象。有些人原来在县城里或自己家乡时学习是最好的。他们一开始是充满自信的，但是一到重点大学之后，忽然间发现自己不是最优秀的，而且学习方式完全不能适应大学的学习需要，他们就无法适应、无法面对，从自信变得自卑。是他们学的知识少吗？是他们学科能力弱吗？不是的，而是在过去的教育中，教师没有在传授知识的过程中培养他们终身学习的素质，那就是具有主动适应未来与积极变革的能力。

我们再把目光投向未来，投向人工智能技术进一步发展的时代。可以预见，由人工智能技术支撑的社会各领域的变革，可能不只是节奏在加快，存在方式也会发生巨大变化。比如，电子商务的大量应用使商业运作模式发生了前所未有的变化。这种变化也一定会深刻地影响未来的教育。只有我们培养的学生具有阳光的心态，具有主动适应和自我学习的能力，特别是具有创新精神与实践能力，他们才能在快速变化的时代不慌乱、不盲从、不麻木、不停息。

其二，终身学习者需要守住道德。

未来时代需要加强对伦理道德的坚守。当下，道德品质、心理健康等问题已经不仅仅是教育的重要问题，也是社会的紧迫问题，还是未来时代将要面临的问题。

随着社会的发展，新诱惑增多，个人空间加大，这些都要求我们培养的人能够具有抵抗诱惑的能力。比如，当前重视培养信息免疫力就非常重要，否则，中小学生就会被手机和游戏机“绑架”。霍金在若干年前接受采访时提醒我们，人工智能可能会发展到非常强大的程度，甚至可能在完全无意识的情况下毁灭人类。

可见，面向未来，教育应该面向个人和人类的共同问题。因此，道德教育（包括科学伦理）、法制教育、抗诱惑能力（意志）的教育、自我管理的教育等都是非常必要的。我们应该意识到它们的重要性，让学生从小拥有好的品行、品质、品格。

其三，未来的终身学习者应该具有对世界保持好奇、探索和发现的品质。

人天生就是学习者，对外部世界充满好奇，具有与生俱来的探索和发现的能力，但是为什么慢慢就退化了或者没有了？这与我们的教育密切相关，我们往往忽视人的好奇心。无论是十年、二十年还是三十年之后，一个人要想自信地生活就必须保持对新事物的兴趣，必须有强烈的求知欲，并且在任何一个事物面前敢于质疑。每个人既应该具有这种探索发现的勇气，也应该具有与之匹配的能力。

我是一名语文老师，在研究语文的过程中，我了解到周有光先生，他活了112岁。他是一个典型的终身学习者。周有光先生最开始是学经济学的，40多岁的他被派往欧洲工作，忽然又对字母学感兴趣了，于是自己学习了字母学。

中华人民共和国成立后，国家成立中国文字改革委员会，因为周先生曾研究字母学，所以把他调过来，他从研究经济一下子变成研究语文的汉语拼音问题。这个跨度太大了，但是周有光先生心态很积极，全身心地带领团队投入研究。后来被称为“汉语拼音之父”。等到了85岁的时候，周先生又忽然对文化学产生了浓厚的兴趣，于是开始独自研究文化学，笔耕不辍到112岁。许多人在没退休的时候可能就已经对外部世界失去兴趣了。而那些很有活力的人，始终对世界保持好奇心。总之，他们没有停止学习。学习是个大概念，我们应该重新思考培养什么样的品质，才会使人保持不断学习的动力。

其四，未来的终身学习者应该具有珍爱生命与享受生活的能力。

现代教育必须关注人在未来的生命状态问题。人们接受教育，是为了活得更有尊严、更有意义，是为了成为一个追求幸福生活、享受人类文明、服务人类社会的人。一个真正意义上的现代人，必须懂得如何珍爱生命，并在有限的生命之旅中拓展无限的、丰富而有意义的幸福空间。未来时代，是物质文明更加丰富的时代，人的精神追求也将提高层次。如何支配个人的时间，如何丰富生命的意义，如何在劳作之余享受人类积累的文明成果，都会自然而然地摆在我们面前。

我们必须认识到，将来的世界是一个科技飞速发展的世界，科技为我们带来了便利的条件，但生活水平越高，物质条件越改善，我们越应该在精神层面有所追求，否则人就成了物质的奴隶。举个简单的例子，机器人可以坐在这里，几十小时都不停地弹钢琴，弹得悦耳动听。弹琴机器人在刚刚出现的时候可能会使人类兴奋，这代表我们的技术进步了。但是当它们普及了，成为人类日常生活一部分的时候，我们还会很兴奋吗？不会，因为艺术享受的感觉是降低了的。我们会觉得那不是艺术，只是技术的展现。在闲暇时间，我们想聆听钢琴的时候，仍然想坐下来静静地用心聆听那双手弹出的动听琴声，因为那才是真的触及内心的艺术享受！因为这是生命与生命的相遇，是通过钢琴进行的心灵与心灵的交流。

三、如何培养终身学习者

培养终身学习者，对于学校教育而言是一个不断提高价值的过程，是一个不断改革方式的过程。

第一，要实现培养目标的价值提升。教育的根本任务是立德树人，中国21世纪学生发展核心素养是对立德树人的精要描述，可持续发展能力与终身学习素质的要义包含其中。我们必须牢记为党育人、为国育才的宗旨。因此，我们培育的终身学习者，将是投身中华民族伟大复兴的奋斗者，将是国家富强、人民幸福的创造者，将是社会主义事业的建设者与接班人。因此，理想信念的教育，家国情怀的厚植，将使每一个中国学生坚守正确的成长与发展方向。

第二，要实现教育供给方式的多样性。终身学习者这个概念不是面对精英的，而是面对每一个人的、是大众的；也不是面对某一个阶段的，而是面对一生的。因此，我们的教育供给应该是全民的、全程的、全方位的，最重要的是，它还应该体现个性化教育。没有个性化教育，人的终身学习就是不完善的。

第三，要实现课堂教学的系统变革。在课堂教学中，我们要鼓励学生质疑、探索、创新，提高分析与处理信息的能力，而不仅仅只会获取信息。分析与处理信息的能力对于未来而言更重要，我们应该在今后的教学中开展项目式的、生活化的、综合性的学习，因为回到真实的问题面前，学生的综合能力会得到有效提升，而天天只面对书本是很难提高这种能力与素养的。我们还要帮助学生树立正确的学习价值观，即让学生明白学习为了什么。学习是为了人的生命更完善、更幸福、更有意义，而不仅仅是为了分数。

第四，要实现教师专业水平的提高。现在，许多名校毕业生都想到中小学任教，用一流的人才去培养未来的人，这是非常好的。因为未来时代对教师的专业化水平的要求是很高的。教师不只是学习的指导者、组织者，更是课程的开发者、学生个性化学习的服务者、学生的人生导师。所以未来的教师必须有思想、有创意、有人格修养，必须使自己拥有丰富的教育资源。

教育的未来不是梦，每个人并非无所适从，但是要注意：在未来面前主动，唯一的选择就是成为终身学习者。

培育学习者：提升教学价值的层位

教学最重要的价值体现在哪里？以传统的教学价值观来看，教学最重要的价值即传授知识。以知识的掌握为中心的教学成为传统教学的价值追求。然而，当知识经济到来之后，我们必须面对“爆炸”的知识，也不得不重新思考教学价值究竟应定位于何处？难道教学价值的定位还仅仅是拥有知识量吗？

一、重识教学价值

新课程改革使我们的教育理念发生根本性变化。叶澜教授在其新基础教育论中明确提出要“从以知识为中心的教学价值观”转变为“以全面培养具有适应未来社会生活的主动能力的人”的基础教育价值观，即从“认知体”提升为“生命体”。在这一理论的启发下，我们应重新思考教学价值的定位：是仅仅掌握知识，还是在掌握人生必备知识的过程中培育生动活泼的学习者？应当说，现代教育应当深刻认识社会的变革，深刻思考教育的变革。在终身教育和终身学习思想的指导下，我们应当提升基础教育中学科教学的价值层位，把培育生动活泼的学习者作为教学最核心的价值追求。

众所周知，在信息不畅的社会之中，学科教学的关注点就是掌握知识，知识量的丰富与否决定了一个人的命运，也决定了一个学科的成败。因此，学生对知识的记忆、背诵、模仿、重复是学习的重要内容（甚至走向了唯一内容）与落点。然而，随着网络时代的到来，知识经济社会的竞争力不再是对已有知识的掌握，而是对知识的“生产与加工”能力，即获得与运用知识的能力。从这个意义上讲，教会学生如何获取知识比知识本身更为重要，教会学生如何学习比学习内容更为重要，使学生拥有自主学习知识的方式与价值取向比掌握知识的数量更为重要。这就要求教育工作者必须跳出既往的价值视野，用更高层位的视角看待教学价值问题。北京小学原校长吴国通就曾明确提出，新课程改革必须变“传授知识为中心”为“培养学习者为中心”。

这里的“学习者”，我理解是一个具有能在终身学习社会中不断学习、更新自我能力的人。我们教学的核心价值，就是要通过教学活动，使学生成为一个具有自主学习的态度、自主学习的愿望、自主学习的能力的生动活泼的人。

以这种教学价值观来审视我们的教学，就必须重新思考“知识”：学生所学的应是终身必备的具有基础性与发展性的知识；知识不只是学生学习追求的目标，更是学生发展成“人”的手段。当然，这种教学价值观并非否定知识自身的重要，也并非把“知识”与“学习者”对立起来。它实际上是促使我们站在新的层位思考：学生的发展应该具备怎样的知识，学生应该通过怎样的学习方式获得这些知识，学生学习知识是为了什么，怎样才能成为理解、掌握、运用知识的主人而不是成为知识的奴隶，等等。

二、丰富教学策略

重识教学价值是深入推进新课程改革的重要前提之一。怎样才能切实转变学生的学习方式，怎样才能培育生动活泼的学习者？这就需要我们在汲取以往优秀教学经验的基础上，不断丰富教学策略，促使学生拥有追求学习的自主、自动、自信的品质。

（一）任务驱动策略

学生学习态度的培养，综合学习能力的形成，良好学习品质的提升，都只有在具体的学习实践中才能实现。我们以往的教学更多关注的是学生对本门学科的教材中所呈现的知识的理解与记忆，而没有关注对所学知识的运用。其实，学生只有会运用了，才能证明对知识的真正掌握。由于“学科本位主义”的影响，我们常常使学生孤立地、静止地理解所学知识，把课堂学习与社会生活割裂开，这种教学现状必然导致学生的被动接受。而任务驱动策略，可以让学生在完成具体的具有实践性的学习任务中体验一名学习者的乐趣。比如学生针对感兴趣的问题——这个问题可以产生于学科教学，也可产生于社会生活——进行解决问题的自主实践活动，在教师、家长的帮助下，自主拟定计划，自主体验过程，自主进行总结与交流。他们会在解决问题的过程中体验学习的乐趣，并逐步培养起自主发现问题、解决问题的意识。这种任务的时机选择对于学生来说至关重要，它必须有利于调动学生主动学习的积极性。这就需要教师有很强的课程开发意识与教学机智，善于把学生的学习问题转化成学生自我学习的动机。

（二）个性展示策略

作为一个发展中的人，学生需要不断地被激发学习动力。如何激发？以往我们采取的方式更多的是“揭短”教育，不自觉地把学生和其他学生进行比较，比出不足，比出缺点，然后，让他认识到自己的不足，去努力改正。从“揭短”到“补短”，这使学生总是生活在一种自卑的学习生活中。其实，作为一个孩子，他非常渴望学习中的成功体验，这种渴望呼唤我们的赏识。因此，我们应努力创设一种“扬长”的教育环境，即给学生个性展示的机会。

每个学生都是一个鲜明的“自我”，“我”绝不是“你”，更不是“他”，正因为鲜明的自我，才使人富有生机，才使人的生活与生命丰富多彩。其实，冷静想一想，我们每个人生活于社会，都是富有“个性”地活着，都是“扬长”地活着。从辩证唯物主义的角度看，人可以也应当追求完美，但人不可能成为“完美的人”。人的全面发展，说到底是人的个性的健康发展。所以，我们的教学就应当从学生的个性出发，为他们创设尽可能多的展示自我的舞台，为他们创设成功的机会，让每个学生都自信、自豪地生活在班集体中。因此，个人的学习成果展示、学习特长展示等都必将极大地激发学生追求更高层次学习的动机与动力。

（三）改善评价策略

现代的教育评价视评价为促进学生发展的手段，评价应发挥它的整体功能——不只是促进学生的认知发展，也应促进学生情感、意志、习惯等诸方面的和谐发展；评价应发挥它的激励功能——让学生不因评价而丧失进取的信心，而是扬起前进的风帆；评价应发挥它的发展性功能——学生把每一次评价都作为前进的新起点，不断实现可持续发展。真正意义上的基础教育评价会随着时代的发展，越来越回归“人本”，越来越讲求“因材施评”和“因才施评”。因此，培育学习者，必须进一步改善我们的教学评价。

一是要变“孤立地评价学生的学科学习”为“联系地、整体地评价学生的学科学习”，让学生真正富有个性地学习。在这一点上，以往的教学评价是存在问题的。一名学生很可能在众学科中有自己的长项学科，这本应得到肯定。但现实情况往往是某学生数学好，只是数学教师肯定他；语文好，只是语文教师肯定他；而成绩很一般的学科，很可能会受到这门学科的教师的指责性评价。这对于学生的整体发展是不利的。我们应当“整体性”地评价学生，让每一个学生都发现、认识到自己的长处，因为这很可能也是促进他将来立于世的“长处”。

二是要变“关注共性的结果评价”为“关注个性的过程性评价”。共性的结果评价不仅只关注知识获得的结果，而且结果还是整齐划一的，不允许有差异。一个学生获得的成绩是良好，而另一个学生获得的是优秀，但获得良好的学生可能比获得优秀的学生曾付出过更大的努力与热情，在这一点上，我们评价者却往往忽视了。对学生来讲，这会成为一种“打击”。因此，我们要提倡富有个性的过程性评价，既关注获得结果的过程，又关注“具体学生”（个性化的）。评价过程，就是在评价学生的态度、方法、品质、精神，这比知识本身更具现实意义。

（四）自我意识策略

培育生动活泼的学习者，必须从小培养学生对自身发展的关注意识。一个学生之所以学习被动，很可能是因为他长期忽视对“自我”的认识。学习的目标是外在于他的，学习的任务是教师和家长强压的，学习的结果是物化给他人看的。当教师和家长不再给学习任务时，学习就没有了“发展的”目标与方向，学生似乎就可以停止学习了。学生寒暑假中的无所适从、上大学后的学习涣散等，我想是与此有一定关系的。因此，我们必须让学生从小就关注自身发展，认识到学习不应是外加的，不应是教师、家长的任务，而是自身生活的一部分。

所以，我们应在不同年龄段从渗透到逐步强化这种自我意识。随着年级的增高，学生应该有自己不同阶段的学习计划、方向、重点，并有实施的行为。哪怕把一个很小、很具体的目标转化成了学生自身的一种追求，也是很有意义的教学，因为在达成目标的过程中，学生强化的是自主学习的意识。这种意识会在长期的、不断的、具体的自主学习过程中得到培养和强化。那些学有所成的学生学习动力足，后劲强，是与他们“自我”的学习追求有很大关系的。

当然，培育生动活泼的学习者的策略还有很多很多，需要我们教师在实践中，根据社会的发展、学生的实际、学生的条件不断丰富。我坚信，当我们把教学追求的价值提升到培育生动活泼的学习者层位后，我们的教学会出现更富有活力的局面。

培养创新型人才必须变革教学观念

要使我们的国家实现创新型国家的目标，就必须提高全体国民的素质，特别要培养创新型人才。因此，深化素质教育是提高全民族素质和促进人的全面发展的伟大教育战略，而培养人的创新精神与实践能力则是素质教育的核心所在。有鉴于此，中小学教学必须在学科教学的过程中，重视创新教育。

那么，什么是创新教育呢？我认为，创新教育是以培养人的创新精神、创新能力、创新人格为基本价值取向的教育。创新教育并不等同于创造教育，也不仅仅是创造性思维或创造性技能的培养。它是人类进入知识经济社会和信息时代对教育的新呼唤，是以培育人的创新精神、创新能力、创新人格为宗旨和价值取向的育人实践活动。所谓创新精神，主要包括好奇心，探究兴趣，求知欲，对新异事物的敏感，对真知的执着追求，对发现、发明、革新、开拓、进取的百折不挠的精神，这些是进行创新的动力；所谓创新能力，主要包括创造思维能力，创造想象能力，创造性地计划、组织与实施某种活动的能力；所谓创新人格，主要包括责任感，使命感，事业心，执着的爱，顽强的意志，能经受挫折、失败的良好心态，以及坚韧的性格。由此可见，创新教育既是素质教育的重要组成部分，也是素质教育的深化策略，它对于培养创新型人才起着重要作用。

既然创新教育是素质教育的重要内容，对于培养创新型人才起着重要作用，那么，我们必须思考：当前的教学是否有利于培养学生的创新精神、创新能力与创新人格？

一、期待变革：教育发展的诉求

当面对信息革命的挑战，倾听对人的创造精神的呼唤之声，站在育人的高度审视我们的教学时，我们深切地感到，必须加快学科教学，特别是课堂教学改革的步伐，因为我们的许多教学实践正在阻滞对学生创新精神、能力与人格的培养。一句话：除了变革我们的教学，我们别无选择！

变革我们的教学，首先应该冷静地反思当前的教学。在我们的中小学教学中，究竟哪些做法抑制了学生的创造精神、创新能力与创新人格的培养？我想，以下的一些教学观念反映了相当范围的教学现状。

在价值观上，把掌握知识作为最高的价值追求，这样就使得人的全面发展难以真正实现。

学习、掌握知识是没有错的，但是它不是教育的全部，更不是教育教学的最高价值追求。知识教育永远是为了更好地实现人的教育而存在的。我们如果只把眼光停留在知识教学的层位，那么就会导致教学更多地重视知识的传授乃至灌输，轻视创造精神、能力与人格的培养。产生于工业时代的班级授课制的进步性是任何人都无法抹杀的，但发展到今天，产品加工的工业意味越来越浓，再加上“应试教育”的影响，人成了知识的奴隶。为了整齐划一地获取知识，甚至为了获取卷面上的高分数，因材施教变得困难，能力与人格的培养也常常远离课堂。灌输和死记硬背曾一度成了教与学的法宝。拿造句与作文来说，这项教学本来有利于发展学生的语文能力，培养学生的创新精神，但是许多教师竟然让学生背造句、背作文，还告诫学生在答卷时必须写背下的句子和作文，不准现场造新句，甚至叮嘱学生句子的字数不要多，因为那样会扣错别字的分。可见，这对学生创造力的压制到了什么地步！

在过程观上，以教师为中心的教学压抑了学生的创造性。

社会的进步使我们越来越重视在教学中发挥学生的主体性，确立学生的主体地位。而以教师为中心的教学在现实中仍占主导地位。课堂的主人不是学生，课堂成了教师的权力空间，甚至一些研究课、观摩课也成了教师表演的舞台。为了顺利地达到既定的知识目标，部分教师严密地控制课堂，不允许学生发表独到的见解和质疑，甚至连学生发言的欲望都不能给予满足。只要学生答出了标准答案，教师就马上收兵，进行下一个环节。一句话：学生是为教师服务的。在这样的课堂上，创新精神和能力怎么能够得以培养呢？在这样的课堂上，教师往往把活的学科教成了死的学科。其实，每一个学科都有它内容的丰富性，每一个学科的教学本都可以撩拨起学生情感的涟漪或激发出思维的火花。然而，我们的课堂上少的是欢声笑语，多的是沉默寡言；少的是书声琅琅，多的是被动听讲；少的是精彩讨论，多的是接受灌输；少的是学生实践，多的是教师“一言堂”。对于许多课文，学生从不同的角度完全可以有不同的理解，创新的火花也往往就在此产生。而部分教师却用僵化的观点甚至是自己个人的观点去套学生，最淳朴的认识泯灭了，最真实的认识遮掩了，培养的是说出教师“心里话”的“遵命学生”。“遵命学生”的创新精神又从何谈起？

在学习观上，给学生建立起错误的学习概念，抑制了学生个性的发展。

我们会在许多学校发现这样一个现象：小学生刚上一年级时的学习欲望极强，兴趣极浓，对于教师的提问可谓争先恐后地发言。可是，随着年级的升高，愿意探讨问题的学生越来越少，甚至寥寥无几。到了中学，更多的课堂是教师讲，鲜少有学生的积极参与。这里有个重要的原因，就是教师在日常的教学中没有发挥教学民主，没有针对人的学习的特点实施教学，没有给学生发展的时间与空间。长此以往，学生再也不敢倾吐内心的思想，而是互相观望、等待。学生没有主动学习的精神与追求，不敢说、不敢想，创新精神从何而来？错误的学习概念还导致课堂和学生生活的割裂。部分教师的教学给学生的感受是：坐在教室里才是学习，走出教室就没有了学习；学习就是没完没了地做题。我们经常看到，学生能通过查字典理解词语，却不知结合生活实际理解词语。一到习作，学生就要端起架子，愁眉苦脸，生编造文，却忽视了作文材料就在生活之中。作文内容自然也多是空洞干瘪，甚至不乏雷同之作。有血有肉的鲜活作文常常被冠以“思想性不强”的帽子，习作的乐趣在习作的摇篮里被扼杀，恐惧作文的心理迅速滋长。这样的教学，是谈不上什么真正的自主学习、合作学习、探究学习的。

在工作观上，教师缺乏创造性，课堂教学模式化。

受传统教师文化的影响，许多教师的教学方法、教学模式是一成不变的。许多教师停留于一般的“继承”，而忽视了对教学的研究和发展。教师的创造性劳动在这里打了折扣。我们说，一个没有创造精神、创新能力与创新人格的教师又怎会在课堂上自觉地重视学生的创造精神、能力与人格的培养？

其实，学科教学中远不止这些抑制学生创造精神的现象。保守、封闭、僵化的教学使课堂泯灭了生命的活力。因此，变革我们的教学，使我们的课堂真正提升学生的主体地位，使学生充分发展个性，培育他们的创新精神、创新能力与创新人格，是教育发展的必然诉求。

二、更新观念：变革教学的关键

一个人思想的先进与否，直接影响到他的工作中的种种观念，而这种种观念必然地表现于一名教师整个的教育教学行为之中。“有什么样的思想就有什么样的教育”。的确，思想是行动的灵魂，观念是思想在某些问题上的反映。先进的观念解放教师的心智，给人以创造的空间；陈旧的观念束缚人的手脚，让人故步自封，乃至刚愎自用。变革我们的教学，对于一名一线的教育工作者来讲，必须从更新观念做起。

第一，教学不只是为社会完成“共性”的教育任务而存在的，同时应当使人的个性得以充分健康的发展。素质教育既应该为社会的发展服务，又应该为人的发展服务，而且二者应该是统一的。课堂教学作为实施素质教育的主渠道，就应当处理好这两方面的关系。但是，我们看到，部分课堂教学只重视整齐划一地传承知识与培养技能，只重视整齐划一地传承社会的道德规范。这没有错，关键在于怎样进行课堂教学，怎样理解教育的任务。如果单单地认为到此即可，那很有可能会把课上成了单调的符号练习和生硬的道德灌输。这样的教学怎么可能实现因材施教呢？当教师的教学没有触及“每一个孩子”的心灵的时候，怎么可能使课堂焕发生命的活力呢？在这样的课堂上，教师不可能给学生更多自主学习的时空，学生质疑的权力就被剥夺，学生创造性思维的火花就会泯灭。学生的个性没有在课堂上得到健康发展，在很大程度上反而被压抑了。因此，我们必须认真地审视课堂教学的任务，清醒地认识到课本上的知识只是一个载体，教学则要通过学习、掌握知识的过程，使他们的智力得到发展，能力得到提高，道德情感得以升华，个性得到健康发展。

第二，教学工作的价值是教师生命价值的一部分，它应当体现于工作的创造性劳动和对学生无私而深厚的爱。许多教师都在思索一个问题：自己的价值在于哪里？有的认为在于奉献，也有的认为在于创造。我说都对。但是，在实际工作中，许多教师却并没有这样去做。他们在日复一日、年复一年地重复着劳动，他们把学生的分数作为最重要的衡量自己价值的标准。因此，他们不能容忍学生在自己教学后仍然会有错题，他们不能容忍学生听写时写错字，他们不能容忍学生课上回答不出提问，他们带着“恨铁不成钢”的抱怨，或挖苦或讽刺乃至变相体罚。在这些教师的课堂上，他们会自觉地关注学生创新精神的培养吗？不，他们永远要用心中的答案去框住学生，实际是怕学生的思维“活”了。一名合格的教师应当把学生的全面发展作为自己工作的目标，这样才会用放大镜去发现学生点滴的进步，并为之高兴；一名合格的教师应当把自己的工作当作一门专业来研究，创造性的劳动会使教师的工作“升值”；一名合格的教师应该在课堂上尽可能地调动学生思维的积极性，培育学生的创新精神。这才真正体现了当代教师的风范，才体现了一名教师教学工作的价值，而在此当中，教师的生命价值也得以充分体现。

第三，教学是通过学习知识让学生学会学习，而不只是通过学习学会知识。提升教学的价值层位，让学生建立起正确的学习概念，培养主动、健康发展的学习者，应当成为每一位教师的重要职责。正确学习概念的建立依赖教师先进的教育思想和科学的教学实践。传统意义上的教学价值层位关注的是知识本身，“传授”成了这一观念下的教学方法，以致发展成“灌输”。我们在听课中经常会看到，学生很少主动发问质疑，很少和别人争论问题，很少提出自己的见解。在他们看来，学习就是“老师问，你回答”，学习就是“好同学回答，差同学听”，学习就是“站起来就要回答正确，令老师满意”，学习就是“大家都有一个共同的答案”。而学习化社会的到来，从教育的可持续性发展的意义出发，我们则应当重视培养学生学会学习的能力。课堂成为一个各抒己见的场所，成为一个探索问题的场所，成为一个人与人交流的场所，成为一个聆听他人发言、互相启发、取长补短的场所。当走出校园的时候，学生收获的不只是知识，更重要的是懂得了如何去掌握知识。这样的课堂必然是生动活泼的课堂，这样的课堂自然可以使创新精神的培养落到实处。

第四，教学评价在于激发与提升自主学习的意识，而不再是褒贬学生的一种手段。教育改革中最难的工作之一就是评价。在基础教育阶段，评价的价值是个值得深思的问题。真正的素质教育，视评价为促进学生全面发展的手段。真正意义上的基础教育评价会随着时代的发展，越来越回归“人本”，越来越讲求“因材施评”。因此，评价的策略应采用“积极的评价”，即以促进学生发展为目标，以尊重学生人格为前提，以增强学生自信心和上进心为目的。它不是简单的表扬、表扬再表扬，而是善意又恰到好处的激励，不断地在学生心中点燃求知的火花，激发他们憧憬美好的校园生活的愿望，不断品尝到成功的快乐。

我们的评价观念、方法的改变，必然使我们的课堂充满勃勃生机：学生的精神得以弘扬，学习的热情逐步高涨，自我发展的意识得到提升。课堂真正成为教师乐教和学生乐学的生活空间。

总之，要培养学生的创新精神、能力与人格，绝不是简单的方法问题。我们要敢于冲破传统教学模式的束缚，以先进的教育理念改造我们的教学，践行有利于培养学生创新精神、能力与人格的教学策略。只有这样，创新教育才能落到实处；只有这样，创新型人才才能得以培养！

教学管理的现代思考

在长期的教学实践中，我深切地感到思想与理念是实践之魂。管理理念的先进性推动着办学实践的深入开展。在深化主体教育的过程中，在新课程改革的实践中，在现代学校制度的建设中，我把目光聚焦到学校教学管理的问题上来。

众所周知，教学质量是学校的生命线。提高教学质量是教学管理的出发点和归宿。一所学校的高质量教学一定来自高质量的教学管理。

面对不断深入的课程改革，面对这个日新月异的时代，教学管理如何改革、优化才能跟上时代的步伐？作为一名学校管理者，我立足自己的学习，立足学校的实践，进行了一系列的思考。

一、以人为本是学校教学管理的时代特征

以人为本不是赶时髦的口号，它是教育思想与实践进步的反映。

第一，以人为本的管理确立了学生发展的核心地位。

教学管理的目的包含着通过管理这一手段实现每一个学生全面、健康的发展。教学管理的要素涉及教师、学生、教材、教法、时间等，而最终的目的是使诸要素作用于学生这个学习主体。传统的教学管理或许也关注学生的成长，然而，陈旧的人才观、片面的质量观、传统的教学观往往异化了学生的成长。

首先，从人才观上看，有一种极为狭隘的观念认识，以为只有出人头地，获得高官厚禄的人才是人才，普通的人是没有地位的。这种教育观念导致的结果就是盲目追求高学历与片面追求升学率。传统的教学管理既然没有把每一个学生的发展、每一个学生的成人成才看成是管理的目标与价值取向，又怎么能说它是以人为本的教学管理呢？以人为本的教学管理应是树立科学的质量观与现代的人才观，认为人是有差异的，它的信念是：人人有才，人无全才，扬长避短，人人成才。正是基于这样的认识与信念，教学管理才尊重学生的人格，承认学生之间的差异。它抓住了素质教育的核心问题——发展主体性，从而调动学生学习的积极性、主动性，促进每一个学生全面、健康地发展。

其次，从教学观上看，传统的教学管理单纯强调把传授知识当作主要的任务，甚至把书本知识本身只看成是一部世代相传的经典，学生常常被禁闭在文字堆里，封闭在教室里，教师采用“灌输”的教育方式，要求学生“两耳不闻窗外事，一心只读升学书”。实践证明，这样的教学只会阻碍学生的思考，束缚学生的创造精神与实践能力。而以人为本的教学观则把学生看成是获取知识的主人，是学习的主体，引导、激励学生探索，使学生形成良好的素养。

最后，从教学质量观上看，传统的教学管理衡量的是记忆知识的多少和卷面分数的高低，常常忽视学生学习过程的质量和学生德智体美劳的全面发展。

而以人为本的教学管理恰是看到了传统教学中的这一弊端，旨在调动学生的主体性，鼓励学生参与学习的整个过程，以促进学生素质的提高。

第二，以人为本的管理真正抓住了教学管理对象的特殊性。

教育系统是个“人—人”系统。在教学管理的诸要素中，人是最活跃的因素。教师在教学工作中发挥主体性，不断提高自身业务素质，则可善教。而学生在学习的过程中发挥主体性，积极参与，善于吸纳，则谓善学。这是从教与学双边的活动看师生的主体性发挥。从教法来说，教学设计与实施是教师的创造性劳动成果，而教师的任何方法都只有通过学生——这一学习的主体参与才可起作用。教学的过程是人生命活动的过程，而不是无生命物质的制造过程。传统教学管理强调静态的管理，简单、重复性的劳动成了长期的工作，管、卡、压的管理方式使得教师的教过于循规蹈矩，工作的创造性得不到发挥，课堂教学渐渐失去生机；而学生也习惯于被动地听，主体的精神得不到弘扬。

学校教学管理应充分认识到教育的“人—人”系统，注重人（教师及学生）的主体性发挥的重要性，把发挥教师和学生的主动性、积极性、创造性作为管理的中心任务。

二、重识教与学的概念是学校教学管理的新起点

以人为本的教学呼唤主体精神的弘扬，关注主体作用的发挥。一个具有清醒头脑的教育工作者会深切地感到，落实立德树人根本任务，真正培养具有创新精神和实践能力的人才，就必须从激发人的主体性着手，改革教学管理方式。实施激发主体性的教学管理，必须转变传统管理中对“教”与“学”概念的认识。

受传统知识教学论的深刻影响，许多教师会片面且简单地理解教学活动，形成了“教”即传授、“学”即接受的概念，结果最终导致了“填鸭式”的教学局面，课堂失去应有的活力。而从现代教学理论讲，教学过程是教师根据一定的社会要求和学生身心发展的规律，指导学生有计划、有目的地掌握系统的

文化科学基础知识和基本技能，发展他们的智力和体力，形成一定世界观基础和思想道德品质及其相应能力的过程。从本质上讲，它是学生在教师引导下，以认识教材为基础的全面发展的过程，是一种特殊的认识过程。

其一，从教与学的关系上讲，“教”是教师体现主导作用的活动，是促进学生发展的重要外因。“教”作为教师发挥主导作用的一种活动，传授必要的知识是无可非议的。但，“教”绝不仅仅是传统意义上的传授，即古人所说的“师者，传道，授业，解惑者也。”现代教学观强调“教”，强调的是教师主导作用的发挥，这是学生作为学习主体发展所必要的外部条件。从这个意义上讲，“教”更重要地体现在教师的“导”上，而“导”也应体现以下三个作用：一个是思维的引导，一个是情感的激发，一个是教学的组织。

其二，从教师工作的特点来看，“教”应该是教师创造性地工作的过程，是对学生发展的研究过程。传统教学观念认为“教”即“传授”，教师的工作是一种比较简单的劳动，或许只是有一些脑力劳动的因素，教学过程蜕变成了“我讲你听”的模式，有时还会导致对学生人格的极大不尊重。一些教师因自己“教”而无果时往往忧愤、埋怨，他们单单没有思考的是：我的学生为什么没有掌握这个知识？我应该如何通过改变教学方法使学生掌握这个知识？当然，他们更不会去思考究竟怎样使学生得到更大的、和谐的、全面的、个性化的发展。这些教师不愿意花力气探索新路，每天都在重复低效甚至无效的教学工作。

今天我们要认识到，教师是智慧的点拨者，是灵魂的启迪者，是教学的研究者。如果说教育是为未来社会培养人的活动，那么，教师应该探索的是：国家需要什么样的人？我如何培养出这样的人？如果说学生是一个不断发展的主体的人，那么，教师应该探索的是：学生是怎样发展的？我怎样使自己的工作适合学生的发展？如果说人是有差异的，那么，教师应该去探索：学生的差异在哪里？我如何实施个性化发展教学，以促进每个学生不同程度的提高？如果说教学活动中存在着永远解决不完的教育问题，那么，教师应该去探索：我怎样面对今天的这个教学问题？我通过对它的反思又会怎样改进明天的教学？等等。综上所述，我们可以这样来认为，教师的“教”是发现问题、探究问题、解决问题的过程，是创造性的劳动过程，是一个教科研的过程。

其三，从教学过程的本质上讲，“学”的活动是一个特殊的认识活动。在这一活动之中，学生是主体，是学习的主人。马克思的人学思想很强调“活动中的主体”，只有学生真正成为学习的主人，其主体地位才可确立。传统的教学观念将“学”的性质定位于“接受”，必然导致教学活动“以教师为中心”的后果，学生不是主动获取知识的主人，而是被动接纳知识的容器，甚至成了学习的奴隶。因此，我们应弘扬学生的主体精神，“学”不再是被动接受知识的过程，而是主动探究、获取知识的过程。当教育者真真切切地认识到这点时，我们就会杜绝课上教师“一言堂”的做法，我们则把更多的教学时间还给学生，把质疑问难的权力还给学生，把读书、思考、讨论的权力还给学生。

以现代教育观念来认识“学”的概念，则使教师关注学生学习的整个经历，尊重学生属于自己的学习体验，即使是失败，也可能成为学生终身受益的财富，成为他们进行自我教育的基础。

正因为转变了对“教”与“学”概念的认识，我们认为：教学管理是促进教师专业发展的管理，是体现教师创造价值的管理，而不再单单是规范教师行为的管理；教学管理是弘扬学生主体精神、确立学生主体地位的管理，它力图使学生的学习成为人生重要而难忘的经历。

三、调动教师主体性是学校教学管理的着力点

传统的教学管理突出的问题是使师、生处于被动的地位。“我下命令你执行，我布置工作你完成”，反映了教学管理工作的基本方式。传统的教学管理中的优秀教师更多的是以下几种表现：一是服从型，即不调皮，不捣蛋，听领导的话，跟着命令走；二是老黄牛型，即不挑工作，讲求奉献，早来晚走；三

是警察型，即利用严厉的管、卡、压的手段及措施，使学生见师如老鼠见了猫，服服帖帖，老老实实，以显示其工作的成效。这些教师行为，我们不能一概地认为都不可取——其实，他们身上所体现的甘于奉献、认真负责的工作态度和工作精神是无可厚非的。但是，我们又不能不从本质上来认识教师的工作，不能不从教学管理的发展趋势来重新认识对教师的管理。

教师究竟扮演什么角色？可以这样讲，教师是教学活动的组织者，是学生学习的指导者、激励者。从管理的角度来说，教师既是被管理者，又是管理者；既是学生的管理者，又是自我的管理者。教师作为一个活生生的主体的人，他理所应当地置身于一个主动者的地位。教学管理的现代走向不是使教师“受管”，而是使教师“自管”。教师自我管理的效益会最终使教师提升对岗位的新认识，并转化为主动地提高教学质量的行为。因此，现代教学管理在对教师管理的认识上，不是让教师服从管理去完成教学任务，而是以教师的自我管理去主动研究教学工作，获得教学质量的提高和自身素质的发展。那么，怎样才能达到这一管理上的期望？途径是自我教育、自我管理，核心在于调动教师“教”的主体性。如何调动教师教学工作的主体性呢？我认为可以采用以下策略。

一是自我教育。通过学习，使教师认识到教育的目的即实现人的自我教育。教师在工作中的自我认识，自我规划，自我实践，自我调节，自我完善就是自我教育基础上的自我管理。这一策略会使教师处于一种动态的自我反思，自我调整的管理状态。

二是转变观念。不能不承认，观念是行为的先导。教师工作的主体作用是否得到充分发挥是与其诸多的观念紧密相连的。因此，可以从转变观念入手调动教师工作的主体性。其一，转变教师工作观、岗位观。教师工作岗位是职业，还是专业？传统管理工作中强调的就是职业，是挣钱吃饭的一门工作。可想而知，这种观念下的教学工作自然没有创造性可言，重复性的低效劳动成了教师一生的工作轨迹与特色。而新的工作观认为，岗位是人实现自身价值的重要手段，教学工作是一门专业性很强的教育实践活动，它需要研究，教师的劳动价值更多地体现在对教学的研究上。另外，从社会发展的趋势看，教师工作将不再是一个终身性的工作，教师也并非传统意义上的教书匠，铁饭碗的概念已随着人事制度改革的推进被彻底打破。一个不思进取的教师，如果他安于现状，停于应付，终将被时代所抛弃。时代所呼唤的是主体性强的教师，这样的教师必将在三尺讲台前展现生命的活力。其二，转变教师的教学观。在教学观中，树立教师主导学生主体的观念，有利于促进教师工作的革新。正如前文所讲，传统的教学观念中由于知识教学论的影响，教师成了教学活动的主体，学生完完全全成了客体。因此，教师必须树立“教为学服务”的思想，把自己定位于“主导”的地位。如何更好地发挥主导作用是每一位教师每天应思考的问题，这一问题的深刻思考将推动教师教学工作的改革。

三是科研兴教。让教师参与教育科研有利于调动教工的主体性。过去，教师的工作停留于完成对教材知识点的传授，倘若遇到了学生不理解、难以接受的时候，教师则采用硬灌的方法，目的是把知识“传”到学生手里。至于学生为什么不理解，为什么不接受，他的学习的困难在哪，我怎样改进工作等这些最应研究的东西却被教师抛在了一边。纯经验型的教学忽视对教与学的研究，是谈不上教师主体性的发挥的。所以，狠抓教科研工作，以科研促质量提高，以科研促教师队伍成长。教师在科研工作当中，通过教学质量的提高会看到自身的价值，从而更加激发他们工作的热情。

四是激励进取。教师主体性的发挥也离不开激励的作用。其一是成就激励。对于一名教师来讲，成就的意识对于他来说，比金钱重要。对于一名优秀的或追求卓越的教师，他非常清楚自身的劳动富有创造性，因而他特别关注这种创造性的劳动是否被人认可。因此，要重视对教师的业绩管理，以此来激励教师对教学工作的研究。其二是物质激励。以必要的科研津贴、绩效奖励的方法激励教师也是必要的。

四、研究型教师是学校教学管理的师资定位

早在1966年，联合国教科文组织在巴黎召开了“教师地位与政府间特别会议”，会议文件提出，应当把教师工作看作一门专业。它明确指出，教师的工作需要专门知识和特别才能，并需要经过长期持续的努力与研究才能得以维持。这种对教师工作的认识，很长时间并未引起我国教育工作者的重视。应当看到，更多的教育教学的研究只是停留于最基础的层面上——教研活动。这种活动往往缺乏坚实的理论作为支撑，活动的内容停留于传授经验，而忽视对规律的探索、概括与总结，“克隆式”的教法使教学活动流于一种形式，失去了富有生命力的个性特征。这种现象可以证明，深层次的教学研究活动并没有转化成每一名教师的自觉行为。当然，另一种现象也是随处可见的，即学校的教育科研活动挂在了某位专家、教授的课题名下。至于这所学校、这名课题组的教师是否在进行这项研究，似乎并不重要。课题的研究成了为学校粉饰质量、装点门面的包装品。我们说，这种教育科学的研究是难以促进学生发展与教师队伍成长的。

我认为不同的时代对教师工作的专业化有不同的要求。处于工业化社会的教学，目的是使学生掌握知识而已。课堂是传输知识的基地，是塑造“接受知识的学生”的加工厂。工业化生产的特点在传统的知识论的教学中的表现，自然要求教师如同一位工人一样重复性地从事劳动，他的价值主要体现于时间、体力和精力的付出。然而，当社会进入信息时代的今天，当社会进入呼唤弘扬人的主体精神时代的今天，教育教学的着眼点已不再是知识本身，而是人的全面和谐的发展，人成了教育教学的中心。我们培养的不再是“接受知识的学生”，而是要“学会学习”“学会生存”的具有强烈自我发展意识的人。为此，教师要探讨育人规律——那不只是大学教授的事，教师要反思自身的教育实践——而并非义无反顾地从事重复性的劳动。这个反思、探讨、实践的过程就应是研究教育教学的过程。在这个过程中，教师不只是付出他的体力和精力，更重要的是要付出脑力、心力。换句话说，知识经济时代的到来，要求教师不

只要以体力来工作，更重要的是以智慧来工作。

可见，传统教学管理中对教师工作的认识，导致了师资定位的错位或不到位，导致了教师被动管理的局面。他们视日常工作为一种任务，视教研、科研为一种困难，一种与日常教学脱离的东西。“科研是专家的工作”的看法并非少见。

因此，我们必须看到社会和教育发展的态势，及时调整教工作的理念，明确教师走“专业化发展”之路的方向。“专业化发展”是指教师把自己的教育教学工作当成研究平台，以研究为手段，以解决教学实践中的问题为目的，以促进学生更健康地成长为根本的一种工作状态。它要求教师成为研究者。

五、自我管理是学校教学管理的基础与至高境界

很显然，传统教学管理中对教师、学生的管理突出地表现为被动地接受管理。社会的进步带动了教育管理观念的进步，我们必须再次把眼光投到“人”的身上。

从现代教育的观点看，教学管理中“人”的发展成了重要的关注点，你的教学管理是否促进了教师专业化的发展，你的教学管理是否促进了学生个性化发展，是衡量你的教学管理的层次、水平、质量的重要标准。

传统的教学管理突出地表现为一种模式化的程序和一种工业化的流程。似乎管理的质量只是来自管理者（相对于教师来说，管理者是教学处、领导；相对于学生来说，管理者即教师）的一种流水线式的程序。教师、学生都成了这个工作过程中的加工零件或原材料，只需走一个流程，就会出成品。这种理解当然会导致被动的管理局面。教师、学生在管理过程中失去了人的特征，成了没有情感、意志、需要等的“部件”。

随着教育的发展，我深切地感到，自我管理是发展方向。自我管理是什么样的管理呢？自我管理是指处于一定社会关系中的群体和个体，为了实现社会的共同目标而有效地能动地计划、组织、控制和评价自己意识和行为的过程。

教师的自我管理，通俗地讲就是教师在教育教学活动中自己对自己的管理。

首先，自我管理是教学管理的工作基础。从教师的角度讲，必须改变传统教学管理中“你布置我完成”“你挥手我行动”的被动式管理模式。教师是搞好教学工作的主体，现代教学管理的一个重要工作就是使教师成为自我管理者，充分发挥教师在教育教学工作中的主动性、积极性。

其次，自我管理是学校教学管理的至高境界。现代教学管理中，领导、干部的角色发生了重大的变化。我认为，领导也好、干部也好，重要的职能工作已不再是停留于布置工作、检查工作，而是启动教师工作、指导教师工作。管理的行为更多的是通过教师自己管理自己来实现，这是教育工作的特殊性所决定的。教师在长达一个学期乃至一个学年的教学工作中，应当认真地、有计划地工作，不断监控自己的教学行为与教学质量，针对发生的问题调整教学。在这一过程中，教师还应不断地学习新的教学理论，充实自己。我们认为，这种自我规划、自我监控的工作状态正是现代教学管理所追求的。苏州大学教授朱永新同志在《我的教育理想》中谈到“我心中的理想教师”时就曾写道：

“我心中的理想教师，应该是一个自信、自强、不断挑战自我的教师。”

“我心中的理想教师，应该是一个追求卓越，富有创新精神的教师。”

“我心中的理想教师，应该是一个勤奋学习、不断充实自我的教师。”

“我心中的理想教师，应该是一个关注人类命运，具有社会责任感的教师。”

我们说，一个没有较强自我教育、自我管理能力的教师是难以达到“理想教师”的层次的。从这个意义上讲，自我管理应当是学校教学管理的至高境界。

如果说，量化的管理、制度的管理是一种通过外因作用的教学管理手段，那么，自我管理则是一种通过内因作用的教学管理手段，而这种手段是一切手段的根本。

六、学生的个性化发展是学校教学管理的质量视点

教学的质量包括教学过程的质量和教学结果的质量，教学管理的质量也是通过这两种质量来体现的。因此，有什么样的质量观，有什么样的质量标准，直接影响着教学管理的方式、方法。反思传统的教学管理，展望未来的教育，我们呼唤着促进个性化发展的教学。

什么是个性？这是教育界争论的一个问题。燕国材教授认为，个性即是人性在个体上的表现或反映，它是人们在生理、心理、社会性诸方面的一系列稳定特点的综合。所谓发展个性，就是要在人的共同性的基础上，充分地把人的差别性显示出来，从而使每一个人都具有高度的自主性、独立性与创造性。我在认同燕国材教授观点的同时，提出个性化发展应包括下面几层意思：一是指教育教学促进了每一个学生的发展，二是指学生全面发展上的个别化教育。前者是指让全体学生都得到发展，后者是指学生发展的因材施教的特征。可以这样讲，传统的教学管理在教学质量观的认识上具有局限性：

其一，传统的教学质量观把智育作为唯一的目的追求，而且知识教学论又使智育狭义到“知识教学”的程度，因而导致了追求分数、灌输知识以致“应试教育”的后果。这种教学观下的教学活动，成了死啃书本知识，被动学习的教学状态。教师忽视学生在认知过程中情感、意志的产生，只重认知系统，不重视动力系统，从而使教学枯燥无味，学生的积极性得不到激发与调动。

其二，传统的教学质量观把“全面发展”理解为“全面优秀”，教学中忽视学生之间在能力、兴趣等方面存在的明显差异，以统一的“优秀”的标准来要求每一个学生。其实，“全面发展”并不等于“全面优秀”，也不是“平均发展”。

其三，传统的教学质量观把学生的发展视为部分优等生、尖子生的发展。课堂上，能力强的学生占据了绝大多数时间，学困生成了配置者。教学活动只

落到了部分学生的身上，有相当一部分学生成了“被遗忘的角落”。

其四，传统的教学质量观强调答案的唯一性、共同性，而忽视乃至压抑学生思维的个性。

由于传统教学管理中教学质量观的错位，因而我们的课堂教学不可能成为学生个性化发展的教学。

其实，“让每个人的个性得到充分自由的发展”是马克思主义学说的重要观点。我们说，个性是创造的前提，千人一面的教育模式，不求个性化发展的教学管理，难以培养创造性的人才。

七、“学习即工作”是学校教学管理的现代进程

学校是学习的终点站，这是一种传统的观念。教师正是带着这一观念走出了师范学校的大门，迈入了基础教育的门槛。然而，就在许多教师还津津乐道自己是知识的拥有者的时候，一个新的经济时代来临了，这就是知识经济时代。知识经济是以知识为基础的经济，是建立在知识和信息的产生、分配和使用之上的经济。知识经济的出现，标志着人类社会大规模的工业化生产时代已接近尾声，正在步入一个以智力资源为主要依托的知识经济新时代。在这个时代，一个国家民族素质的高低，掌握知识的程度，拥有人才的数量，特别是知识创新技术、知识创新能力，将成为决定一个国家、一个民族在国际竞争和世纪格局中的地位的关键因素。于是，教育毋庸置疑地要经历一场新的革命，以适应新时代的到来。面对新时代，我们怎么办？当今世界，终身教育已被喻为“打开 21 世纪光明之门的钥匙”。《学会生存——教育世界的今天和明天》[①] 一书明确指出：“唯有全面的终身教育才能培养完善的人……我们再也不能刻苦地一劳永逸地获取知识了，而需要终身学习如何建立一个不断演进的知识体系——‘学会生存’。”由此可见，知识经济的时代，必然地要求每个人要重视知识的

① 联合国教科文组织国际教育发展委员会编，华东师大比较教育研究所译:《学会生存》上海译文出版社，1989。

更新换代，学习已不能是中小学或大学以前的事，终身学习，终身都在不断完善自身则是新时代的保险卡。因此，面对这样的时代，现代学校必须重新思考关于教师的学习问题。

当以终身教育思想为指导，以教师专业化发展为目标，反思在管理上的行为，我们就会发现许多新的问题。

其一，似乎提高教师素质是领导、干部的工作，与教师本人无关。这一问题在绝大多数中小学都存在，下列现象就是这一问题的反映：提高教师素质的计划只是由教学管理部门制订，甚至订得很细，很具体。为了落实，可能还会有一些强制性的制度、方法做保障。然而教师自身呢？很难发现教师每个学年、每个学期、每个阶段有自我发展的计划或规划。毫无疑问，提高素质的工作是被动型的，而不是主动型的。

其二，继续教育流于形式，效果差，针对性不强，而且也仅限于上级部门组织的继续教育，教师自身继续教育的愿望不强烈。

其三，“吃老本”的现象存在。有的教师认为大学毕业了，自己的文化水平很高了，没必要再去学习，完全能应付学生。有的教师总结一个好的经验就停滞不前，不再研究教育教学中的新问题。至于时代发展了，学生变化了，统统扔在了脑后，以静态的教育思想、工作方法来对待动态的社会、动态的学生。

面对终身教育、终身学习社会的新时代的到来，针对教师素质提高的迫切形势，必须明确提出“学习就是工作”的理念。

首先，让每一位教师清醒地认识到，目前，教师同学生一样处于知识经济时代，互联网的出现，信息的更新速度日益加快。据预测，世界上各种书籍每年增加 25 万种，一个科学家即使夜以继日地学习，也只能阅读有关书籍的 5%。面对这一现实，教师再也不能顽固地认为自己是学生唯一的信息源，自己是知识的拥有者和权威——事实也已证明了，许多的学生要比教师知道得多。那么，教师怎么办？学习，唯有不断地学习，才能与今天的学生平等地对话。

其次，让每一位教师认识到，专业只有在不断学习中才能求得发展。教学工作的发展光有一种认真的态度是不行的。它需要在发现问题、研究问题、解决问题中求发展。教育教学的问题是复杂的问题，教育教学的时代背景也在发生不断的变化。一位教师要想解决具体时代背景下的教育教学问题，要想为明天的社会培育新人，就必须加强学习。通过学习，教师才能更准确地把握时代的脉搏，才能更快地捕捉新的教育观点，才能吸收新的教育思想，才能不断地形成新的教育理念。也只有通过不断的学习，教师才能在理论上深化对问题的认识，才能在实践上思考突破问题的操作方法。学习是一种充电，为发展储备能量；学习是一种吸纳，为发展捕捉信息；学习是一种智慧，为发展求得新的增长点。

综上所述，“学习即工作”是现代教学管理的重要内容，是教师主体性的体现。

总之，现代教学管理是现代学校制度建设的重要内容。教育要走向现代化，教学管理就要符合教育现代化的时代要求。未来高质量的教育体系建设的重要内容就包括高质量的教学管理体系的建设。而不论如何改革与建设，关键是管理的理念是什么。如果一切管理的核心价值都体现尊重人、服务人、发展人，那这种管理一定是体现“现代”特征的管理。

混合教学与未来学校变革

现代信息技术的更新换代使信息时代的发展不断提速，特别是互联网的广泛应用，改变了社会许多领域的运行方式。探讨互联网技术对教育的深刻影响，尤其是对未来学校的变革，已是不可回避的问题，比如线上与线下相结合的教学方式。

面对线下与线上相结合的教学探索，专家给出了一个新的概念：混合教学。综合各种观点，大家得出一种共识：混合教学是以课程网络资源共享和技术平台为依托，将多样化的课程资源、教学方式、人际交流活动和教学评价方式与课程教学深度融合，以营造一种能支持“自主探究、合作学习、多重交互、资源共享”的教学。为适应这种教学方式，现有的学校组织与管理必须作出相应的变革。从教育管理的角度深入思考这个问题，我认为，混合教学将是未来学校变革的重要内容。

一、“互联网＋”催生了混合教学与学校变革的互动

（一）混合教学与学校未来的变革是“互联网＋”思维影响教育的必然结果

我这里所说的混合教学不是泛化的概念，并非指现有各种传统教学方式的相加，而是特指基于互联网技术与思维的线上与线下有机结合的教学方式，有的专家也称之为“双线融合教学”；学校变革也并非一般情况下的学校内部改革，而是在互联网时代的现代学校组织与管理方式的变革。

因此，教育的变革离不开“互联网＋”这个客观的时代背景。实事求是地讲，互联网的广泛应用改造了工业、商业等多行业的运作模式，但是，人们总感到它对教育的影响不深刻、不巨大。其实，“互联网＋”的思维对教育的影响是回避不了的，之所以这种影响不那么剧烈，尤其是对基础教育而言，或许是因为教育发展的内在规律。但是，这种影响一定会发生，也一定在发生。

（二）混合教学切中了学校教育的时代需要

学校教育的时代需要是什么？就是学校教育的现代化。而教育现代化的核心问题是人的现代化。学生作为学习的主体，是否能真正成为学习的主人呢？正如裴娣娜教授所言：“说到底，现代化是人的现代化。教育现代化的终极价值判断是人的发展，是人的解放和主体性的跃升。”混合教学恰好在发挥教师组织、开发、引导、启发、监控优势的同时，还能发挥学生的主动性、积极性、创造性的优势。一句话，技术为人的发展插上翅膀，也为人的发展注入活力。

（三）混合教学逐步广泛而深入的应用将呼唤现有学校组织与管理的变革

传统中小学教育与管理更多地把互联网技术作为辅助手段，而如果基于“互联网＋”思维的教学改革一旦深入地融合进学校的教育，那么，学校就必须进行有效的变革。混合教学正是“互联网＋”教育思维在未来学校教学上的一种新方式。在这种方式中，互联网不再是辅助手段，而是学习平台、学习路径、学习时空、学习资源的重要部分。当这种方式成为一种新常态的教学方式时，传统的组织与管理方式则无法服务于它的存在与深化。因此，未来的学校组织和教学管理就必须进行变革，以适应这种新方式的要求。

二、混合教学的发展将促进学校组织变革

混合教学会随着理念与技术的更新而发展。与其说是混合教学的发展促进了学校组织变革，不如说是不断发展的互联网和人工智能与教育实现了深度融合，学校必须重构与之相适应的组织体系。

（一）学校教育与管理的价值进一步聚焦“服务人的全面而富有个性的健康发展”

如果认定混合教学的根本意图在于更有效地确立学生学习的主体地位，使学习真正发生，加强深度学习，使个性化学习发生在每个学生身上，那么现有的教育与管理价值就要进一步聚焦：从“为了学生”进一步落实为“服务学生”，从“面向学生全体”进一步提升为“面向每个个体”，从“兼顾个性化的学习”进一步发展为“促进个性化的学习”。

（二）学校办学与教育的边界将突破现有时空

线下时空有限，线上时空无限。“互联网＋”教育将实现教育时间和空间的突破，特别是实体与虚拟空间的出现，带来了资源样态的新突破，继而引发管理视野、教育思维、教学模式的突破，教育活动和教学组织形式虚实交错，无围墙校园、综合性学习、跨界教学、移动课堂也将随之实现新的突破。

（三）学校的管理方式更加弹性灵活，更加人文多元

未来课堂教学的深刻变化，必然要求学校管理的方式和具体措施也要跟进，成为真正的保障性、服务型管理。为此，未来的学校管理将出现以下特征。

1. 学校管理手段进一步实现智能化与信息化。这既是技术层面的要求，也是工作思维方面的要求。人工智能、大数据等信息技术与教育管理的有效整合、有机融合，可为教师的教、学生的学、学校的评、家长的参与提供便利。

2. 教师工作方式多元化。教师工作的时间、地点、流程、专业要求、教学方式、交往方式、教研方式都会发生变化，以适应混合教学方式的要求。

3. 学生发展方式个性化。学生学习的自主性、选择性与个性化需求受到高度重视。混合教学将为因材施教提供教学方式支撑，也将深化无边界学习、终身学习、深度学习等理念。

4. 课程管理更加开放化、个性化、专业化和法治化。开放化是指课程资源的开发主体多元化，共享资源增加；个性化是指课程与教学更针对具体学生的学习问题与困难；专业化则指课程更加要求教师在学科素养、教育素养、师德修养上提高专业水平；法治化则是指课程基于开放式网络学习，必须树立法治观念。学校等各级教育组织会建立课程审查的专门机构，以保障课程的开发、设计、组织、实施、评价必须符合国家的法律法规要求。

三、混合教学的应用与学校组织变革将渐进发展、以人为本

教学方式是多样的，我们说混合教学是时代发展的产物，并非说它是最好的、唯一的教学方式，也并非说所有学校今后马上都使用混合教学。然而，它确实是一种具有研究与应用意义的现代教学方式。教育改革受制于系统内外多方面的因素和条件，尤其是学段不同，学生的自主性与能力也不同，大、中、小学的变革模式也会不尽相同，因此，混合教学应用的广度与深度、学校组织变革的速度与程度将是个渐进过程，但核心是基于人、为了人和适宜人的

学习。

（一）主体性越强，混合教学的优势越能发挥

如上所述，混合教学是基于互联网技术而出现的现代教学方式，但这并不意味着是最好的。它只是丰富了教学方式，因此，当用则用，用而适度，用而恰当。从目前的情况看，混合教学对学生提出了比较高的要求，学生的自我管理能力，特别是自我约束能力要比较强才行。如果学生没有强烈的求知欲、没有良好的学习习惯、没有独立学习的意志品质，那么混合教学中的在线教学的效果是难以保障的。此外，学习方式的应用不能代替思维能力的培养。小学生正处于学科符号系统的认识、理解与初步运用阶段，因此，小学不适于大量使用混合教学，混合教学的大量使用应该在中学以后。

（二）基础教育的价值追求要求我们要把握混合教学的度

混合教学是为人的学习而存在的，它作为人的学习方式，只是其中一种手段。所以，我们必须从基础教育的价值追求方面来思考它的作用与功能，不能轻视，也不能过度夸大。基础教育的价值追求在于实现学生的全面、健康发展，在于完成立德树人的根本任务，为党育人，为国育才。对于中小学生而言，面对面的线下教育更能满足成长的需要，更有利于健全人格的培养。所以，线上教育不能成为主导力量，至少现阶段是如此的。因为，中小学生需要教师面对面地启发，需要面对面地交流，在真实的教学情境中，情感态度价值观的生成才更具有真实性、现实性与生动性。

（三）混合教学将对教师素养提出新的时代要求

虽然混合教学在中小学的应用速度、深度要适度，但是教师的发展必须紧紧跟上时代的步伐。事实上，这种教学方式需要教师对教学质量进行重新认识、对专业技能进行重新理解、对职业素养进行重新思考。没有技术支持肯定不行，但是，成为一个具有教育情怀、育人智慧、课程创意和职业品位的教师，是更加重要的。

总之，混合教学是教育发展绕不过去的一个研究问题，它将成为教育教学

实现高质量发展的研究亮点。

传统文化教育就是中国根的教育

中华优秀传统文化教育就是中国根的教育，它应该是中国基础教育的重要内容，它的教育价值必须高度重视。

我曾在办学中提出“让基础教育回归本真”的教育主张。这个回归就包括了为民族的未来打下良好基础的内涵。这里所说的基础就应包括学生对中华民族的无限热爱、强烈的民族认同感和对民族优秀文化的理解与热爱等。要实现这一教育价值追求，优秀传统文化教育是非常重要的途径、内容与手段，而古诗文、古代的经典故事等则是具有标志性的重要文化财富与文化载体。

北京小学的培养目标中就包括“中华底蕴”的内容。比如，每学年开学典礼的国旗下讲话后，我们做的第一件事就是为每名新入学的学生颁发北京小学的校本教材《新编弟子规》，这是北京小学的学生从一年级起必修的课程。再如，我们学校在课程建设上构建了富有中华文化、北京特色的四季课程，其中冬季安排的就是“传统文化课程”，不同年级有不同的主题，“生肖之趣”“舌尖上的春节”“红红火火中国年”……学生们在丰富多彩的综合实践课程中感受祖国文化的博大精深，爱国之情与民族自豪感油然而生。现在许多学校自发研制传统文化课程，都是很好的教育探索，有利于实现基础教育回归本真。

在加强优秀传统文化教育上，各个学科都可以找到结合点。当然，作为一名长期从事语文教学的教师，我感到语文是进行中华优秀传统文化教育的第一学科。因为语文教育是母语教育，古诗文的教学、优秀传统文化教育是语文教育的重要组成部分，语文课程标准中对此有精辟的论述。所以，在基础教育阶段加强优秀传统文化教育，加强古诗文的教育是我们语文教育的必然要求。

因此，每一位语文教师应该站位高远，自觉认识优秀传统文化对学生健康人格形成的作用，通过自身努力实现语言与精神的同构共生。语文教材编写入选的课文要尽可能是经典作品，要经得起时代的考验，要坚持取法乎上。片面、肤浅地理解教材的“时代感”，一味迎合通俗口味或追赶时髦，忽视教材的文化传承功能，忽视传统文化教育，都会使语文教材降低含金量。

近年来，社会和学校都很重视国学，这是好事，是文化觉醒与文化回归的一种表现。但是，如果把国学作为中小学的一门课程，还是要严肃而认真地对待的，尤其在教材的使用与教学形式上，不能搞简单的“复古”。因为这门学问如何在基础教育领域实践，还需要研究。所以，要重视，但是不能急于求成。目前在中小学范围内谈这个问题，我更主张用中华优秀传统文化教育的提法。

不管时代如何发展，教育如何改革，我们都不能数典忘祖，不能失去文化根基。要实现中华民族伟大复兴，我们必须继承和弘扬中华民族的伟大精神。这种精神是蕴含在几千年中华传统文化之中的。抓住了优秀传统文化教育就抓住了中国根、爱国情和民族精神的教育。

体育不止于“体”育

体育，是基础教育的重要组成部分。随着素质教育的大力推进和“教育强国”战略的明确提出，体育的价值也越来越受到党和国家的重视。但是，在教育实践中，由于实用主义的思维方式，一些学校和家庭却把体育作为副科。因此，我们必须重新认识体育教育的价值，深刻领悟体育教育的多元功能。

长期从事基础教育的我，回忆自己的成长经历，总结日常的育人经验，对体育教育形成了自己的观点：体育不止于育“体”，它对学生素质的全面发展起着独特而积极的作用。

一、体育必须育“体”

首先，体育就是“体”育，它必须育“体”，这是它的本位价值。也就是说，体育一定要培养学生健身的意识，增强体质，强健体魄。

我现在回想起来，自己小时候虽然没有漂亮的校舍，没有宽大的操场，更没有丰富的体育器械，但是，我的身体素质却因体育得到了提高。那个时候，体育老师常常让我们围着村边的运河跑步。跑回来后，男同学打球，女同学跳绳或扔沙包。虽然这样的体育课不精致，但是我们的身体却得到了很好的锻炼。上师范的时候，我们每天六点起床，起来的第一件事不是漱口洗脸，而是马上集合出操，先跑几公里。这样的学校生活让我拥有比较好的身体素质，扛得住繁重的工作压力。

所以，体育课没有运动量是不行的。体育课就要让学生出出汗，让肌肉力量得到锻炼，就要让学生喘粗气。只有科学地达到运动量和运动强度，学生的体质才能得到增强。如果为了学生“安全”，就搞花架子，比比画画，形式主义，那么一节课真正有质量的运动时间就不多。因此，体育课就要让学生跑起来，跳起来，投起来，动起来，让身体得到充分的锻炼。

二、体育不止于“体”育

在我看来，体育并非只是育“体”，它和人的全面发展有着密切的关系。

第一，体育也是德育。体育与德育的关系，最直接，也最紧密。体育是对顽强意志的培养，是对吃苦精神的锻造，是对爱国主义、集体主义和民族文化自信心的激发。在北京小学，我提出了“不怕吃苦，健康第一，动有所长”的体育培养目标。“不怕吃苦”就是德育的重要落点。对于顽强意志的培养，体育有着得天独厚的优势。在体育教学中，中华传统体育项目会使得学生找到做中国人的感觉，会增强民族自信心和民族自豪感。体育课还会让学生了解到，中华人民共和国成立后，我们逐步进入了体育强国时代。我们成功举办 2008 年的奥运会，又顺利承办 2022 年冬奥会，我们国家的体育在国际赛事中总是成为世界的焦点。这不能不令每一个中国人自豪！这就是爱国主义教育。

第二，体育也有美育。体育带给人美感。科学的体育锻炼可以使我们身体匀称，可以使我们皮肤健康，可以使我们走路矫健，可以使我们英姿飒爽。体育中有形式的美，它往往就体现在集体性的体育活动当中，比如行进的队列，整齐的扇子舞，富有童趣的动物模仿。体育中也充满韵律的美。随着欢快或柔美的音乐，学生有节奏地跳动，充满力量的动感使得体育活动充满乐趣。

第三，体育就是群育。学校的体育活动是集体活动。学生在集体性的体育活动中友爱互助，团结一致。每一个孩子都要融入集体和团队当中，都要为集体和团队的胜利而做出自己的努力。即便是观赛活动，他们也是摇旗呐喊，鼓舞士气，有时为班级的胜利而欢呼，有时为班级的失利而流泪。无论是欢笑还是泪水，都说明学生已经融入集体，把自己当作团队中的一员。

第四，体育也利于智育。我们过去总是把体育理解成头脑简单、四肢发达的一种运动。但现代体育研究表明，儿童的体育活动有利于儿童智力的发展。人的运动是与神经系统紧密相连的，运动刺激了儿童大脑的发育，运动技能的教学也促进了儿童观察能力、思维能力、想象能力、记忆能力等的发展。体育使儿童发展得更协调，更敏捷，更聪明。所以儿童在运动中的反应敏捷，眼疾手快，动作协调，都反映了儿童智力的发展水平。我也曾做过观察，比如北京一些著名学校的篮球队都赫赫有名，但是，并不是说他们篮球队的学生都头脑简单、四肢发达，相反，这些学生的学习成绩都非常好，这说明智力与体育的发展是同步的。因而，良好的体育教育对于学生的智育教育也是有积极作用的。

第五，从一个更广阔的教育视角看，体育中也有劳动教育的内容。比如，当用运动员在各类比赛中，特别是奥运比赛中获得优异成绩来激励学生时，体育老师仅仅进行爱国主义和集体主义教育是不够的，还应该让学生认识到，体育比赛是一种特殊的劳动方式，是运动员的工作，他们为了取得优异的成绩，在平时的训练与比赛的拼搏中都付出了辛勤的汗水。

三、培育体育文化最重要

如此说来，体育的功能确实是多元的，体育的价值确实是巨大的。体育对于人成长的意义是不可小视的。总的来看，体育实际是一种生命的教育。体育让我们显示生命的活力，让我们珍视生命的可贵，也让我们保持了生命的魅力。

但今天，我们面临一个重要的任务：培育现代体育文化。只有形成现代体育文化，家长和学校才会高度重视体育，才会让学生从小就深刻地认识健康第一的意义，而不是只有生病了才开始重视运动。在北京小学，我大力提倡体育运动，开展体育活动，营造体育氛围，培育积极向上的体育文化。

第一，我提出“不怕吃苦，健康第一，动有所长”的学校体育目标，强化“健康第一”的理念。健康是人生的第一财富，这个认识要通过对老师、家长、学生的宣传教育工作进行深化，同时在落实关于健康促进学校建设、中小学卫生防病规划以及“我健康，我快乐，我成长”等主题工作中，进行观念的强化。

第二，进一步在“动有所长”上提出“三姿三球三传统”的体育技能教学要求。这是立足学生一生的体育需要提出的。什么是“三姿三球三传统”？“三姿”就是在北京小学的六年中要学会仰泳、蛙泳、自由泳三种泳姿；“三球”就是必须学习足球、篮球、乒乓球；“三传统”就是要学习至少三种中华民族的传统体育活动，比如跳绳、抖空竹、踢毽、武术。

第三，我们构建了富有中国气质、北京特色的四季课程，将身心健康发展、综合素质培养与社会实践相结合。比如，春季的四季课程主题为“律动健身”，在师生、家长共同参与的体育健身过程中，营造体育文化。在日常课程的实施中，我们则充分保障班级体育课、年级体锻课、全校广播操、阳光体育节等的时间与内容的落实，保证学生每天在校体育锻炼超一小时。

通过大家的共同努力，北京小学的体育文化正在形成。通过体育文化的构建，学生认识到体育是成长的必需，是人生的必需，而这也是基础教育回归本真的重要使命。

把劳动教育的步子走得更稳健

劳动教育是当下教育改革的热名词。它虽然不是什么新词，但是给许多教育者久违的感觉。自在2018年全国教育大会上，习近平总书记指出了劳动教育的重要意义之后，许多学校都积极行动起来，贯彻五育并举的教育方针，尤其重视劳动教育的落实。我们学校也一样，通过深入调查和研究，制定了《北京小学劳动教育行动纲要》。我们一边研究探索，一边改革实践。

正因为关注劳动教育的研究，所以我也特别留意不同学校的做法，以期从各方面的学习中得到提高。在不断的交流中，我确实也学到了许多关于劳动教育研究和实践的好观点、好方法，不过，也发现了一些值得深思的地方。比如，有的校长说，劳动教育很好办，增加一节劳动课或一些劳动活动就行了，而且可以在几天之内搞出一套学校劳动教育的课程来；有的校长认为，劳动教育很重要，但再重要也不能冲击了主科学习，让学生回家搞些家务劳动，在学校增加一次扫除就可以了；还有的校长认为，劳动教育是个时髦的研究内容，可以让学校特色更鲜明，所以要突出这方面工作，把劳动教育作为办学的拳头产品……这些说法、做法，如果不深究，也无可厚非，毕竟猛一听都有些道理。然而，这些表面看来在积极落实劳动教育的做法，其实很可能、也必然地会"落"而不"实"，进而将劳动教育简单化、形式化甚至功利化了。

其实，劳动教育无论从理论层面还是实践层面，都有诸多需要深入研究的地方，特别是面对新时代的育人要求，校长必须静心思考，潜心探索，不盲动，不招摇，不功利，不折腾，把劳动教育的实践建立在理性、系统、深入的思考与认识上。只有这样，才能够清楚五育之间的关系，才能把握劳动教育的内涵，才能把劳动教育的步子走得更稳健。

那么，我们应该形成哪些劳动教育的认识呢？

首先，劳动教育不是匆忙劳动。劳动教育当然要劳动，但劳动教育不等同于劳动，更不等同于活动。如果只有“劳动”而没有“教育”，只有“活动”而没有“效果”，那么我们就忽视了学校最重要的作用，即价值的引导；我们也忽视了劳动教育最重要的功能，即价值观的教育；我们也更容易使劳动失去“人”的“劳动”的真正意义，甚至出现“异化”的劳动。

因此，劳动教育在“行动”的时候不能简单化为学校“规定”“要求”学生做家务，或者是组织一两次学校劳动、上一两节动手实践课装点门面，而应该是包括校长在内的所有教育者首先站在教育的立场认识劳动教育，认清它的意义、价值、功能，认清它的实施路径，让劳动实践充满教育性。不能只有劳动，没有教育；只有“数量”上的劳动，没有“价值”上的劳动。教育者要认识到劳动教育不是劳动实践中才有，学科知识教育中也有；不只是劳动课程里面有，其他学科课程中也有；不只是劳动技能和习惯的培养，更有劳动精神、感情、品质的价值观培养。所以，我们要防止有劳动没教育，或者有教育没劳动。

其次，劳动教育入心的关键是体验劳动之乐。为什么不说劳动教育入脑而说入心？因为说到入脑往往就是强化记忆、强调知识和技能的意思。劳动教育要实现知情意行的统一，其中最关键的是情、意，解决入心的关键是体验劳动之乐。在《北京小学劳动教育行动纲要》里写道，学生的行动理念是“劳动伴我成长，劳动享受快乐”。对“享受快乐”的解读，一定要防止把劳动教育的快乐娱乐化。劳动之乐应该是正确劳动价值观的动机化。我们要重视激发学生的劳动热情，鼓励学生克服劳动中的艰难险阻，体味、回味劳动和劳动成果带来的乐趣。这些“入心”的措施实际上是要解决人在劳动中的主体性问题。如果简单用强硬的、强迫的方式让中小学生必须有一个劳动岗，或从事其他劳动，那就是消极、被动的劳动。应该说，一切“被劳动”的劳动都不是好的劳动教育。

最后，劳动教育的推进需要对教师和家长都进行劳动价值观教育。面对劳动教育，我们要追问：教师对劳动和劳动教育的认识问题解决了吗？家长对这些问题的认识解决了吗？他们爱劳动吗？他们脑子里面有没有鄙视体力劳动？他们有正确的劳动价值观吗？……育人者本身没有解决这些问题，你能教育好学生（或孩子）吗？我们会发现非劳动课程的教师往往认为劳动教育就是班主任和劳动课老师的任务，更有一些教师和家长经常采取使劳动教育被异化的行为。所以，劳动教育的实施必须提高教育者的相关素质。

总之，劳动教育的实施不可能一蹴而就。学校办学，搞劳动教育研究，需要系统思考，整体构建。现在大家经常说“教育家办学”，我想，作为一名校长，要办好学校，要落实好教育改革的方针政策，还真得有点“教育家”的责任感、定力和专业思维，这样才能把教育的步子走得更加稳健！

适合才是好教育——关于寄宿教育的问答

一、什么是好教育

什么样的教育是最好的教育？这是个很难有统一答案的问题。不同的教育价值追求者会有不同的回答。以应试教育为追求的人就说“学生能考高分”就是好教育，以素质教育为追求的人就说“学生的全面、健康发展”才是好教育；强调教育外在因素时，有的家长就认为，上重点校、名牌校就是受好教育；强调学生自身努力时，有的家长就认为，上什么学校不重要，重要的是教师能点燃学生求知的火种……我认为（而且北京小学也坚持认为），站在教的角度讲，在现代社会中，面向未来，真正促使学生生动、活泼、主动、健康发展的教育就是好教育，这种教育应该是面向现代化，面向世界，面向未来的；站在学的角度讲，尊重生命成长规律，适合每一个学生个性化成长，并让学生从中享受学习与成长幸福的教育就是好教育。

因此，好的教育一定是因材施教，促进儿童个性化健康发展的教育。好的教育不仅会使人享受人类文明的幸福，而且会激发每一个人追求、创造人类的幸福。好的教育一定不会以牺牲学生的身心健康为代价来换取考试分数，好的教育应该让学生自信地成长，成长为一个人格健全的人！

二、寄宿教育的宗旨

北京小学从 1949 年建校就是一所公立寄宿制学校。当时，北平和平解放，大批革命干部要投入新北京、新中国的建设，无暇顾及孩子。这些从革命老区进入北京的干部子女就全部寄宿在学校。20 世纪 70 年代，学校曾停办一段时间后于 1995 年开始恢复寄宿。学校对住校生实行食、宿、学一体化的服务和管理，并以“生活自理、学习自主、行为自律、健康自强”作为寄宿教育的宗旨，旨在充分发挥寄宿制办学的优势，从小培养学生良好的生活习惯、自主的学习能力，以及自觉遵守秩序的公德意识和刻苦锻炼、不怕困难的意志品质。

随着时代的发展，寄宿的内涵也在发生变化。我们必须认识到，如今寄宿的内涵不是“寄养”，而是“教养”。寄宿是一种现代教育方式，可以锻炼孩子的自理自立能力，可以扩大孩子的交际范围，可以培养自律品质，等等。因此，良好的寄宿教育对于学生一生的成长起着积极的作用。北京小学确立了“生活自理、学习自主、行为自尊、健身自强”的寄宿宗旨，通过开展主题教育活动、成立学生管理委员会、实行宿舍长轮换制等多种途径，引导学生在进行自我规划、自我管理、自我服务、自我评价的过程中学会合理安排作息，养成良好的生活习惯，从而逐渐形成自主自立的基本能力。

三、寄宿教育不适于每个孩子

谈到寄宿教育，必须明确，适合才是好的教育。寄宿教育并不适宜每个孩子。家长不要因自己忙于工作就把孩子寄养在学校，更不要为了图自己轻松而让他上寄宿学校。有的孩子如果在幼儿时期没有养成良好的生活与交往习惯，或者患有心脏病等较为严重的疾病，那么，就很难与寄宿小学的管理相适应。

还有的孩子不能约束自己的行为，性格执拗，也不适合寄宿，而是需要家长更精心地呵护。还有一些家庭情况特殊的孩子，很渴望放学后能拥有亲人的陪伴，这样的孩子也不应该被推出家庭。

不能把寄宿教育简单理解为家里没人看护孩子，所以选择住校。其实，寄宿和不寄宿，家长都不能推脱对孩子的监护、关爱与教育。因此，北京小学成立促进教育家长委员会，强化家长的教育责任与意识，与学校形成巨大的教育合力，共促学生健康成长。

总之，寄宿是教育方式中的一种。无论实施什么样的教育，适合才是最好的教育。

人工智能时代，我们如何做教师

每一次科学技术的革命都一定会带来人类的工作革命。人工智能时代已经无法回避，它的到来也一定会影响教育的工作方式。按照专家的预测，人工智能时代应该经历弱人工智能、强人工智能和超人工智能三个阶段，我们现在正处于弱人工智能阶段。目前，我们确实已经感受到人工智能对于人类工作和生活深刻的、巨大的、未曾想象的影响。至于这三个阶段需要经历多长的时间，还很难确定。不过，按照目前科学技术发展的速度，这个进程不会是太久远的事。因此，作为专门的教育工作者，我们必须思考未来如何做教育，继而思考未来如何做教师。

人工智能对教育有哪些深刻的影响呢？目前看，互联网、物联网、大数据、云平台、图像识别、智能机器人等，都可以使教育的课程供给方式走向开放化，课程资源走向多样化，教育数据应用走向信息化，学生的学习方式走向多元化与个性化。按顾明远先生的说法，“人工智能时代已经是人人可学、时时可学、处处可学”的时代。知识的传播，知识的传授，知识的理解，在人工智能技术面前已经不成为主要问题。人工智能技术甚至为学情的分析、教育的评价、个性化管理提供便利。因此，未来教育的组织形式、学校的存在方式或者教学模式等，都会发生变化。学生学习的自由度将加大，学校或教育组织已不再简单地追求办学规模，教育也不再简单地追求知识掌握的速度与难度。人的可持续发展、终身学习的社会化、学习的个性化等问题将成为教育的关注点。

面对日益发展的人工智能时代，我认为，未来教师应该具有四种崭新的角色。

第一，教师应该成为学生的人生引导者。也可以说，教师就是学生的人生导师。人工智能技术将帮助教师更好地实现知识的传播、理解与应用，许多技术型的教育问题可以通过程序化的设计解决。但是，必然会有一部分教育问题是依靠智能技术无法解决的，比如人的思想问题、心理问题，特别是情感问题。正如许多专家曾指出的，人工智能解决不了关于人的“温度”问题。因此，一名好的教师应该在建立教与学关系的过程中，在确立师与生角色的过程中，成为学生成长的促进者、人生的启迪者、心理的疏导者、情感的交流者。教师应该在人的情商发展方面体现出不可替代、不可或缺的作用。所以，一名教师应该具有对学生真诚的爱与人文的关怀，并且能够建立一种非常友善、平等、互敬的关系。技术越发达，物质条件越优越，人精神层面的需求就越高，这就给教师提出了更高的要求。教师如果只会教书不会育人，只关注知识而不关注生命，就无法成为未来时代需要的好教师。

第二，教师应该成为创意课程者。我所说的创意课程，是指具有教师个性特色的课程，是将人工智能与教育深度融合的课程。随着时代的发展和个性化教育的需求，一个学生在学习一门功课的时候，应该对丰富的课程资源进行自主的、自由的选择。教师则会根据自己对于人的发展的理解，对于某门课程的理解，创新性地研发具有鲜明个性的课程供学生选择和学习。未来，人的创新精神和实践能力会受到高度的重视与培养，要更好地发展学生的智力，更好地培养创造精神、创造意识、综合实践能力，必然首先就要求教师具有这种创新能力。教师要善于把丰富的社会资源转化成教育资源，要善于整合跨学科的课程，为学生的终身发展、可持续发展、个性化发展服务。一名教师如果没有创新意识，是难以创造生动的、被学生喜爱的教育的。诚然，教师的职业是难以被取代的，将来被取代的不是教师职业，而是没有创新精神与创意课程的教师。

第三，教师应该成为魅力教育者。这样的教师，自身就蕴含教育的因素，就是独特的课程资源，吸引着学习者。实践告诉我们，学生都渴望与有魅力的教师交往和交流。魅力就是教师的个性特征，没有教育个性也就难有教育魅力。一个教师的魅力来自哪里呢？一是来自他独特的教学方式，二是来自他独到的学术研究，三是来自他高尚的师德，四是来自他丰富的人生素养。因此，未来的好教师应该是一个思想者，一个有德性的人，一个具有文化品位的人，一个具有人格魅力的人，一个对生活充满了热爱的人。其中，富有哲学气质、人文情怀、艺术素养的教师将是大受学生欢迎的人。总之，学生可以从教师的身上获得前进的动力，获得生活的希望，获得人生的追求，获得精神的愉悦。教师，应该是一个用自己的人格魅力去影响学生精神成长的人，他是活在学生生命里的人。

第四，教师应该是自我变革者。既然教师是教会学生如何适应时代的人，那么教师首先就要做这样的人；教师教育学生要成为终身学习者，自己首先就要成为这样的学习者。教师应该实现哪些方面的变革呢？其一，教育观念的变革。我们处在一个科学技术飞速发展的人工智能时代，教育的价值应该追求什么，应该秉持怎样的育人理念，在这些方面，教师都应该摒弃陈旧的教育观念，使自己的思想迈向现代化。现代化的"化"字，就是自我改造思想的过程。教师的育人观、教学观、课程观、评价观等，通过改造以适应时代的需要。其二，教师应该积极地学习使用人工智能时代所提供的技术，用智能化的手段支持育人，改进教学方式。人工智能时代的技术进步，能够更好地实现学情的认识与分析、知识的呈现与传授、能力的培养和开发。其三，教师要主动提高专业素养，以适应人工智能时代教育和学校的存在方式，包括教学方式、组织方式、评价方式、交往方式、管理方式等。教师的不断变革，根本是为了适应人发展的需要，适应学生学习的需要。教师自我变革的能力，就是教育持续发展的保障与保证，它应该成为人工智能时代教育工作者的核心素养。

总之，人工智能时代已经到来。它对未来教师的素质提出了更高的要求。每一个教育工作者，一定要有自我变革、持续发展的意识，不断学习，不断完善，不断创新，让自身适应时代的需要，让教育推动时代的发展。

让实践更优

没有真正的基础性，就没有真正的发展性。

深钻教材，把“教”材转化为“学”材；研究教法，使“学习目标”转化为“学习过程”；研究学生，去除“假学”，组织“真学”。

“尊重个性”不只是手段，更是教育价值和目的。

一个好教师就是一种好教育，一支好团队凝聚一方好文化，一所好学校开启一段好人生。

用研究的方式解决问题，用学术的方式引领专业。

用均衡方式实现教育公平，不能只停留在机会公平上，更应该重视过程的公平。

立足传承发展，勇于教育担当——北京小学 70 年办学的再认识

校长应该研究所在学校的历史，把握学校的文化，并随着时代的发展把学校的文化发扬光大。在迎接中华人民共和国成立 70 年的日子里，作为在北京小学工作 30 多年的教育者，我认真地进行了学习、研究与思考。在这一过程中，我的思想受到了触动，我的灵魂受到了洗礼，我的精神受到了鼓舞。

北京小学，与中华人民共和国一起诞生，与伟大首都同名。这所学校是北京市委、市政府在北平解放后最早筹备成立的一所学校。70 年来，她始终与祖国同呼吸、共命运，在不同的历史阶段，都始终勇于担当教育的使命，走在基础教育实践的前列。

一、为了建设新中国——不变的教育理想

北京小学是一所具有“红色基因”的学校，从 1949 年 6 月 19 日建校的那一天开始，学校就把建设祖国作为教育的崇高理想，把培育革命后代作为重要的教育责任。

（一）勇担时代使命

在革命战争年代，许多革命同志为了夺取斗争的胜利，南征北战，无暇照顾自己的孩子，他们的子女有的被留在农村老家，有的被寄养在老乡家中，失去了学习文化知识的机会。后来随着北平的解放，革命干部进入北平，投身新北京的建设，许多被寻找回的革命后代也从革命老区汇聚到北京，开始了崭新的生活。正如北京小学的老校歌中所唱的那样——“蓝天高，硝烟散，五星红旗插云端，辞别黄河太行，远离哺育我的家乡。为了建设新中国，学习、劳动、锻炼！”

当时，为了支持这些革命同志全力投入新北京、新中国的建设，为了更有效地针对他们的孩子进行教育，北京市委、市政府成立了公立寄宿制小学——

北京小学，并实行供给制，使其担当起培养这些革命后代的责任。一批革命青年走进这里，成为学校的开创者，他们中有抗日名将张自忠将军的女儿张廉云同志，有充满革命教育情怀的禹培芝同志、伍真同志和陈玉华同志。可以说，学校的建立、发展与革命事业紧密相连。当年，这些孩子和教师全部都寄宿在学校里，既要学习文化知识，又要进行劳动实践。

（二）转变办学方式

建校 70 年来，北京小学一直传承着建校之初的崇高的教育理想、强烈的使命意识，“为了建设新中国”的信念一直鼓舞着学校开拓创新。到 20 世纪 50 年代后期，随着国家教育事业发展的需要，学校开始兼收附近的走读学生。如今，为了建设教育强国，实现中国梦，学校的办学理念和规模都发生了巨大变化。

一是办学方式实现了从“寄养”到“教养”的理念转换，本校的寄宿制已经成为当下满足人民群众生活工作需要以及学生发展需要的多样化办学方式之一。学校自 1949 年建校开始就是寄宿制学校，后来也招收附近的学生，实行寄宿与走读并存的教育方式；20 世纪 70 年代后期曾停办寄宿制；1995 年恢复寄宿制后，学校结合当时独生子女多的特点，提出将“生活自理、学习自主、行为自尊、健康自强”作为寄宿教育的宗旨，强调教育的力度要大于养护。这就明确了寄宿首先是教养方式，而不以寄养为目的。

二是为了让更多的孩子享受优质教育，北京小学在促进义务教育均衡发展中积极发挥引领作用，成为名校集团化办学的先行者。从 2002 年开始，北京小学相继在北京市西城区（包括合并前的宣武区）、大兴区、丰台区、通州区、房山区，辽宁省大连市等地建成 10 所分校，形成了一体两翼（“一体”指北京小学，“两翼”指包括寄宿、走读两种办学方式）、一校多址的办学格局。2011 年，北京小学在西城区教委的支持下组建北京小学教育集团，率先进行集团化办学的探索。围绕文化培植、队伍培养、课程建设、教学管理等方面，学校积极探索集团化办学的有效策略，将几十年来积累而成的教育思想、管理理念与办学经验进行分享，有效提升了集团内各成员校的办学质量，受到政府和社会各界的好评。2012 年，北京市西城区政府推出四大教育集团，北京小学不但是其中之一，而且为西城区乃至北京市推进集团化办学提供了有效的经验，极大改善了地区的教育生态。以天宁寺分校来说，2014 年之前，学校每年招 1～2 个班，75% 为非京籍，天宁寺地区的京籍学生都去择校了；而 2014 年加入北京小学教育集团后，当年招生就达到 6 个班，之后持续增长，2018 和 2019 年都招了 10 个班，学生从 400 人增长到 1800 人，抑制了“择校热”，恢复了天宁寺地区的教育生态，受到家长的好评。

二、为了学生的全面发展——不变的价值追求

建校 70 年来，秉承“为了学生的全面发展”的价值追求，一代代北小人不懈努力，取得了丰硕的育人成果。

（一）坚守教学质量

早在 20 世纪 50 年代，中共北京市委曾作出《关于提高中小学教育质量的决定》，掀起了提高教育质量的新高潮。北京小学积极响应号召。当时，由于学校是新中国成立后新建的学校，大部分教师的教龄还不满三年，教师的业务水平较低，影响了课堂教学质量。为了切实有效地提高课堂教学质量，学校领导不断地深入课堂，及时发现并解决教学中存在的问题，和教师共同研究，及时改进。靠着集体智慧和辛勤付出，在北京市小学毕业升学统考中，北京小学实现了飞跃，跻身先进行列。1959 年 11 月 14 日，《北京日报》曾以《北京小学教学质量迅速提高》为题对学校的教学改革成果进行专题报道，1960 年北京小学被北京市委、市政府授予“红旗学校”荣誉称号。

北京小学几十年来都没有放松提高教学质量。在深化课程教学改革的今天，学校不断探索新的课程模式，把学校培养目标、学生个性发展与北京四季资源整合起来，创造了富有中国气质、北京特色的四季课程，以春夏秋冬划分学校课程进程，两个月左右学科课程与一周综合活动课程交互进行，形成“2121

学程”模式，让学生享有更充分的综合学习、实践探索、拓展研究的时空，该课程也成为北京市课程改革的一个亮点。学校多年来还针对课堂“僵化、虚化”的问题，提出了“实与活”的教学思想，制定了校本化学科培养目标，在“课程、课堂、课时、课业”方面进行系列改革。2012年下半年，国务院研究室专门组织调研，听取汇报，撰写有关北京小学“减负提质”的经验内参并在《中国教育报》发表，受到中央领导的肯定和社会的好评。

（二）践行“五养”思想

20世纪50年代，儿童故事片《祖国的花朵》曾在北京小学拍摄，电影的主题歌《让我们荡起双桨》传唱至今，从影片中我们可以看到当时北京小学生动活泼的校园生活。北京师范大学原校长、北京小学校友钟秉林先生回忆在北小的学习生活时曾感慨万千，称北京小学坚持素质教育，为他的发展奠定了坚实基础。

如今，面对教育中存在的种种问题，作为校长，我一直坚守教育的本真，认为基础教育的核心价值是回归它的基础性，提倡尊重规律办教育。这里所说的“规律”就是指教育自身的规律和人生命成长的规律。我把自己办学的感悟概括为五个“养”字，即儿童的成长要慢养、顺养、牧养、素养和调养。“慢养”指教育要尊重生命，尊重儿童，关怀童年；“顺养”指尊重差异，因材施教；“牧养”指挖掘教育资源，激发学生主体性；“素养”指注重日常，童蒙养正，养美好品德，养良好习惯，养健康身心；“调养”指关注身心的和谐发展，因需施教。“五养”教育思想是对“心中有儿童”最好的阐释。

围绕“五养”思想，学校坚持面向学生实行全面而富有个性的发展。比如北京小学“年度荣誉奖”已经坚持多年，分为文学艺术、体育健身、科学创造、自主钻研、劳动与公益等不同方面。奖项面向每一个学生，遵循“不看证书看事迹，不看成绩看精神”的评审主旨。这种面向全体而非“尖子”的基础教育，正是北京小学多年来的价值坚守。

围绕“五养”思想，学校提出自主型、学术型和民主型的“三型”管理理念和"共建学校良好教育生态"的主张，促进组织变革。我们成立了具有时代感的新型组织"促进教育家长委员会"，以诚信和情感为基础，凝聚家长智慧，汇合家长正能量，使家校关系更和谐，师长关系更友善，学生成长环境更生态，打造家校育人共同体。

总之，不管时代怎样变化，教育怎样改革，不变的是北京小学对促进学生全面、健康发展这一教育价值的追求和坚守，是北京小学担当教育使命的勇气。老一辈无产阶级革命家彭真同志从建校之初开始，一直关心北京小学的办学工作。1984 年，他曾为学校题词，勉励师生"用科学文化知识，用爱国主义、集体主义、社会主义和共产主义教育培养青少年"。70 年来，北京小学坚守教育初心，在多年的发展中形成了独特的办学文化，并使这些优秀文化在一代又一代北小人的心中扎根、传承。在新时代，这所"希望的摇篮"将继续在发展素质教育的道路上不断探索，用新的贡献回报祖国。

四季课程：创造适合学生发展的教育

四季课程从 2012 年实施到现在，已经十多年了。它由萌芽到成长，由弱小到壮大，由创新到繁荣，展现了北京小学守正创新的办学精神。让我们先看几段学生的感言：

学生 1：学校的四季课程让我们体会到了不一样的学习方式带来的乐趣：四季课程让我们到大自然中，到博物馆中学习知识；让我们和小伙伴一起学习知识；让我们在实践的快乐中学习知识。我爱四季课程！

学生 2：在暑期的读书实践中，我第一次知道了"有孔虫"这种古老的海洋生物，为此妈妈特意带我去科技馆参观了"大海里的小巨人——有孔虫"主题展，我还在那里认识了中国科学院院士郑守仪奶奶。她向我介绍了国内第一个有孔虫雕塑公园，我很想去看看，真希望妈妈有时间能带我去。

这是在“我与四季课程的故事”征集中所看到的两段话，出自两名普通的中年级学生。我感受到了他们在“四季课程”中所获得的情感，所激发的好奇心与求知欲，以及所产生的合作意识与实践能力。其实，儿童的身上自然地存在着许多需要教育者发现、尊重和呵护的成长力量。这正是我在北京小学提出“四季课程”实践探索的重要缘起——创造适合学生发展的课程。

学校多年来一直坚持追求“创造适合学生发展的教育”的理念，其内涵包括三个方面：首先是教育要遵循儿童成长规律，依据儿童的年龄特征、身心特点，从儿童的自主发展需要出发。其次是办学要遵循教育规律，通过学校课程实践的整体优化，引导学生“主动发展、全面发展、个性发展”。再次是，教育是“发现”和“发展”，发现其潜能，发展其个性。学校要为学生提供适合发展的教育，就离不开对“学生特点”和“学生发展规律”的深入研究。我们以“适性教育”的理念为指导，努力探索适合生命成长、适合儿童生活、适合学生个性发展需求的“四季课程”，并以此推进富有学校特色的课程建设。

一、四季课程的提出——追求“务实”与“生成”的课程

目前中小学生的学习进程安排都是两个学期加寒暑假。我在教育实践中认识到，小学生好奇心强，求知欲旺盛，喜好动手实践，但是他们年龄跨度大，认知水平相对低，学习持久力也相对弱。因此，我一直在思考如何使每学期四个半月的学习不单调，贴近儿童，富于生命的节奏感。

通过研究，我们发现，北京是个四季分明的城市，儿童的成长与发展也必然会与他们所生活的环境密不可分，体现出明显的节律特点。因此，我们将儿童发展特点、学校培养目标以及北京自然特征有机地整合在一起，提出了“四

季课程”的构想。

参照多方面研究，我们提出了“2121”四季学程模式，即以学年中的四个季节为标志，将整个学年划分为四个学习周期，每个周期“两个月左右的基础性课程＋一周实践性课程”。

这种学程模式的提出，一方面源于综合实践课程的学习如果仅以常规课时为单位开展综合实践活动课程，那么师生受时间和空间限制，很难真正展开充分的思考和实践探索，不如集中一周的时间来实施综合实践课程。另一方面源于我们对学生成长规律与需求的顺应和尊重。小学生在每个学期连续四个多月的学科学习历程中，需要适时地进行学习目标、学习内容和学习方式的调整。因此，我们打破传统课程目标、内容、时间和空间对于儿童学习的局限，以“四季”来划分学程，以一学期为周期，即“2个月＋1周＋2个月＋1周”。

第一个“2”为每学期前两个月，在此期间有计划地实施基础性课程；第一个“1”为一周，各年级学生集中开展实践性课程，由教师设计、开发并组织实施；第二个“2”为每学期后两个月，继续有计划地推进基础性课程实施；第二个“1”为寒（暑）假期间为期一周的综合性实践学习，课程由教师设计，家长协助开发与实施，丰富学生的假期生活，更好地实现个性化发展与全面健康成长。

在春、夏、秋、冬四季各安排一次为期一周的综合实践课程，以创新精神与实践能力的培养为主线，整合科技教育、美育、体育、德育、劳动教育等育人资源，改变原有综合实践课程比较零散的现状，让学生享有更充分的综合学习、实践探索、拓展研究的机会。它是学校四季课程体系中的重要内容，经常被直接称为四季课程。具体设计如下：

秋季，设立“科技创意课程”，让学生展开美好的想象，把所学的知识加以综合运用，开展科技创想。如“生活中的奇思妙想”是四年级秋季的课程主题，在一周的课程学习中，学生们先通过专题讲座对“奇思妙想”的内涵和方法有初步了解，再通过有针对性的参观丰富认知。教师则为同一个年级选择不同研究主题的学生开发了不同的场馆资源，更好地服务于学生的综合性实践学习。

冬季，设立“传统文化课程”，让学生在体验全国各地的传统文化生活中，感受中华文化的博大精深，做自豪自信的中国人。针对不同年级学生的年龄特点，我们先后开发了“舌尖上的春节”“生肖之趣”“胡同里的中国年”“窗棂上的艺术”等主题课程。

春季，设立“律动健身课程”，让学生在这个时节走进大自然，锻炼身体，欣赏美景，抒发情怀。学生在“运动的春天”“玩转课余生活”“传统体育的魅力”“篮球嘉年华”等课程主题中参与丰富多彩的实践活动。

夏季，设立“读书实践课程”。各年级学生分别在“小书虫漫游记”“书香夏日”等夏季课程主题的指导下，在静心读书的同时利用暑假走进社区，走向全国，乃至世界各地去体验和实践。

四季课程设计是为了让学生有更充分的时间和空间进行观察实验和动手实践，使综合实践能力得到更充分的提高。这恰恰也体现了学校“务实”与“生成”的课程追求。务实性体现在使学生在不同的发展阶段学有所得、学有所长，让学生获得实质性的发展；生成性体现在课程建设要目中有“人”，课程要充满生命的活力，要在生成中，使学生的发展具有生命性。因此，四季课程是回归基础、回归学生、回归全体的课程。

二、四季课程的初步探索——追求“适合”与“真实”的发展

在课程探索初期，我们对学校师生进行了调研。调研发现，学生更期待具有实践性的活动课程，这与教师、家长的期待有很大的不同，这种调研为我们进行课程开发提供了很好的基础。

在此基础上，我们组织干部教师通过深入研讨达成共识，要遵循“适合学生发展”的课程理念，关键在“适合”，它强调课程建设要有“对象意识”和“目标意识”。“对象意识”的增强必然使我们增强生命意识，“目标意识”的增

强必然使我们进一步深化校本意识。因此，四季课程中每一门课程的确定、开发、设计和实施都要充分调研本校、本年级甚至是本班学生的实际，课程内容和实施方式则随学生发展、教师发展、自然发展以及社会发展不断更新和调整，以实现课程对学生的“适合性”。

实践中我们逐步形成了“教师—项目负责人—学校”三级课程管理结构，由年级负责人作为四季综合实践课程开发与组织的项目牵头人。首先，自下而上地通过调研和头脑风暴式的研讨萌生课程主题意向，在此基础上，各年级将课程主题提交学校课程核心组并参与校级的课程主题研讨，从内容定位、难易程度、年级梯度等不同方面进行论证，确定每个年级的主题。其次，自上而下地由各年级负责人负责组织各学科教师对确定的主题及主要内容进行深入分析和再次头脑风暴式的课程研发，逐步完善课程内容。这几上几下的研讨过程，既确保了每次四季实践课程的质量，又实现了对教师实实在在的培训，促使其课程领导力获得真实的发展。

自 2012 年至今，基于四季综合实践课程发展起来的四季课程已经经历了多年的探索，目前我们已经开发了近百个深受学生喜爱的四季综合实践课程主题。为了更好地推进四季综合实践课程的实施，教师还为学生设计精美的课程手册，供学生人手一本，用来指导和评价学生的课程学习，每一本课程手册都凝聚了教师的智慧与心血。每次综合实践周结束后，各个年级都会以展览、短片等形式向全校发布年级课程学习成果。经过几年的探索，学校四季综合实践课程已经形成了“调查—研发—实施—评价—展示”的五步运行模式，有效地将学生资源、教师资源、社会资源整合在一起，共同服务于学生和教师的实际发展。

目前，在这方面的实践成果已在《北京教育》《现代教育报》《首都教育》和 CCTV 等媒体中报道，受到广泛关注。四季课程还在北京市教委接受教育部教育均衡督导时被作为汇报短片的核心内容进行了展示。

三、四季课程的系统建构——追求“课程”与“管理”的共建

随着改革的深入，学校进一步完善四季课程的顶层设计，在实施中，抓住“四课”工程，形成了“三型”管理的办学经验。

（一）系统实施的“四课”工程

立足于对学校体系建构的价值认识，我们提出了改革课程、课堂、课时和课业的“四课”工程。从课程的体系建构方面，学校通过落实建设国家课程，融合发展地方课程，创新开发校本课程，推进三级课程的整体建设。

一是改革课程。我校基于四季课程的特色，提出“四季基础学堂＋四季实践课程”的课程结构，并在已有四季综合实践课程的基础上，进一步开发了四季健康与四季节日等四季特色课程。其中，四季健康课程以中国传统医学的生命观、整体观为指导，结合季节变化适时开设，反映中国传统文化的博大精深；课程的设计抓住了四季变化与人体变化的关系，将有关人的身心健康、保健常识以及运动建议的生活常识与科学知识转化为课程；课程内容包括季节与运动、季节与饮食、季节与起居、季节与心理健康、季节与疾病预防等多个板块。四季节日课程，结合四季中具有标志性的九个传统节日（包括春耕节、清明节、端午节、乞巧节、中秋节、重阳节、腊八节、春节和元宵节）进行弘扬中华优秀传统文化的教育，以增强学生的民族自尊心、自信心与自豪感。该课程根据节日逢时开设。

二是改革课堂。伴随课程改革，现代教育观已经从传统的知识教育观走向促进学生个性健康发展的教育观，课堂文化也越来越向“儿童发展本位”回归。学校逐步形成了“实与活”的教学思想，并通过课程实施不断地使之更丰富、更系统，构建起“实与活”的课堂文化。

三是改革课时。早在课改初期，我们就进行了新课时的调整与探索，主要是针对小学生注意力及心理特点将每节课的时间缩短，课时数量略有增加。具体而言，将原来的每天6节40分钟的大课调整为每天7节，前三节课为35分钟，后四节为30分钟，同时每天安排一节体育课。这样就使学生有更多的

时间进行体育锻炼、发展兴趣，同时也必然向教师提出了提高教学效率的要求。这些关于课时的改革探索都为深入落实教育部“双减”工作要求和北京市新课程方案积累了宝贵经验，奠定了坚实的基础。

四是改革课业。我们认识到要真正创造适合每个学生发展的教育，离不开富有针对性的课业指导。学校多年使用的是由本校专家及骨干教师编印的北京小学语文、数学学本系列，并每年根据学生及教材变化进行及时修订，以确保其针对性与实效性。在使用统编新教材和贯彻落实教育部关于加强作业管理的意见的工作中，学校还针对课业陆续出台了《北京小学学生作业评价方案》《北京小学节假日作业的要求》《新时代北京小学学生作业管理规定》等一系列文件，对学生作业的时间、数量做出明确规定，严格控制作业量，达到既减轻负担又提高质量的效果。

（二）推动课改的“三型”管理

实践中，我们逐渐意识到，学校除了具备良好的研究传统以及较优质的教育资源外，也受限于学制管理、质量监控管理、课程设置管理等组织制度。因此，我们立足学校管理改革，提出自主型管理、学术型管理和民主型管理，以此调动广大教师参与课程改革的积极性与创造性。首先是自主型管理，北京小学有深厚的自我教育的管理基础，因此倡导教师在课程实践中自主学习、自主实践、自主创造，这成为推动学校课程探索的重要源动力。其次是学术型管理，它凸显了学校课程改革的科学性，强调在学校管理中去行政化。为此，学校建立了教育教学指导委员会，具体指导教师教育教学改革的实践；成立了名优教师研究室，以研究室主持人带队的方式深化课改的专题研究，共享研究成果，整体提升教师研究意识和研究品质。最后是民主型管理。学校坚持倡导在民主管理中，在平等的教师对话、师生对话以及家校对话中，实现共识理念。我们的课程建设也是充分发扬民主，成立课程建设团队，让教师、学生、家长、专家、社区等都参与到课程的开发与完善中，鼓励大家对学校课程的建设提出建议。

四、四季课程的展望——追求“基础”与“特色”的融合

实践证明，四季课程从时间、空间、资源等多个维度对现有三级课程内容进行了整合和拓展，提出了将学生发展规律、自然规律、人类社会发展规律整合在一起的课程建设新思路。

四季课程的进一步实践，必将对学校管理机制、课程建设、学业评价、资源协调、教师培训等多个方面都提出新的要求和挑战。尤其是围绕如何打破“特色课程”与“基础课程”之间的壁垒，实现学校课程的融合发展，进一步提升广大教师的课程意识以及课程领导力，这些都是我们对四季课程建设的研究展望。

总之，四季课程是顺应自然节律，遵循学生身心发展逻辑，着眼于课程，落实于学生生命发展的课程资源的整合设计。我们欣喜地看到，学生在四季课程中呈现出了生命成长的活力，提高了实践能力和创新能力，提升了综合素养。我们将继续在追求“创造适合学生发展的教育”的路上，不断探索、前行。

构建“实与活”的课堂教学

只有进行深入、扎实的校本研究，才能切实把教学的新理念转化为广大教师的教学行为，才能把教学质量落到实处。多年来，北京小学的全体干部、教师以课程改革为契机，不断提升学科价值的层位，完善学科教学的建设，深化学科教学的研究，通过创新性的实践探索，初步形成了“实与活”的课堂教学特色。

一、“实与活”教学思想的提出

教育实践证明，在学校办学过程中，明确的指导思想会提高办学水平。近年来，我校追求的“实与活”的教学思想促进了学科教学建设，大面积提高了

教学质量。

“实与活”的课堂教学思想深深扎根于基础教育实践，它是我多年教学经验的升华与深化。“实与活”的教学思想最早是我在长期的语文教学研究中提出的，这种思想的提出也受到语文前辈、人民教育出版社刘国正先生观点的影响，并使之得以发展。后来，在杨文荣教授等专家的指导下，学校把这种教学思想进行提炼与提升，从语文逐步扩大到其他学科教学，最终成为指导全校课堂的教学思想，形成了学校的课堂教学文化。所谓“实”，指教学体现务实的态度，扎实的教风，使学生在不同的发展学段学有所得，学有所长，从而使课程目标落到实处。“实”体现了基础教育基础性的本质要求。所谓“活”，指教学要目中有人，教学方式不断创新，教学方法灵活多样，以学定教，顺学而导，从而使教学充满生命的活力。“活”体现了基础教育生本性的时代特征。“实”与“活”是一个问题的两个方面，“实”是目标，“活”是手段，两者是辩证的统一，既不能片面地追求“实”，也不能片面地追求“活”。

应当说，“实与活”课堂教学的追求，有着较为坚实的理论基础与较为鲜明的现实针对性。

首先，“实与活”的教学思想符合基础教育课程改革的新理念与教学的规律、特点。第一，基础教育的价值追求“实”与“活”的统一。今天，教育的发展要求教育价值从“以知识为中心”转变为“以人的发展为中心”。因此，人的生动发展和整体和谐发展成为必须关注的问题。我们必须认识到，教育的对象是活生生的、有尊严的人，他们不但需要获得知识、能力、情感等各方面的发展，而且这种发展应该是主动的、生动的。所以，真正的教育应该是“人”的教育，是“活”的教育，是促进每一个“具体人”发展的教育。课堂必须实现从学科教学走向学科育人。第二，课程改革要求追求“实”与“活”的统一。课程改革重要的价值之一在于重建“以学生发展为本”的基础教育课程观，它倡导教师在课程开发和教学实施中应具有活力。无论是《义务教育语文课程标准》修订前阐述的课程理念“全面提高学生的语文素养”“正确把握语文教育的特点”“积极倡导自主、合作、探究的学习方式”“努力建设开放而有活力的语文课程”，还是新修订的《义务教育语文课程标准》所提出的课程理念“立足学生核心素养发展，充分发挥语文课程育人功能”“构建语文学习任务群，注重课程的阶段性与发展性”“突出课程内容的时代性和典范性，加强课程内容整合”“增强课程实施的情境性和实践性，促进学习方式变革”“倡导课程评价的过程性和整体性，重视评价的导向作用”，都既可看出“实”的内容，又可发现“活”的要求——它要求中小学语文教学既要把语文的教学目标扎扎实实地落到学生身上去，又要实现学生生动活泼地发展。特别是“工具性与人文性的统一是语文课程最基本的特点”的论断进一步说明，语文教学是掌握“语文”这一工具的过程，也是人的思想、精神丰富、完善、提升的过程，两个过程是统一在一起的。工具性与人文性对于语文来讲是浑然一体的，既不能无视人的存在，抽象地进行语言训练，也不能泛化对人文性的认识，搞与工具性对立的语文教学。总之，学科教学必须努力实现目标、内容、方式的“实”与“活”的统一。

其次，“实与活”的教学追求具有很强的现实针对性。我们在听课中，发现一些必须纠正的教学问题：一是新理念与教学实践脱节。比如，教学反映出一些教师搞枯燥的、题海战术式的训练，教学方式陈旧、僵化，教学上不敢求“活”，认为“活”会降低教学质量。这样的教学束缚了师生的发展。二是教学改革搞形而上学，作“表面文章”，抛开学生实质性的发展，无视教学内容、教学目标的要求，追求形式、方法上的花样翻新和表面的热闹。前者并非真正的“实”，后者也并非真正的“活”。这种把“实”与“活”对立起来，或是将“实”与“活”简单化、形式化的教学必然导致低效的教学。因此，我们努力通过追求“实”与“活”统一的教学，深化课改，提高教学实效性。

正因为“实与活”的教学有着明确的理论基础和现实针对性，所以，我校教师很快达成了共识，并用以自觉指导教学实践与研究。

二、“实与活”课堂教学的构建

北京小学在学科教学建设的过程中，结合小学教学的特点，从学校的培养目标（基础扎实、学有所长、中华底蕴、国际视野）与学生实际出发，围绕“实与活”的教学思想，从教学目标、教学方式、教学实践到教学评价，进行了较为深入的、整体性的探索。

（一）实在基础：让学生获得实质性的发展

基础教育是为学生一生发展奠基的工程，基础性是基础教育的本质特点。大量的教育实践告诫我们：基础教育必须回归“基础”。因此，夯实基础是中小学学科教学的直接价值体现，是基础教育的本质要求。

我们必须潜心研究，怎样通过小学六年的教学，实现学生素质的实质性提高？所谓实质性提高，是指学生扎扎实实地实现所处学段的发展，包括学习兴趣、学习习惯、学习能力等基础性目标。对于小学生的学习，应当说，没有真正的基础性，就没有真正的发展性。比如，小学是语文教育的基础性阶段，它不但影响一个人进入初中、高中后的语文学习，从某种意义上讲，而且也会影响一个人终身的语文学习。因此，我们必须准确把握小学学科教学的层位与程度，夯实小学学习的基础。

为了夯实小学学习的基础，我校通过对语文、数学、英语、体育等学科的研究，为每门学科制定了个性鲜明的十二字培养目标。比如，语文学科的培养目标是“热爱阅读、能说会写、一手好字”。它鲜明地呈现了北京小学在全面提高学生语文素养的过程中，语文教学的着力点。再比如，数学学科的培养目标是“概念清楚、善于推理、灵活应用”，体育学科的培养目标是“不怕吃苦、健康第一、动有所长”。应该说，国家的课程标准体现了国家对于学生所学课程的基本要求，这是“共性”的体现。而北京小学的学科培养目标是在遵循国家课程标准的基础上，从本校办学实际需要出发而制定的“个性化”要求，是“国标”与“校本”融合的产物，是对学校培养目标的学科具体化。

为了夯实基础，我们在提出学科培养目标的前提下，引导教师激发学生的学习热情，培养良好的学习习惯，使学生形成必备的学习能力。

1.做实学段

学段，作为一个重要的教育概念，反映了基础教育具有很强的科学性，它遵循的是学生身心发展的规律。比如，《义务教育语文课程标准》把小学语文课程的目标要求分为三个学段，这三个学段的标准表明了一名学生在相应学段的语文学习水平。学生的语文学习在不同学段有不同的任务、不同的要求，实际体现了对学生年龄特征的正确把握和对语文学习认知规律的科学认识。

当前，基础教育存在着学科教学“错位”和“越位”的现象。一些教师用最优秀学生的学习标准要求所有学生，追逐“超标”的教学，使学段应有的任务难以落实。考察目前的小学教学，我们会发现，教学的要求、目标的制定在实际教学中随意性大；抛开国家课程的基本标准，任意拔高教学要求的现象普遍存在。语文、数学、英语教学在这方面的问题尤为突出。比如在阅读教学上，脱离学生实际，过深地挖掘文章的思想内涵，空讲道理，没有培养学段要求的基本阅读能力；在作文教学上，文学化、成人化倾向严重，简单理解“自由习作”，缺乏必要的价值引领、思维启迪、方法点拨与语言指导。因而，阅读教学、作文教学的学段进展收效不佳。从学段教学重点看，低年级忽视写字写句的教学，中年级忽视段落的读写教学，高年级篇章教学意识不强。

针对这样的问题，我校强调要抓住各学段的重点教学内容，做实学段教学。如语文学科在低年级要抓实以“词句”为中心的教学，中年级要抓实以“句段”为中心的教学，高年级要抓实以“篇章”为中心的教学，使语文教学在不同学段各有侧重，各有核心，又相互关联。为了更有效地做实学段教学，一方面，我们在制定学科培养目标的基础上，进一步细化了学科在不同年级的具体要求，比如语文学科在倾听、口语、阅读、习作、写字等方面都有具体的学习标准，使教师教有所依；另一方面，我们创新工作机制，推进校长室领导下的年级工作制。年级负责人、教研组长都是市、区学科带头人和骨干教师，以他们为核心，凝聚年级教师的智慧，围绕年级的子课题进行深入的实践研究，做实年级学科教学。

2. 务实课堂

课堂是儿童生成正确学习概念的“实践基地”。我校认识到，学生的差距往往是在课堂上拉开的。因此，课堂教学作为提高教学质量的中心环节必须加以重视。

学生学习能力的发展在很大程度上取决于课堂教学的实效。为此，我校倡导课堂研究的常态化与日常化，即教师要在每天的工作中，在每节课上，踏踏实实地研究教学。一节课，教学目标是不是恰当，教学重点是不是突出，教学方法是不是有效，教材使用是不是合理，学生的学习能力是不是在课堂教学中得以培养，等等，都必须通过日常的教学研究来落实。花架子的教学、摆架子的研究，都不能实现学生学习能力的真正提高。因此，课堂教学要目标集中，一课一得，不要面面俱到；要落点清楚，体现学段要求。

为了使课堂更加务实，一方面，我们请年级组围绕“实与活”的教学思想，研究、明确本年级的教学应“实”在何处。比如，低年级语文教师通过研讨认为，要“实在认字写字，实在词语句子，实在正确朗读，实在兴趣习惯”。这一共识，在全面实现低年级语文教学目的的过程中，突出了教学重点，凸显了学段特点，具有很强的教学指导性。

另一方面，我们制定了《北京小学变革学习方式课堂教学评价方案》，引领教师的课堂教学。比如《方案》明确指出，在“教学目标”上，要透彻理解教材，针对学段和学生实际制定恰当的教学目标。在“教师组织”上，要着力创设引发学生思维或情感的学习情境；要重于激发学生的学习动机、创设自主学习的时空、进行学习方法的指导；要关注不同层次的学生，在组织形式、学习方式等方面为他们创设发展的条件。在“学生发展”上，强调思维的活跃，情感的投入；鼓励学生提出问题，乐于表达个人见解。在“动态生成”上，追求教师与学生情感融合、关系融洽的教学境界；教师要善于将学生出现的或主动提出的问题作为教学资源，展开教学，使之成为教学的生长点而不受教案的束缚。

再一方面，专家工作室的专家和教师实现“捆绑”式教研，每天共同走进课堂、研究课堂。校长、教学干部都经常深入课堂，与教师进行常态下的教学研究，指导教师不断改进教学，这收到很好的教研效果。

广大教师深切认识到，要务实课堂，就要深钻教材，把“教”材转化为“学”材；研究教法，使“学习目标”转化为“学习过程”；研究学生，去除“假学”，组织“真学”。通过几年的研究，我们的课堂在逐渐去除浮华，回归教学本真，有效地实现了学生的发展。

3.落实主体

终身学习的理念要求我们重新认识教育价值与学习主体的问题，基础教育的学科教学必须实现由“知识论”到“主体论”的时代转换，并树立新的教学价值观，即从培养“记忆知识的学生”转变为培育“生动活泼、自主自信的学习者”。

基于以上认识，我校在研究中，始终把学习主体作为研究的重要内容。我们达成共识：学习的主体是学生，激发与提升学生的主体性对于提高教学的实效至关重要。例如，在研究中，我校针对当时学生的学习状况提出了“学会倾听、学会表达、学会质疑、学会思考”的研究目标，提升学生的主体性；在研究中，我们进一步探究通过变革学习方式促进学生主动发展的策略。我们认识到，学生的主体发展需要激励，需要实践，需要时空。所以，学校倡导教师激发学生学习的自主性，不断树立学生学习的自信心。在课堂上，要尊重学生，让他们敢于表达自己的见解；要敢于“拿出”时间让学生动笔（写字、写句、写文）；要面向全体，努力让每个学生都积极参与听、说、读、写、算等学习活动。我们还积极为学生的主动发展创造时空。比如在语文学科方面，为了让“热爱阅读”“一手好字”等目标落到每个孩子身上，我们不但研究课上的教学方法，而且每天有专门的时间作为全校的“书香时刻”，低、中年级学生静心写字，高年级学生静心读书。同时，学校开辟了几百平方米的“摇篮书屋”阅读大厅，丰富的书架为学生提供了充分的阅读资源，上百万字的课外阅读量得到了保障。

以上的教学实践反映了我们对基础教育基础性在学科教学上的基本认识。

（二）活在生成：使学生获得生动性的发展

教育过程本身是动态的，是鲜活的，它需要随着时代的发展和教育的现实条件，不断生成新的内容、策略。学科课程实施的过程更强调生成性，这种生成不仅是课堂教学中的生成，而且是指教学过程全方位的生成，包括对资源的开发、方式方法的运用、评价的实施等。

真正的生成会使学生获得生动活泼的发展，但能不能实现真正的生成，取决于教师切实转变课程观念、主导方式与组织行为。我们必须认识到，今天的学习主体观已经发生了变化。学生是活生生的人，是具体的儿童，而不是盛装知识的容器。因此，我们的教学必须目中有“人”，教学的视角也应从“利于教师教”转到“利于学生学”。再者，课程观也发生了变化。课程不等同于教材，教材不等同于课本。我们的教学必须“走出一本书的时代”，必须走出封闭的课堂。基于这样的认识，学科教学不但求“实”，而且应该求“活”，求“活”是为了更好地求“实”，它体现了教育适时改进的要求。

1. 用活资源

传统课程观造成教学资源的范围比较狭窄，学习空间比较封闭。而新的课程改革，为我们打开了广阔的资源视野，体现出学习的开放性。

我们认识到，课本是学生学习的核心资源，但并不是唯一资源；教科书是教师进行教学的重要凭借，但并不是唯一的材料。学生发展的空间也并非几十平方米的教室，教室以外有着更广阔的学习空间。因此，我们提出要“走出一本书的时代”，在用好国家统编和规定教材的同时，把目光投向更广阔的资源视野。在开发教学资源时，我校采取了许多措施。比如，我们鼓励教师在完成国家教材内容的基础上，针对本班实际、本单元实际对教学内容进行拓展延伸，紧紧为学生的学习与发展服务。再如，我们积极开发网络资源，不但利用两个计算机教室为寄宿学生提供晚间上网查找资料的时间，而且在阅览大厅开辟了视听空间。同时，教师经常组织学生利用网络开展综合性学习。除此以外，我们还大力开发家长资源、社会资源。一次，四年级组的教师从电视上看到《艺术人生》推出的人物正是一位学生家长，他是一位摄影家。于是，语文老师就与家长携手组织了历时一个月的语文系列活动《寻找老照片中的故事》，这不但培养了学生的语文能力，而且提升了学生的综合素养。

实践告诉我们：学习资源无处不在，教学资源丰富多彩。作为智慧的教师，应当善于发现每一个可能会涌流无限生机的“泉眼”，精心开发。

2. 激活方法

教育变革必然要求学习的方式方法不断创新、发展。如果说“用活资源”体现了学习的开放性，那么，方式方法的变革则体现了学习的发展性。

深入的实践证明，教学不应有僵化的程式，应讲求方式方法的灵活、创新。不同学段的学生有不同的年龄特点，不同的教学内容也有不同的教学要求，因此，教学方法应符合学生的特点与教材特色，要利于激发情趣，利于主体参与，利于实现教学目标。方法因学情而灵活多变，方法通过创新是不断发展的，每一位教师都应结合自身特点创生有效的教学方法。

同样，学生的学习方式也是多样的。新课改以来，我们不断摸索，尝试诸多方式。比如，为探索语文学科与现代信息技术的整合，我们与北京师范大学现代信息技术研究所的何克抗教授合作，引进他的理论研究成果，把语文学习与多媒体、网络技术相结合，三年的实践研究证明，学生识字量大，阅读量大，思维活跃，促进了语文能力的发展。再比如，为探索语文综合性学习活动，我校在四季课程的夏季课程中开展了“读名著，走天下”的语文实践活动。学生不再是关在屋里“死”读书，而是将读书与旅游结合起来，读《西游记》，游访四川的九寨沟；读《红楼梦》，参观大观园……学生将书本中的知识与现实中的景致同时尽收眼底，有的同学在参观游览中，随口吟诵诗篇佳作；有的同学游览归来再细心读书，原本不理解的内容也豁然开朗……学生在这样的活动中学习语文，感到充实、快乐。除此以外，我们还鼓励学生自主组织语文社团，开展活动。

在学科教学方式方法的探索中，变革考试方式也是我们研究的重点。我校不提倡教师每学期“赶课”，反对过早结束教学，一味进行枯燥的题海战术式的复习，而是倡导教师补充教材，延伸教学。我们要求基础知识在富有激励性的日常教学过程中掌握，而期末考试则是体现对学科能力的综合性考查。比如，我们曾尝试的六年级毕业口语交际考试改革就深受学生欢迎：各学科教师分别从真实的生活中结合本学科内容选取合适的热门话题，创设交际情境，学生自主选择主题，现场分组进行口语交际，呈现方式有观看视频图片、自由发言、相互讨论、场外提问等。学生广泛而深入地参与，使自己的能力得到了锻炼。

教学方式、学习方式、考试方式等变革有利于学生主体作用的发挥，有利于学生学习积极性的调动，有利于把学习要求落到实处。

3. 盘活评价

随着教育的不断发展，学习的个性化趋势越来越明显。基础教育改革如何适应学习的个性化趋势是摆在我们面前的重要问题。众所周知，评价是促进学生学习的重要手段，小学教学对于学生学业的评价应该“盘”活，从以甄别式评价为主转变为以发展性评价为主，实现评价的增值功能。

在日常的教学评价上，我校推行以促进学生发展为目的的多种评价方法，给予学生人文关怀，关注学生的需要，尊重学生的个体差异，帮助学生认识自我、拥有自信、挖掘潜能，最大可能的促进学生发展。我们提倡赏识性评价、延迟性评价等，不但使所谓“优秀者”能够体验到成功的激励，而且更使所有的学生都体验学习的进步。

近年来，我们特别倡导促进学生个体学业发展的增值性评价。增值性评价是发展性评价的重要组成部分，它在具体的学科教学上关注每一个学生在原有基础上的发展幅度。为了更好地落实增值性评价理念，我们在学习评价上采用的方法是“从横比转为纵比”，即自己的发展水平与自己原有水平比；“从比高线转为比标准”，即不是以全班最优秀、最高的标准来评价，而是以学科教学的课程标准和要求来评价。这种评价方式的转变，再次调动了师生的积极性，实现了学生“可目视”的进步。

这些因人施评的方式，不但没有降低质量，反而大面积提高了教学质量，受到学生和家长的欢迎。

以上是我校在“实与活”学科教学研究中的一些基本认识与实践探索。正如前文所讲，“实”与“活”是辩证的统一，可谓“实”中求“活”，“活”中求“实”。没有“活”的“实”，则走向僵化、枯燥，难显生命的活力；没有“实”的“活”，则走向玄虚、浮华，难见学生真实的成长。

客观地讲，“实与活”的教学追求提升了学校的办学水平，而长期的研究，不但形成了学校的教学文化，而且更重要的是大面积提高了学科教学的质量。

系统思考，多元策略“减负提质”

减负问题，一直是基础教育改革的热点、难点问题。我认为，切实减轻学生过重的课业负担，是推进素质教育的重要策略。只有减轻了过重的负担，才能还学生以自主发展的时空，才能引导全社会关心学生全面、健康、生动、活泼地成长。减负的实质在于更好地促进发展。北京小学在多年实施素质教育的探索中，坚守基础教育的基础性，让小学教育回归基础，回归儿童，回归全体，在减负的工作上系统思考，不断研究，取得了一定成效。

一所学校如何有效实现“减负提质”的目的？我认为减负工作离不开系统思维，而不能搞零敲碎打。为了把减负的精神落实到日常的教育教学中，我们从课内到课外、从学校到家庭、从教学到评价都进行了系统性的思考和整体性的研究。

一、思想引领，打造课堂

课堂是提高学习质量、减轻课业负担的主阵地。攻克“过重负担”的首要方法是加强教学研究，提高课堂质量。否则，简单减少作业量，反而会加重负担。特别是，不抓课堂的教学质量，就会“堤内损失堤外补”，使家长和培训机构给孩子加的负担更多。因此，必须在抓课堂质量的基础上减负。

近年来，我校针对课堂“一实就死，一活就虚”的问题，提出了追求“实与活”的教学思想。所谓“实”，指教学要体现务实的态度、扎实的教风，让不同学段的学生学有所得，学有所长。所谓“活”，指教学要目中有“人”，教学方法灵活多样，使课堂教学充满活力。一句话，既让学生学扎实，又让学生学生动。“实与活”是一个统一体，“实”是根本，“活”是手段。

如何做到“实”呢？我校的做法是：做实学段、务实课堂、落实主体。为了夯实基础，我校为把语文、数学、英语、体育等学科质量落到实处，制定了个性鲜明的学科十二字培养目标，如语文是“热爱阅读、能说会写、一手好字”。为了更扎实地落实学科目标，我们还将各年级语文、数学学科目标逐级细化，使之更具有操作性。

如何做到“活”呢？我校的实践是：用活资源、激活方法、盘活评价。我们倡导教师开发教学资源，丰富教学材料，走出封闭课堂。我们强调教学方法为不同层次学生的发展服务，引导教师从不同的切入点进行自主、合作、探究的学习方式和个性化课堂教学的研究。

经过实践与探索，“实与活”成为每位教师的教学指导思想，大面积提高了教学质量。北京小学“实与活”的课堂文化正在悄然形成，和谐、务实、生动、富有活力的课堂教学正是“实与活”课堂文化的具体体现。

二、研制学本，改革作业

学本为载体。在减轻过重课业负担的工作中，我们曾组织语文、数学和英语三门学科的全体教师，以学校专家工作室的专家和市区骨干为核心，为每个年级的学生编写了北京小学学本，即《语文园地》《数学花园》和《英语世界》。《语文园地》《数学花园》和《英语世界》立足学生基本知识能力和兴趣习惯的全面发展，紧扣学科培养目标，严格控制作业数量，注重作业设计的儿童性、基础性、发展性和层次性，就连文字的大小都从学生的特点出发进行设计。每年学校行政拿出专项经费，印制学本，免费提供给每个学生使用。所以，我校的学生不必盲目地购买作业练习册，家长也从不用排队购买教辅材料。在近年来的使用中，学本受到学生的欢迎和家长的称赞，达到了减负增质的效果。

课题为抓手。为了进一步研究以作业为切入点的减负问题，我们以学校的个性化教育（市级课题）为契机，组织教师进行个性化作业的研究，大胆改进作业的内容和形式。以主抓教学的副校长为核心，十几位青年教师从不同的角度研究作业问题，比如“关于高年级语文阅读教学个性化作业的研究”“数学开放式作业设计对学生个性化发展影响的研究”等。学校还及时把教师关于作业的研究论文印发给每个教师，共享经验，分享成果，促进了个性化作业的问题研究，提高了作业的实效性。

通过研究，教师们探索出许多富有创意的作业，既培养了学生的学习能力，也提高了学生学习的兴趣。自 2021 年以来，学校以四季课程的实施为主线，在寒暑假推出四季课程作业：冬季——传统文化，夏季——读书实践。以冬季的传统文化为例，三年级设计的主题是“舌尖上的春节”，四年级的主题是“趣谈生肖”，五年级的主题是“红红火火过大年”。教师为学生编印了课程手册，学生在假期中开展了丰富多彩而又深入的社会实践活动。四季课程的主题式综合实践活动作业，鼓励学生多读书，多实践，多思考，受到学生欢迎和家长称赞。

制度为保障。我们非常重视对学生日常作业和寒暑假作业的制度管理，不但制定了《北京小学关于作业的具体规定》，而且以年级组长负责制的方式协调作业的总量控制。特别是双休日和寒暑假，年级组长必须了解学生的作业量情况，不该留的不准留，总量多的必须找相关教师协调，把作业量控制在规定的范围内。学校干部会对学生进行随机询问和电话调查访谈。特别是 2021 年年初，在教育部再次出台了关于义务教育阶段学生作业管理的规定后，我们及时制定了《新时代北京小学作业管理规定》，其中许多做法都具有创新性。例如提出“每周限次、每天两科”的原则，即一周内三～六年级语文、数学作业不超过 4 次、英语作业不超过 2 次，每天作业不超过两科。开学初，各班教师就一起研究每周和每天的作业安排，固定下来后，由教导处备案，减少了作业的随意性。通过多方面的管理与改革，学校关于作业的相关规定落到了实处，促进了作业质量和课堂质量的双提高。

三、因材施评，发展增值

我们在落实减负工作的过程中认识到，学生的发展应该回到每一个学生自身。因材施教中应包括因材施评。如何更好地使评价成为促进学生发展的重要手段呢？我们倡导教师关注增值性评价，以发展的眼光看每一个具体的学生，提出了小学生评价的三个重要策略：一是从横比转为纵比，即不是同学之间比，而是自己的发展与自己的过去比；二是从比高线转为比标准，即不是以全班或年级的最高成绩来比，而是与学科课程的标准比，学生的发展是看学生的进步幅度有多大；三是从比考试成绩转到比整体素质，即不是片面看主要学科的考试成绩，而是看学生在某学科的整体素质和各方面的综合发展水平。

为了把这些理念落实下去，我校经教委同意自编并使用《北京小学学生发展性评价手册》，导向学生的自主发展和个性化成长。比如在课堂教学中，重视参与学习过程和学习兴趣、学习习惯的评价，期末考试分数只是综合性评价的一部分。

为了通过评价引导、激励每个学生正确地学习、健康地成长，学校还制定了北京小学“年度荣誉奖”评选制度，为在文学艺术、体育竞赛、科技创造、自主钻研、劳动与社会公益等领域表现突出的学生设立专项奖励，并以召开“年度荣誉奖”颁奖典礼的形式，树立榜样，激励全体学生发展自己的健康个性，努力做最好的自己，极大地激励了学生的个性化发展。

正是以系统思维进行改革，在课堂、作业、评价三位一体的整体性研究中，“减负”的精神得到落实，“增质”的目的得到实现。通过研究，学科教研组的建设得到加强，教师个体的专业能力与教师队伍的专业化水平得到提高，以问题为纽带的教师文化初步形成。

一个好教师就是一种好教育，一支好团队就是一方好文化。说到底，减负工作最终还需落到培养高素质的教师队伍上来。

基于深化综合改革的学校组织变革①

以中央关于教育领域综合改革的精神为指导，北京市在促进义务教育均衡发展、大力改革中高考制度、切实落实以立德树人为根本任务的素质教育、深化基础教育课程改革等方面迈出了很大的步伐，可谓决心大、力度大。作为首都基础教育窗口学校的北京小学，我们多年来一直走在教育改革的前列，积极探索，为深化基础教育的基层改革奠定了扎实的基础。

首先，在教育思想上形成了“五养”的育人理念。我在提出“让基础教育回归本真”的教育主张基础上，通过实践形成了儿童要慢养、顺养、牧养、素养、调养的基础教育育人理念。

其次，在课程改革中进行了三级课程建设的探索性研究，特别是在课程方面丰富了校本课程的门类。低年级的中华文化经典诵习课程、中年级的多彩生活自助园课程、高年级的少年社团课程等，都使课程逐步序列化、特色化。

再次，在课堂教学研究中逐步形成了“实与活”的教学思想。通过追求“实在基础”并“活在生成”的课堂教学，实现学生实实在在且富有个性的全面发展。随着多年的课堂实践，“实与活”的教学思想内涵不断得到深化与丰富，形成了以之为基础的“实与活”的课堂文化。

最后，在办学形式上率先进行了集团化办学的探索。在名校办分校的基础上，为了更好地促进分校教学质量的提高，我于 2010 年提出组建教育集团的

---

① 此文的撰写者也包括于萍同志。

思路，2011年经教委批准在西城区率先成立“北京小学教育集团”，迈上了公办学校以集团化办学促义务教育均衡发展的探索之路，为政府推进集团化办学积累了成功经验。2012年，北京小学教育集团成为西城区推出的四大教育集团之一。

自党的十八大以来，面对教育综合改革的形势，我带领学校认真深入分析，积极实现组织变革，以管理改革主动适应教育发展需求，实现了新的发展。

一、紧迫性认识：面对深化改革的挑战

我认为，这次改革已经从单方面的课程改革提升到教育的综合性改革，这对中小学的改革提出了挑战。其中，这三个方面的挑战最为紧迫。

其一，学校领导与管理者能否成为学校发展的引领者与推动者。此次教育改革更具有综合性，一改“自上而下”单一的改革方式，在推进教育均衡发展的过程中，无论是办学自主还是课程管理，都给予学校越来越大的自主权。这就要求学校领导及管理者能够以先进的教育理念引领学校的发展，并基于学校已有的办学基础清晰地制定学校发展规划，以此引领并推动学校积极面对各项改革。

其二，学校管理机制的运行是否有利于学校层面的深层改革。每一次教育政策的更新，其背后都是教育理念的发展。因此，学校层面重点要解决的就是政策落地问题，这必然对学校原有管理机制提出新的挑战。将“新理念”转化为“新机制”是有力推进改革的关键环节。学校管理机制的运行必须有利于学校综合改革，才能够更好地实现可持续的综合发展。

其三，教师队伍的专业化水平是否符合课程与教学改革的新要求。北京小学一直倡导“一个好教师就是一种好教育”的理念。教师队伍的专业化水平直接决定着学校各项改革的深度和广度。这里所谈的专业化不仅仅指某一学科教学技能的专业化，更包括教师师德在内的个人综合素养。

总之，面对深化改革，我们要有清醒而紧迫的认识。从学校管理者到学校

管理机制再到教师队伍，无不面临着前所未有的挑战。北京小学走在深化综合改革的路上，肩负着政府与社会的信任与期待，责任让我们唯有以扎实的研究促进发展。

二、适应性变革：系统思维，实现管理的多维改革

要有效地推进改革，就必须以系统的思维，找准学校各项教育改革的内在联系，明确入手点，对学校管理进行多维改革。通过研究，北京小学以学生核心素养的培育为价值追求，以学校的“五养”教育理念为指导，以“课程与课堂”建设为中心，以学校组织变革为动力，以管理机制创新为保障，创造适合学生发展的教育。

（一）推行“三型”管理：让组织与个人焕发活力

实践中，我逐渐意识到，学校虽然具备良好的研究传统以及较优质的教育资源，但面对新的改革要求也受传统管理制度的限制。因此，我立足学校管理改革，提出自主型管理、学术型管理和民主型管理，以此调动广大教师参与课改的积极性与创造性。

首先是自主型管理，从他主要求转向自主追求。北京小学有深入的自我教育管理基础，因此倡导教师在课程实践中自主追求、自主学习、自主实践、自主创造，这成为推动学校课程探索的重要源动力。学校推出一年一度的“三级骨干教师评选制度”，改变市区骨干替代学校骨干的传统思路，鼓励不同水平的教师都设立专业发展的目标，并在特级教师、骨干教师的引领和帮助下看到成长的方向和希望，从而让“组织”在每个“个体”互动式的自主追求中实现发展。

其次是学术型管理，从行政推进转向学术跟进。它凸显了学校综合改革的科学性，强调在学校管理中去行政化。为此，学校建立了教育教学指导委员会，参与指导学校教育教学改革的实践；成立了名优教师研究室，以研究室主持人带研究员的方式深化教育教学的专题研究，并共享研究成果，整体提升教师的

研究意识和研究素质；成立家庭教育指导中心，更好地整合家庭、学校、社会资源以服务学生的发展。

最后是民主型管理，从领导集权走向民主集中。我坚信尊重生命的教育一定要在尊重生命的管理中孕育和生长。学校重视校务公开，重视教工参与学校的改革决策与管理，在平等的教师对话、师生对话以及家校对话中实现共识理念。课程建设更是充分发扬民主，学校成立了包含多元主体的课程建设团队，让教师、学生、家长、专家、社区等都参与到课程开发之中，构建育人共同体，共享育人成果。

（二）深化年级工作制：实现管理与育人重心的下移

在“三型”管理理念下，北京小学打破传统的学校层级管理体制，建立了年级工作制，它是北京小学管理制度的一项重要改革。每个年级设立年级负责人，由负责人统整管理年级的各项日常工作，协调和分配年级的各项活动与资源；原有的业务干部下到年级或学科组，带动研究，示范教学。年级工作制是扁平式管理的关键环节，实施多年来，有效地支撑了学校的教育改革，主要实现了以下三方面功能。

首先，让管理发生在基层。年级组是学校基层管理组织，在年级工作制中，年级负责人是领导年级教育教学活动、承担本年级学生发展质量的第一责任人，其在校长室（含教导处）的直接领导下，管理年级教学等各项工作，极大地削减层级传递式管理中的信息衰减。让有效的管理即时地发生在基层，是确保学校管理实效性的重要基础。

其次，让教育落实到学生。年级工作制是加强学校基层建设，确保各年段学生质量的重要举措。它赋予了年级以及年级负责人一定的自主管理空间，因此，与学生生活在一起的各个学科教师能够在年级管理中及时地沟通和共享各类信息，以实现年级的管理“发生在班级，落实到学生”，更全面地达成教师和学生的发展质量。

最后，让研究穿越学科边界。年级工作制不仅仅打破了年级组与学科组的界限，更打破了各学科之间的界限，有利于年级组整合校内外资源，统领各学科教师，共同对本年级学生的质量负责。年级工作制可以有效引导教师穿越学科边界，共同开展富有实效的教育教学活动，共同开发适合本年级学生的综合性课程，实现提高年级质量，务实学生年段学业，促进全面发展的目标。

（三）紧扣"两课"建设：让学生的健康成长真正发生

在学校课程改革的进程中，我带领北京小学一直坚持创造适合学生发展的教育，并提出"适性教育"的理念。其内涵，首先是遵循儿童成长规律，依据儿童的年龄特点、身心特点，从儿童的自主发展需要出发。其次是遵照教育规律，通过学校课程实践的整体优化，引导学生"主动发展、全面发展、个性发展"。最后，教育是"发现"和"发展"，发现其潜能，发展其个性。要为学生提供适合的教育，离不开对"学生特点"和"学生发展规律"的深入研究。课程是学校教育思想与目标的载体，课堂是学生学会发展的关键环节，学校的一切管理改革的聚焦点都应该指向"课程与课堂"。因此，我们通过构建四季课程体系以及创造"实与活"的课堂，让适性教育助推学生的生命成长。

第一，构建四季课程体系。北京小学用四季来划分学习进程，提出"不改学制改学程"。"学程"是指学生的学习进程。目前中小学每个学期的学程约为四个半月，再加上寒暑假。小学生很难在四个多月的学习进程中保持一成不变的学习状态，他们需要更加丰富的学习方式、学习内容以及学习资源。因此，北京小学基于对儿童生命成长规律的尊重，提出并开发了四季课程，即分别在每年的四季各安排一周的综合实践课程，分别为春季律动健身、夏季读书实践、秋季科技创意、冬季传统文化。这不仅整合了以往零散的综合实践课程的课时集中使用，让学生有更充分的时间开展综合学习与实践探索；而且还整合了各学科的教师资源，每一个综合实践课程的主题均由同年级各学科教师共同开发与设计，更好地体现了综合育人的课程意识。整个学程呈现出鲜明的生命节律特点，体现了"春动""夏静""秋思""冬品"的自然特征和文化内涵。四季课程中每一门课程的确定、开发、设计和实施都要充分调研本校、本年级甚至是本班学生的实际，课程内容以及实施方式也随学生发展、教师发展、自然发展以及社会发展不断更新和调整，以实现课程对学生的适合性。目前，四季课程已经形成了包括四季基础课程与四季特色课程在内的课程系统建构，更好地适合儿童生命成长、适合儿童生活需要、适合学生个性发展需求。

第二，创造“实与活”课堂。现代教育观已经从传统的知识教育观走向了促进学生个性健康发展的教育观，课堂文化也越来越向“儿童发展本位”回归。经过多年的探索与实践，我把自己形成的“实与活”的教学思想转化为全校教学的指导思想。所谓“实”就是指务实的态度、扎实的教风，使学生在不同的发展阶段学有所长，从而使课程目标落到实处，具体的实施策略包括做实学段、务实课堂、落实主体。所谓“活”，是指教学要目中有“人”，以学定教，顺学而导，从而使教学充满生命的活力，具体的实施策略包括用活资源、激活方法、盘活评价。经过多年的实践探索，“实与活”的教学思想内涵不断丰富和系统，已形成北小富有特色的“实与活”课堂文化。

课程与课堂是每名学生健康成长的条件与环境，也是学校实现内涵发展的核心支柱。我们通过深入研讨形成共识，要创造“适合学生发展的教育”关键在“适合”，它强调课程建设要有“对象意识”和“目标意识”。“对象意识”的增强必然使我们增强生命意识，“目标意识”的增强必然使我们进一步深化校本意识。

（四）建立名优教师研究室：改变教师专业发展模式

教师的质量决定着教育的质量。为了更广泛地调动教师自主发展的积极性，更有效地助推教师专业成长，我主张突破“师徒挂钩”的行政管理模式，以“导师研究员制”的新思路建立了“名优教师研究室”。研究室负责人可以是学校的特级教师、高级教师、市学科带头人、紫禁杯特等奖获得者等具有较高实践水平与较强科研能力的教师。名优教师研究室不由学校确定，而是由主持研究的负责人自主申报，通过审批后再招募具有共同研究志趣的教师成员。这种自下而上建立起的研究室最突出的特点是具有发展自觉性与研究自主性，无论是研究室负责人还是成员都从被动发展转变为主动发展，实现了教师专业发展模式的有效创新。在此基础上，学校以教育教学研究项目委托的方式推动和促进各研究室积极开展常态研究。近年来，我校的名优教师研究室从第一批的 10 个发展为第二批的 13 个（每批 2～3 年），充分发挥了学校名优教师的示范、引领作用，激励骨干教师不断地认识自我、超越自我、完善自我，努力形成成熟的教学风格。同时，通过合作、互动、带动，更多的成员提高了专业素养、教育教学水平和科研能力。名优教师研究室已渐渐成为培养优秀教师的重要发源地、优秀青年教师的集聚地和未来名教师的孵化地，为北京小学教育品牌的打造培养了人才。

（五）使用个性化成长手册：让评价促进发展增值

价值判断始终是伴随教育改革的重要话题，评价是教育价值判断的外显。在学校中如何定位评价很大程度上决定着课程改革的方向与质量。因此，学生评价也成为北京小学系统思考适应性变革的重要方面。我在学校特别倡导增值性评价理念，这是发展性评价的重要组成部分，在具体的学科教学上关注每一个学生对于国家课程标准的达成，关注在原有基础上的发展幅度。我们在学业评价上采用的方法是：从横比转为纵比，即自己的发展水平与自己原有水平比；从比高线转为比标准，即不是以全班最优秀、最高的标准来评价，而是以学科教学的课程标准、要求来评价。本着评价在于促进学生发展的理念，我们改革了学生评价方式，推出了《北京小学学生发展性评价手册》，记录每个学生的个性化成长。这一评价方式重视形成性的评价，通过评价促进学生自主地学习，关注学生学习的过程和方法，关注学生的个性化发展。比如，评价方案包括课堂学习、自主学习、应知应会、运用能力、学科特长，这些评价完整地构成了对学生学习的全面评价；学科特长另设评价，进行星级评价。这样就促使学生关注平时每一天、每一堂课的学习，倡导学习的个性化发展，有利于学校培养目标的落实。一句话，评价从“比个人成绩”转到“比个性成长”。

（六）成立促进教育家长委员会：建设良好学校教育生态

在现代教育发展中，家庭教育的作用与价值得到了日益充分的认识。学校治理的理念也要求我们更好地发挥家长队伍的主体作用。那么，家长力量如何介入学校管理？家校是一种怎样的关系？我认为，今天教育生态的破坏，很大程度表现在家校关系、师长关系、师生关系、生生关系的破坏；必须扭转家校对立的局面，必须引导家长委员会成为促进学校发展的组织，必须让家校成为育人的共同体。为此，我们建立促进教育家长委员会（简称促委会），明确提出促委会不是利益争夺的组织，要变“对立”为“合力”，正确理解学校办学思想，客观反映家长需求，成为联络学校与家庭的纽带；要与学校及班主任紧密配合进行家校合作的教育研究，共同分析解决新时期学生思想工作面临的问题，共同建设班集体；要热心支持和适时创造学生参与社会实践、生活体验、公益活动等机会，树立开放的育人观。学校为了更好地调动促委会发挥作用，制定了《北京小学促进教育家长委员会章程》，从促委会成员的产生、工作范围、工作要求等方面做出了具体说明，以规范其日常管理。经过多年的实践，促委会团结广大家长，很好地发挥了促进学生发展、学校发展的作用，与学校真正形成了育人共同体，建构起了有利于学生成长的教育生态。

（七）建设“联邦制”集团：从移植文化到培植文化

北京小学所组建的集团是在促进义务教育均衡发展的背景下，以办学成效显著的总校为核心，以分校为成员，以共建共享优质教育资源为手段，以打造区域优质学校群为目的而组建起来的紧密型的教育联盟。因此，我主张将集团化办学的目标定位于打造优质学校群，为更多的儿童提供优质教育。办学集团化的目的是实现教育的均衡化、优质化、特色化，它必须走出“规模发展”概念，走向“内涵发展”。为此，我们针对教育的自身特点，提出集团化发展思路是不搞“连锁店”而搞“联邦制”，提出集团建设宗旨是“理念共识、资源共享、优势互补、品牌共建”。在此基础上，学校在集团化建设中探索了多条有效的实践路径。

首先，建立集团研发中心。为提高北京小学教育集团整体办学水平，更有效地凝聚集团各成员校的智慧，及时总结、转化、移植学校管理及教育教学研究中的成果，成立“北京小学教育集团研发中心”。该中心由总校校长任主任，各成员校具有学术水准与教育管理研究能力的干部、教师代表任成员，分设管理研发中心、教育文化研发中心、课程与教学研发中心等。该中心有两大核心任务，第一是围绕集团化办学，研究北京小学办学的教育教学思想、管理思想，以指导各个分校的发展；第二是研究、总结并转化管理、德育、课程与教学、体育等工作的新理念、新思路、新模式、新方法。中心的成立，不仅在思想上凝聚了集团内各成员校，而且极大地调动了集团校参与改革、追求自主发展的积极性。

其次，建立集团视导制度。集团化办学中很重要的问题是建立集团制度建设。制度是运行规则，集团所有成员校必须依靠规则形成事业联盟。集团教育教学视导是北小集团进行日常教学质量自我监控的重要手段，也是促进教师自我反思、自我成长的契机。在“每月一校”的视导过程中，我们组织专家组深入课堂听课、评课，听取分校干部的专题汇报，然后进行反馈和专题研讨。各个分校充分利用这一契机，有目的地开展队伍建设工作。比如，天宁寺分校主要针对成立分校后如何促进中老年教师课堂教学水平提高的问题进行视导，广外分校、红山分校则探讨一所全新学校中青年教师队伍成长的问题，而走读部则探讨以骨干为核心的学科教研制建设问题。每次视导活动由于具有针对性，所以提高了活动效果。视导促进了不同层面教师的自我反思，教师开始把自己的专业发展和职业成长与集团建设联系在一起，在新的队伍建设的坐标上重新认识自己的能力与水平，确立新的目标追求。

最后，建立教师多形式交流模式。广泛而有针对性的教师交流是实现教育集团内部教师专业发展的重要途径。我们针对不同分校的实际，采用不同的教师流动方式进行支持：总校教师轮流到分校任职、总校分校互换教师、分校挂职影从、总校派遣指导、总校教师到分校顶岗等。我们还非常重视分校干部教师队伍的培训工作，每学期通过计划工作研讨会、新教师培训会、专题培训活动等多种方式提高师资队伍质量。在多年的队伍建设与师资交流中，我们认为，集团化办学的初始阶段，总校可以用“输血”的方式（外派和轮岗骨干教师）来支持分校的队伍建设与质量建设。但是，随着集团化办学的深入，为了不稀释优质师资的作用，最终要把目的投向“造血”上来。因此，我们不是简单搞教师轮岗和交流，而是派出真正的骨干与学科带头人到分校，一边教学一边带队伍，传播总校文化，使分校形成较好的教师文化和教研文化，从而形成高素质骨干的梯队。这样，才不至于出现“浓茶变淡茶”的问题。

总之，基础教育综合改革已经成为摆在每所学校面前的现实问题，改革必然带来巨大的挑战和机遇。我认为只有直面改革，坚守基础教育的本真，系统思考学校管理，从教师队伍、课程建设、评价方式、家校共建、集团建设等多个方面进行组织变革，才能迈出适应性的变革探索。

学校有为：创造适合，提供可能——以个性化教育思想深化学校课程改革的思考与探索

课程改革怎样进一步推进深化，是经历了十多年课程改革后，中小学不能不面对的实际问题。

在课程改革中，许多学校已经以新课改的理念为指导，在开发校本课程、变革学习方式、现代信息技术等方面进行了较为全面的探索。在深化阶段，聚焦学生发展，特别是深化因材施教的理念，关注每一个学生的成长，是改革的核心价值。而指导这一深化改革的重要思想则是个性化教育思想。个性化教育思想的立足点、出发点与归宿点都是学生与学生发展，这就充分体现了课程改革的核心理念。那么，如何把个性化教育思想落到以班级授课制为基本单位的中小学教育中呢？我认为，我们必须深刻认识现代学校存在的意义，创造适合

学生个性化发展的教育实践。

一、个性化教育：现代学校的价值追求

现代学校是现代社会的一部分，它既融入现代社会，又超越“现在”社会。现代学校是让人以一种特定的方式生活的地方。这种特定的方式就是以“专注学习”为己任，以学会学习、学会生存、学会合作、学会发展为目的的自我发展方式。这种学习不再以知识学习为最终目的，而是以人的健康发展为核心。这种学习尽管在一定意义上仍在许多国家担负着“就业”竞争的任务，但从整个社会进步的趋势看，这种学习的真正价值是让一个人更文明、更有尊严、更幸福、更具个性而自由地成长、发展与生活。让每一个人更个性化地成长、发展，是现代学校必须追求的教育价值。

我们就是在这样一种话语背景下探讨个性化教育的问题。因此，个性化教育关注的是每个人的成长、发展问题，不是仅仅限定在“让一个人更符合他自身的条件掌握知识”，“尊重个性”不只是手段，更是价值和目的。现代学校有责任让一个人成为“他自己”，成为一个更好的“自己”。

二、学校课程：创造适合，提供可能

对于以稳固的班级授课制为基本单位的中小学，能否在个性化教育上有所作为呢？我认为，课程改革给了学校一次迈向“现代”的机会，给了学校进一步实施个性化教育的契机。北京小学就是抓住这样的机遇，对个性化教育问题，从课程的角度进行了一些探索。

应该说，越来越多的学校开始认识到学校课程建设对于学生个性化发展的重要作用。国家课程体现了学生发展的“必须性”要求，在课程的内容与方式上，更多的是体现共性的要求与一致的发展。在课程越来越回归儿童发展本位的大背景下，学校的课程建设必须考虑学生的兴趣、特长、发展需求，创造适合学生自主的、个性化发展的舞台，让学生的个性化发展成为可能。

但是在实际的课程建设中，“以学生发展为本”很可能成为一句口号。校本课程建设的统一化、成人化、随意化，没能为学生的个性化发展开拓一片新的天地。因此，要落实个性化教育的思想，就要树立“适合是最好的教育”的理念。北京小学进行了以下探索。

（一）尊重差异，适度走班：探索教学方式的多样化

班级授课制的优势与问题是大家所深知的。怎样解决上中下不同学习能力的学生的学习程度与进度问题？某些国家的学生可以依据自己的学习能力、接受程度从四年级开始走班上课，但是，这种“课”的概念大于“班”的概念的西方学校文化目前还不太符合中国学校的现实。我们则借鉴了这种做法，在高年级以单元教学为一个教学内容单位，尝试走班方式。在日常的单元学习过程中，以稳定的班级授课为教学组织形式，到了单元总结的时候，学生则按三种不同程度选择上课班级。课前，教师将公布三种课的学习内容，学生依据自己这段时间的学习情况选择课程。这一尝试回归了学生学习本体，较好地体现了尊重学生、差异教学。重要的是，它促成了学生对自身学习的反思与自我认识。

（二）尊重个性，加强选择：探索校本课程的生本化

课程的开发如果真的以每一个学生的发展为本，就必须为学生的个性发展创造丰富的课程供他们选择。

1. 在选择中满足自我

既然要供学生选择，就要思考，我们提供的课程是不是学生所希望的，是不是满足了学生的自我发展需要。因此，我们开发的校本课程是由学校的教师在充分调研的基础上，针对本年级特定的学生群体，编制、实施和评价的课程。这种课程是在学校本土生成的，体现了学校的办学宗旨、学生的特别需要和本校的资源优势。

以“多彩生活自助园”为例。在课程开发之初，我们进行了学生问卷调查，询问学生希望开设哪些课程。结果表明，学生喜欢的课程内容许多都不是教师预想、家长期待的课程，学生盼望的课程具有时代性、创新性、实践性、个性化等特点。我们又对教师进行了问卷调查，发现教师潜在的课程开发内容体现了丰富性、非学科性等特点。于是，我们综合学校、学生、教师的情况，最终确定了“多彩生活自助园”这一课程。

本课程在于为学生搭建自主选择课程的机会和空间，学生可以根据爱好或专项特长选择自己感兴趣的课程内容，以“自助餐”式的选择性课程丰富学生的校园生活，提升学生对学习的自主追求以及实践能力，使不同的学生获得个性化的发展。课程内容的开发和设计要为培养学生的创新意识和创新能力服务，要为开拓学生的文化视野服务，要为激发学生自主探索精神服务。课程内容及方式应体现自主性、创新性、综合性、活动性和开放性。

四年级学生自主选择，打破班级界限，为有相同志趣的师生提供学习和成长的课程平台。

	涉及领域	子课程名称	授课地点
1	科技	技术与设计	三层科学教室 1
2		光和影的世界	三层科学教室 2
3		三维天地	五层计算机教室
4	艺术	巧夺天工	地下美术教室
5		创意空间	三层美术教室
6	文化	北京的桥	三层社会教室
7		Let's party！	演播厅
8	思维	益智游戏	微格教室

“多彩生活自助园”课程内容

2. 在选择中展示自我

课程学习是学生一段难忘的学习体验和人生经历，它不能仅仅强调“我在学什么”，而是要把学习意识与成就意识结合起来，让学生感到自己“在课程中成长”。因此，要重视学生在课程中的展示作用。

我们开发的校本课程“走进世博会”就体现了这一观点。北京是国际化城市，未来的社会人需要具备国际化的视野，需要了解世界、认识世界、理解世界的能力；我校又注重培养具有中华底蕴、国际视野的学习者，而学校的培养目标需要通过有效的课程得以实现。社会发展的需求与北京小学培养目标都呼唤着有时代性、综合性、国际性的新课程，并以此实现学生学习方式的变革。于是，我们紧紧抓住上海世博会召开这一契机，充分挖掘其所包含的教育因素，将世博文化带到学生身边，走进学生课堂。这一校本课程的核心任务是拓宽学生国际视野，培养学生自主学习意识，增进学生之间的合作与交流，培养学生的创新精神和实践能力。这门课程是面向四年级全体学生开设的，目的是引导学生了解 2010 年上海世界博览会，了解世界博览会的历史、意义，进而从世界博览会了解某个国家，创造性地设计某国家（或地区）展览馆，选择某国（或地区）参展内容。

在课程实施中，四年级每班一洲、每组一国，学生可以自主选择自己感兴趣的洲和国家开展研究。各学科教师联动，从不同的学科介入学生的课程活动，如语文教师指导写解说词、美术教师指导场馆设计创意、科学教师指导如何认识科技发展水平等。通过一个月的综合性学习后，学生以组为单位，制作展板，在展示大厅展览，介绍自己小组所展示的成果。

可见，整个课程的设计跳出了初级的课程开发思维框架，使课程更加回归学生、教师、学校三者的统一发展。

下面我们从学生的视角看看他们的成长体验——

李同学：周五，我一进家门就坐在电脑前开始仔细搜索新的目标，最后锁定了瑙鲁这个国家。瑙鲁虽然是个很小的小国，但仍有很多特色。通过这次学习活动，我深深地感受到，正因为我们 40 个同学团结一致，才使知名国家最少、最难展示的大洋洲做得那么精美那么丰富。难怪连四一班的同学看过之后都赞叹：“做得真好，我看就算给二班南极洲，他们也能做得这么好！”

张同学：这门课程，不仅让我知道了更多关于世博会和大洋洲的知识，而且增强了我的动手能力，更让我懂得了合作、分享、创新！

嵇同学：虽然我们没有亲身体验上海世博会的壮观，但是以“走进世博会”为主题的校本课程不仅让我们了解了更多有关世博会的知识和不同国家的风土人情，而且锻炼了我们的思维和动手的能力，同学们也在团结协作中增强了友谊。我真希望学校再开展一些像“走进世博会”一样能充分调动我们学习积极性的课程！

3. 在选择中提高自我

“游学交流”课程则满足了部分高年级学生的语言发展需要。随着学生语言发展的需要，学校为想进一步提高英语能力的学生搭设平台，与国外一些学校建立了友好关系，开拓了新的交流方式，以“游学交流”课程丰富学生学习经历。课程内容主要包括：小伙伴一起上艺术、体育、科技类课程；参与社会实践活动（参观、游览、动手技能实践、聚会等）；进行寄宿家庭生活实践；参加各种比赛活动，展示中国小学生的整体素质。

在对外交流的课程中，国外的学生也充分体验中国的学校教育。学校为国外学生安排了具有中国特色的武术课、“中国结”美术课、扇子舞蹈课、空竹课等；同时，为了感受北京的文化，我们还会组织国外学生和我们学生一起进行市内的参观、游览活动。在参观游览过程中，我们学生给国外友好校学生做介绍，不仅提高了语言交流能力，而且也丰富了自身的知识积累。伙伴们在学习、生活和不断交流中建立了深厚的友谊。

课程评价方式也促进了学生自主能力的发展：参与的同学要确定自己的研究课题，在《北京小学对外交流校本课程手册》上进行认真记录，交流归来，用展板、PPT 演示文稿或视频等形式进行课题成果汇报。

（三）尊重人格，激励成长：探索课程评价的发展性

对课程学习的评价是促进学生个性化发展的重要手段，小学课程对于学生学业的评价应该“盘”活，实现评价的增值功能，起到激励成长的重要作用。

我们特别倡导促进学生个体学业发展的增值性评价。它关注每一个学生对于课程标准的达成，关注在原有基础上的发展幅度。我们在学习评价上采用的方法是：从横比转为纵比，即自己的发展水平与自己原有水平比；从比高线转为比标准，即不是以全班最优秀、最高的标准来评价，而是以学科教学的课程标准、要求来评价。这种评价方式调动了学生的积极性。

在这一过程中，教师们也发挥创造智慧，组织学生积极地参与课程评价，真正使评价起到促进发展的作用。

首先，在评价内容上，体现多维性。知识积累：在本课程的个性化学习进程中，学生的视野是否得到拓宽，知识是否得到丰富以及主要得到了哪些方面、何等程度的丰富等。合作交往：在本课程的合作性学习进程中，学生是否能够较好地参与合作学习，是否能够主动参与并表达自己的观点等。学习方法：在本课程的学习过程中，学生是否对获取知识的途径、学习知识的方式方法有新的了解，是否对呈现知识或说明观点的方式方法有新的认识，学习能力是否得到提高等。创新实践：在课程设计的各类实践活动中，是否有自己独创的想法，是否能够通过相关方式展现自己的创新想法等。

其次，在评价主体上，体现多元性。比如，各项评价以语言描述与星级评定相结合的方式进行（主要从四个方面对学生进行量化评价，每项以 5 颗星为最高标准）。具体说明如下：

课程名称		姓名	
方式 内容	自我评价	同伴评价	教师评价
知识积累			
合作交往			
学习方法			
创新实践			
综合水平	（　）颗☆　优秀　良好达标　待达标		

最后，在评价形式上，体现开放性。比如对“走进世园会”课程的评价，就是请全校学生以组为单位，评选最有特色的国家、场馆、园林等，然后把评选意见展示在评价专栏中。这一形式深受学生的欢迎。

通过探索，这种丰富性、创新性的个性化教育实践，激发了学生的参与兴趣，扩宽了学生的认知视野，搭设了学生的创新空间，促进了学生的个性发展。当然，我们也深刻地感受到，只有解放思想、解放学校、解放教师，才能解放学生，才能使个性化教育深入实践。

在文化建设中促进学校内涵发展

多年来，北京小学坚守基础教育本真，坚持素质教育思想，坚定现代教育理念，以科研课题为抓手，培养队伍，培育学生，完善设施，不断提升学校办学品质。

随着教育均衡化的发展，学校发挥拥有丰富优质教育资源的优势，在西城、大兴、丰台、通州、房山等区县都相继建成了分校。2011 年 9 月，北京小学教育集团正式成立，以共享教育理念、共赢师资成长，提升北京小学办学形象。集团办学的方式使分校分享北京小学的教育理念、管理经验与师资资源，提高了分校的教育质量，使更多的人民群众享受到优质的基础教育。目前，学校逐步形成了“一体两翼（寄宿、走读）、一校多址”的办学格局和鲜明的学校文化。

谈到学校文化建设，我认同舒乙先生的观点：文化不是“是什么”的问题，而是“怎么做”的问题。他举例说，一条鱼本身无所谓文化，但是这条鱼在北京怎么做，在广州怎么做，在上海怎么做，这就是文化，是地方的饮食文化。“怎么做这条鱼”反映出这个地方的人们的饮食观念、生活习惯与民间风俗。的确，学校文化也如此。一所学校可以把与“文化”相关的口号、理念、制度挂在校园内，但是，如果全体师生并不去“做”，并不会自觉地把它作为一种共同的价值观念，那就不能称之为“文化”。所以，我们必须朴朴实实、老老实实、扎扎实实地进行学校文化建设。

一、提高文化建设认识，清晰文化建设思路

学校文化是学校发展的灵魂，是凝聚学校人心、展示学校形象、提高学校文明程度的重要体现。在文化建设过程中，组织哲学是组织文化的统帅。如果不站在哲学的高度看学校文化，那么很容易就文化表层而论文化，使学校文化成为装饰得非常漂亮而摆设于学校一角的盆景；或者就行为而论行为，使学校文化成为一套细化的“量化指标”；或者停留于“文体活动”等具体的文化实操层面，使学校文化失去内涵发展的意蕴。只有站在组织哲学的高度看组织文化，才能使学校组织文化与学校办学的发展战略相契合、相融合，才能真正发挥组织文化的巨大能量。

学校文化建设是一所学校不断完善发展的精神追求，它包括学校历史传统和被全体师生认同的文化观念、价值观念、生活观念等意识形态，是一所学校本质、个性、精神面貌的集中反映。北京小学坚持“在继承中创新，在创新中发展”的文化建设基本思路，聚合全校教工的智慧，确定以“上善若水”为学校核心文化精神，以“尊、敬、创、公、和”为工作价值观，共同铸就每一个北小成员共同的价值追求、价值评价标准和所崇尚的精神。

（一）文化精神的提出

“上善若水”出自《老子》：“上善若水，水利万物而不争。”上善的人，就应该像水一样。水造福万物，滋养万物，却不与万物争高下，这是最为谦虚的美德。江海之所以能够成为一切河流的归宿，是因为它善于处在下游的位置。世界上最柔的东西莫过于水，然而它却能穿透最为坚硬的东西，滴水穿石就是“柔德”所在。弱能胜强，柔可克刚，不见其形的东西，可以进入没有缝隙的东西中去，由此可见“不言”的教导，“无为”的好处。

孔子也曾讲水有德、有义、有道、有勇、有法等。它常流不息，滋养一切

生物，就是有德；流必向下，不倒流，或方或长，遵循自然规律，就是有义；浩大无尽，就是有道；流向几百丈山涧毫无畏惧，就是有勇；安放没有高低不平，就是守法度。水有这些好德行，所以“君子遇水必观”。

现代人也对水的品格进行了概括。如“谦”——水处低而纳百川；“瞻”——不断探求方向；“勇”——遇到障碍，发挥力量；“容”——自洁洁他，容清纳浊；“智”——百种变化，不失本性；“动”——自己活动，也推动别人共同前行。

北京小学与共和国同龄，与首都同名。时光如流水匆匆，荡走了七十多年的岁月。但北京小学始终像一滴晶莹透亮的水滴，清纯无染，生机无限。我们愿追寻如水的美德，润泽学校的精神家园。

（二）文化精神的内涵

内涵即教育境界追求，我们赋予了“上善若水”新的文化含义。

1. 基于校史传统的文化内涵

北京小学的建校历史体现了“水”的美德。北京小学有水之“义”德，与国同生，爱国为民，热心公益，担当道义；有水之“勇”德，志存高远，追求高标，无所畏惧，蓄势发力；有水之“仁”德，爱生如子，爱校如家，为国育才，桃李天下；有水之“正”德，弘扬正气，坚守师德，严谨办学，廉洁奉公；有水之“智”德，探求真知，实践创新，活水不息，推动前行。

2. 基于教育智慧的文化内涵

我们的教育应像水般轻灵——润物无声，应时而变。水是灵动的，善遇物赋形，遇沟壑则积为溪，遇平原则流为河，遇日晒则蒸为气，遇风吹则落为雨。我们的教育也应像水一样富有变化，因材施教，不拘成规。言谈交往，似春风化雨，润物无声。赏识而有度，责诃而含情。

我们的教育应像水般柔韧——水滴石穿，坚持不懈。水是柔韧的，然而那股可穿石的力量就来自她的柔韧。我们的教育也应像水一样，落点明确，点点滴滴，持之以恒，终会使砖石穿孔；我们的教育也应像水一样，柔韧相济，不急不躁，日积月累，终会使鹅卵石日臻完美。

我们的教育应像水般质朴——真水无香，拒绝浮华。水无色无味，无色而自然，无味而清纯。那是一种不假雕琢、不肆做作的自然而清澈的审美境界，是一种沉潜内心、拒绝浮华的治学态度，是一种超越功利、超越名利的精神追求。

我们的教育应像水般包容——有容乃大，宽容接纳。海纳百川，有容乃大。我们虚心吸纳教育理论的前沿信息，虚心吸纳专家学者的先进思想，虚心吸纳同人同事的创新实践；我们宽容学生的过失和缺点，以宽容的胸怀、灵性的智慧、教育的期待引领学生的生命成长。

我们的教育应像水般纯净——流水不腐，自我更新。水的至纯至净，源自流水不腐。我们的教育应像水一样，在流动中不断自我更新，沉淀泥沙，补充新质，永葆活力。让我们以学习思考促观念更新，以反思提升促经验更新，以自我教育促心态更新，在动态更新、不断进取中完善自我，完美人生。

（三）工作价值观具体内容

“尊”“敬”“创”“公”“和”是我们的工作价值观，也是我们全校教职工面向社会的庄严师德承诺。其中，“尊”指尊严、尊重，“敬”指敬业、敬人，“创”指创新、创造，“公”指公心、公益，“和”指和谐、和善。

二、围绕学校核心文化，深化三大文化建设

围绕“上善若水”的核心文化，我们在理念文化、行为文化、环境文化三大方面进行了系统建设。

（一）理念文化——明确的价值追求

理念，是理想与信念，体现一个组织的价值追求。理念文化建设是学校文化建设的核心内容。基于学校历史传统又融入现代理念的“上善若水”的水文化是核心文化，是学校文化建设的哲学思考，是学校文化的基本假设。在“上善若水”核心文化的统领下，学校在办学、管理、教育、教学、服务等诸多方面的实践中不断深化对学校核心文化的理解，明晰文化建设发展的方向。

“基础扎实、学有所长、中华底蕴、国际视野”是我们的培养目标。“坚持社会主义办学方向，坚守基础教育本真，坚持思想引领，创造适合教师专业发展的管理与学生健康成长的教育，让教师幸福地工作，让学生健康地成长，让家长科学地育儿”是我们的办学理念。

“脚踏实地做事，顶天立地做人”是我们的校训，其含义为从基础教育的核心价值出发，从做人做事两个方面引导学生全面健康发展。做事重在从点滴小事做起，从积累良好的习惯做起；做人重在做诚实、正直、正气的人。这为学生的一生品格打下基础。

水润红枫的一滴水是我们的校徽。它是对北小建校历史的深情追溯，是对学校办学发展的热切期盼，是北小团队上善若水的价值追求，是北小“尊、敬、创、公、和”的工作承诺。一滴水能够折射太阳的光芒，每一个北小人就像每一颗晶莹的水珠，汇成一条清纯无染的小溪，滋润着北小学子健康成长。

我们的理念文化在实践探索中不断深化，并使我们深深地体悟到：一个好教师就是一种好教育，一支好团队凝聚一方好文化，一所好学校开启一段好人生。

（二）行为文化——工作的共同准则

1. 管理文化

管理文化是学校文化建设的保障系统。北京小学以工作价值观引领教职工，修订和完善学校管理制度，倡导以自主型管理、学术型管理、民主型管理为特征的管理文化；以主体性理论和自我教育论为理论基础，深化以开发主体性、自我教育为基础的自我管理，激发教职工工作的主体性；加强民主管理，充分发挥教代会民主管理、民主监督的作用，突出学校核心工作本质和学术研究的管理，成立由骨干教师组成的教育教学指导委员会，为学校的教育教学发展提供有效咨询，逐步实现学校教育教学从“行政型管理”向“学术型管理”的转变。学校保障制度落实，坚持党委集体领导和校务公开，发挥教代会作用，强化教职工参与民主管理的意识；创新管理模式，由年级工作制替代原来的层级管理模式，使教育教学质量落实到年级，提高了管理的实效。学校强调职能部门要以精细服务为理念，深入实践“精细＋创新”“技术＋精神”“服务＋教育”的服务策略，提高管理服务、教育服务、后勤服务的质量。学校不断健全规章制度，依法行政，以制运行，依章办事，形成较为高效的管理运行机制。“思想引领、制度保障、自我管理”的管理思路显现成效。

2. 党建文化

学校党组织在加强党建的工作中，确立了“文化引领铸校魂，团队培育聚精神，名牌创建促发展”的党建工作目标，全面实施“文化引领”“党员争优”“暖心服务”三大党建文化工程，为促进学校内涵发展、发挥党员先锋模范作用、提升学校文化软实力奠定了扎实的基础。在党委的带领下，各支部加强党组织自身建设，提高党员思想觉悟，创建一支一品的特色支部活动，取得了突出的成绩，形成了鲜明的特色。党组织把支部建在年级组，建在师生最需要的地方，形成了“有力、有为、有爱”的党建文化。一是以精神文化为先导，打造“有力”党支部，激发了党员教职工的革命豪情，坚定了理想信念。二是以制度文化促管理，打造“有为”党支部，强化“党员无虚责、争优在岗位”，提倡“三个看得出”，即“在日常工作中，北小党员看得出”“在困难重担前，北小党员站得出”“在危机关键时，北小党员豁得出”。三是以服务文化为载体，打造“有爱”党支部，增强服务意识，积极凝聚人心，自觉置身于群众之中，努力成为教职工的知心人。由于我们的党建文化建设取得实效，2021 年中共北京小学党委在迎接建党百年的时刻被评为“北京市先进党组织”。

3. 课程文化

课程文化建设是学校文化建设的重要内容。我们的课程文化以“创造适合”为理念，以落实建设国家课程，融合发展地方课程，创新开发校本课程为建设思路。近年来，我们始终以学生发展质量为核心，以课程建设为载体，以课题研究为途径，把学校培养目标、学生主动发展与北京四季变化整合起来，创造了富有中国气质、北京特色的四季课程，彰显“生本化”的课程文化。

我们通过实践创造适合学生发展的课程。“适合”是适宜、符合的意思。“学生发展”是指教育对象的身心应得到全面、和谐的发展。这种发展既包括学生自身生理心理的发展，也包括学生的社会化发展；既包括人的基础性发展，又包括人的可持续性发展，是共性与个性的统一，是基础与发展的统一。“创造适合学生发展的课程”就是指课程的目标、内容、实施、评价要立足学生的年龄特征，立足学生的未来发展，立足学生的个性需要，立足学生的发展条件，使课程体现目标的全面性、教育的对象性和内容的校本性。

在立足课程的结构化建设及实施策略的深入实践中，我们形成了以四季课程为特色的整体性学校课程结构。这里所谈的四季课程具有两个层面的含义，一方面它是针对综合实践课程提出的一种创新性实施模式；另一方面它是创造适合学生发展的教育在课程实践层面的具体化，是对学校课程建设的整体性推进，包括了课程、课堂、课时、学业等方面。具体实施思路如下：

教育思想	坚守基础教育本真			
课程目标	创造适合学生发展的课程			
实施路径	立足课程	聚焦课堂	调整课时	研究课业
目标定位	改变学程模式	调动主体发展	适宜儿童需求	落实个体成长
实施方式	四季课程	“实与活”的课堂教学	长短课相结合	个性化课业研究

“立足课程”和“调整课时”在前文中已有论述，此处不再赘述。

（1）聚焦课堂

在以四季课程为特色的整体课程推进中，基础性课程实施的主渠道仍是课堂，而课堂的质量将直接反映教育教学的深度与成效。伴随课程改革，现代教育观已经从传统的知识教育观走向了促进学生个性健康发展的教育观，课堂文化也越来越向“儿童发展本位”回归。因此，教师对课堂教学的设计必须考虑学生的兴趣、特长、发展需求，为他们创造发展的舞台。这需要我们牢固树立适合学生发展的价值追求。所谓“适合”，是指要有“对象意识”和“目标意识”。

其中，“对象意识”是指课堂教学要符合小学生的发展实际，特别是身心发展水平，做到按教育规律育人。所谓“目标意识”是指教学方式的选择要与教学目标和学生需求相匹配，使选择的教学方式真正适合学生的发展，避免方式的盲目性与随意性。课堂教学质量的提升是四季课程建设的重要基础，是学校课程实施整体性系统建设的重要保障。因此，聚焦学生的全面发展，特别是每一个学生的发展，是进行课堂改革的核心要义，也是北小课堂文化构建的根本。

（2）研究课业

在整体建构课程体系的过程中，我们需要进行深入的课业改革。为了减轻学生过重的课业负担，我校组织专家及骨干教师编印的北京小学语文、数学、英语学本系列，达到了减负增质的效果。学校还针对课业陆续出台了《北京小学学生作业评价方案》《北京小学节假日作业的要求》《新时代北京小学作业的管理规定》，对学生作业的时间、数量做出了明确规定，严格控制作业量。正在推进的北京市课题研究中，有多位教师将自己的研究内容定位于“课业研究”，这些研究成果都将进一步提升广大教师课业设计的意识和水平，更好地满足学生个性化学习需求，有效促进学生富有个性的健康成长。

有效的课程文化建设离不开创新的思路，我校在课程改革中，努力做到“思维新”“内容新”“方式新”，从教育思想到课程顶层设计都进行了系统化思考，同时在实践层面进行积极探索，受到了学生和家长的一致欢迎。

4. 教学文化

经过多年的课改实践，北京小学逐步形成了“实与活”的教学思想，构建起“实与活”的教学文化。所谓“实”，指教学要体现务实的态度、扎实的教风，让不同学段的学生学有所长。所谓“活”，指教学要目中有“人”，教学方法灵活多样，从而使课堂充满活力。其特点具体表现为，“实”在以学定教，“活”在顺学而导，体现了课堂文化的生本性；“实”在调动主体，“活”在互动生成，体现了课堂文化的生命性；“实”在全人发展，“活”在学有所长，体现了课堂文化的价值性。在教学中，“实与活”是一个统一体，“实”是根本，“活”是手段。

（1）实在基础，活在生成

基础扎实是中小学学科教学直接的价值体现。如何做到“实”呢？我们的实践是做实学段、务实课堂、落实主体。为了夯实基础，我们制定了个性鲜明的学科十二字培养目标；为了做到“活”，我校的实践是用活资源、激活方法、盘活评价。我们倡导教师开发教学资源，丰富教学材料，走出封闭的课堂。我们强调教学方法为教学内容服务，为不同学生服务，引导教师从不同的切入点进行自主、合作、探究的学习方式和个性化课堂教学研究。同时，我们在评价上倡导“底线评价”，落实基础，激励学生自主学习，给出发展空间。

“实与活”的教学文化尊重学生、讲求民主，充满动态生成，表现出平等、宽松、互动的课堂氛围。课堂不应仅是知识的加工厂，更应是生命成长的历程。“实与活”的教学文化为北京小学的教师提出了做智慧教师、创造生命课堂的要求。它是从教学效果的角度定义了教学文化的内涵，强调了教学过程与效果之间的统一。

经过多年的实践与探索，北京小学“实与活”的教学文化得到了不断深化，“实与活”成为每位教师进行日常教学的重要指导思想。近年来，它不仅成为一批教师教学风格建立的基础，而且也孕育了一批富有特色的教研。

（2）教科一体，深化教研

在课堂教学的实践探索中，课题研究一直是推动实践的重要动力源。多年来，我们完成了国家级、市级、区级多项课题研究。每个课题立项后，在学校总课题培训的基础上，广大教师分别制定个人子课题研究方案，结合日常教学积极地开展实践研究。我们倡导教师开展组内研讨、学段研讨、学科研讨等不同范围、不同形式、不同层次、不同途径的课堂教学研究，以科研促教研，让课题有效促进广大教师的日常教学，为教师搭建多元的发展平台。在日常的教学实践中，我们倡导“常态研究”“微观研究”和“系统研究”。正是在广大教师的潜心研究和积极实践中，北京小学“实与活”的教学文化悄然形成，和谐、务实、生动、富有活力的课堂教学正是“实与活”教学文化的具体体现。

5.教师文化

一所学校的生存能力、发展实力最根本取决于教师专业发展的水平。多年来，学校始终以教师文化建设为契机，牢固树立质量意识，以课题研究为抓手，对全校教师实施系统培训，更新教学观念，加强基本功训练，提高教师素质，逐步形成以问题为纽带的教师文化。“一个好教师就是一种好教育，一支好团队就是一方好文化”成为北小队伍建设的价值追求。

（1）创建以问题为纽带的教师文化

我校致力于创建以问题为纽带的教师文化，引导教师专业立教：讲研究，注重专业成长；讲创新，注重价值追求；讲自主，注重自我教育。为了形成以问题为纽带的教师文化，学校每三到五年都要申报一个市级以上课题，带动教师进行问题研究，教师则结合学科培养目标，把工作转化为课题研究。“通过学习推进课题”“带着问题走进课堂”“让教师人人成为校本研究的参与者”是我们教师文化的重要思想。

（2）建立学习即工作的概念

学校重视对教师学习的引领。一方面，校长室、教学处适时下发最新的教育教学文章，组织教师学习；另一方面，学校要求教师在子课题的研究中，重视相关理论和经验的学习。我们重视理论的内化，更重视教学实践与理论学习相结合，在指导理论学习中促进教学实践工作。同时，我们为教师创设校、区、市、全国等各级研究课、展示课机会，帮助教师总结经验，撰写教学论文，使教师在这一过程中享受到“学习即工作”带来的乐趣。为了更有效地促使教师把“学习即工作”的理念转变为行为，学校多年来重视资料室的建设，“文渊书斋”是教师阅览与研讨的重要场所。这些外部条件的创设，极大地调动了教师学习的热情。目前，“学习即工作”已经逐步成为每一位北小教师的工作方式。

（3）创造条件支持教师的专业成长

在教师文化的建设上，学校不断创造条件，支持教师的专业发展。在资金上，大力支持。在专业上，成立专家工作室，聘请专家教授、特级教师，走进课堂，对教师进行业务培训与指导。在时间上，精简会议，使教师有时间、有精力进行理论学习、教学研究。在激励上，出台《北京小学三级骨干教师的评选办法》《学生发展质量进步奖》，调动教师专业发展和深入课改的积极性。在机制上，创立“名优教师研究室”的培养模式，倡导教师自主申报、自我管理、自觉教研，充分调动导师与入室研究员双边的积极性，发挥名优教师的引领作用，促进更多优秀教师的脱颖而出。

6.育德文化

学校坚持主体性德育的思想和实践，突出“个性化班级教育”特色，力求让每个班级都精彩。在这过程中，我校重视德育的全员性、全程性和全方位性，以习惯养成为教育落点，陆续出台了《北京小学班级个性发展教育指导方案》和《关于深化班级教育工作的实施意见》，把教育的重心进一步下移到班级，进一步发挥班级教育者的作用，以便针对班级学生的特点和实际情况，凝聚校内外多方教育智慧和力量，使班级教育成为学校教育的真正主体。制定个性化的班训班规，以目标显实效；营造个性化的班级环境，以名片亮创意；策划个性化的班级活动，以实践展特色；挖掘个性化班级优势，做最好的自己。

在德育工作上，我们打造家校育人共同体，让教育环境更生态。家长既是丰富的教育资源，又是重要的教育力量。因此，我提出“共建良好学校教育生态”的理念，拓宽思路，促进家校合作制度化。一是成立促进教育家长委员会，完善工作章程，明确委员的工作职责和要求，使促委会工作有章可循。促委会建立后，每学年定期改选，这激发了广大家长参与共建工作的积极性和主动性。家长们走进班级，和班主任一起研讨班级发展目标、班级成长计划，帮教师出谋划策；积极参与班级文化建设，参与班级教育实践活动，使教育理念达成共识，真正形成教育的合力。二是广泛开发家长教育资源，吸纳家长参与教育实践。我们聘请家长担任志愿者，根据班级的教育需求，组织开展多种形式、内容丰富的社会大课堂活动；招募家长当义工，协助维持家长接送学生时的秩序，聘请有专业水平的家长做学生社团辅导员等，拓宽了家长参与学校教育工作的思路，促进了家长对学校教育工作的全面了解。三是探索多种形式的活动，促进家校合作制度化。我校每学年组织家长会和家长开放日活动；寒暑假进行家访或组织家校联席会活动；举办与孩子共进晚餐等多种形式的亲子活动，营造和谐的合作育人氛围。另外，我们还每学期组织有针对性的专题讲座，提升家长的教育理念，指导家长教育方法。入学教育、关爱女童、寄宿教育、名校长讲堂……内容丰富的活动令家长称赞不已。校长坚持每学期亲自主持召开至少一次促委会工作座谈会、交流会或研讨会，向家长汇报学校工作情况，听取家长的意见及建议，总结交流促委会工作经验等。家校携手共促教育的绿色教育生态在我校呈现出盎然生机。

7.寄宿文化

学校传承寄宿教育的办学传统，结合当代学生的特点，从小学生年龄特征出发，把寄宿的功能由“寄养”转变为“教养”，确立了“生活自理、学习自主、行为自律、健康自强”的“四自”教育目标，摸索出了一整套比较完整的寄宿教育体系，使上千名寄宿生茁壮成长。

（三）环境文化——育人的隐性课程

环境文化建设是学校文化建设的重要组成部分和重要支撑。环境文化的每一个实体，以及各实体之间结构的关系，无不反映了学校的教育价值观。一直以来，我校非常重视创建富有内涵的校园环境，我们的环境文化体现出“陶冶育人”的理念，突出生本性、教育性、互动性特点。如国旗广场，北部是血色长城雕塑，象征“把我们的血肉筑成我们新的长城”；东侧是滴水亭，亭底座四龙头面向大地，点点清泉滴滴入土，日日夜夜滋润万物；亭内画檐为民族英雄，中华民族传统美德辉映校园；西侧的涌泉池与东侧的滴水亭遥相呼应，寓意“滴水之恩，涌泉相报”；泉池的五股泉水象征水之五德；流水三阶，寓意回报父母、回报社会、回报祖国……每一处景观都是北小“水”文化的体现。

校园环境中的文化建设是学校教育理念的物化体现，是学校精神家园的重要组成部分，也是学校育人的隐性课程。血色长城、传统文化墙、亲师园、桃李园、悯农厅、思源厅、科技互动长廊等，每一处校园景观都围绕学校的培养目标而建，都被赋予深刻的教育内涵，营造了浓郁的育人氛围。校园内的一草一木都旨在用高雅的校园文化塑造文雅的北小人。

总之，在“上善若水”的精神文化引领下，北京小学在文化建设上取得了很好的成果。第一，凝聚了学校广大教职工的精神追求，增强了学校的凝聚力。第二，提升了学校的办学水平，使学校的文化内涵更加丰富。第三，加强了现代学校建设，使学校管理的层位得以提高。第四，提高了学校教师队伍的整体水平，增强了学校的软实力。目前，学校风气纯正，文化鲜明，每一位走进北京小学的教师和家长，都能够真切地感受到那份独特的清纯如水的北小文化。

诚然，学校文化建设是一个常抓不懈、不断完善的系统工程，我们要在文化建设中发挥学校师生在学校文化建设中的主体作用，构筑全员共建的更加完善的学校文化体系。

家校握手　共建育人生态——以“促进教育”为价值引领的家校合作模式探索

教育犹如一个生态系统，各环节之间的相互作用和相互协调是支持其良性运转的前提。在学校、家庭、社会三大教育系统中，每天联系最紧密的要素是学校与家庭、教师和家长。而今天，恰恰在学校与家庭的教育合作上出现了许多新问题，如信任问题、师长关系问题、教育理念问题，这就难以使教育保持高度的一致性。基于这样的认识，北京小学于 2009 年明确提出了“建设良好学校教育生态”的理念。我们认为：学校教育生态是指学校内部与外部诸教育要素之间所显现出来的有利于学生身心成长、健康发展的和谐状态。从诸要素的关系上讲，包括校外与校内、家庭与学校等；包括教育管理与学生发展、课程管理与教学文化、环境建设与学生成长等。

作为众多关系之一的家庭与学校之间的和谐状态是优化学校教育生态的重要内容。这就要求家庭和学校不应是对立的，家庭教育与学校教育必须保持高度的一致性，相互支持，形成育人共同体。在这样的思想指导下，北京小学以“促进教育”为价值引领的家校合作模式应运而生，旨在引导师长握手，促进家校合作。

有学者按照家长参与的层次将家校合作分为三类：第一类是低层次的参与，包括访问学校，参加家长会、开放日、学生作业展览等活动；第二类是高层次的参与，包括经常参与课堂教学和课外活动、帮助制作教具、为学校募集资金等；第三类是正式的组织上的参与，包括成立家长咨询委员会、家长教师协会和家长委员会等。

北京小学于2009年以来的在家校合作上的实践探索，正是着眼于第三类的实践。以成立促进教育家长委员会等本土化的新型家长组织实现高层次的家校合作，让家长以正式的身份参与学校教育，从而促进学校管理日益走向开放，使教育走向生本。

一、理念先行，明确方向

1.以明确的价值追求为导向

当今教育改革越来越强调民主化、人性化，强调外部的监督与参与，家长走进学校，参与学校管理，将更加体现教育的开放性和多元化。但是，这种参与不应导致家校形成对立的关系，而应该是一种友善的、积极的、合作与建设性的关系。特别是，不能使家长成为没有正确教育思想引领的涣散群体，更不能使家长委员会成为一个家长之间有利益争夺的组织。因此，我校多年前建立以“促进教育”为目的的家长委员会，形成以“促进教育”为目的的正能量的家长团队，其目的就在于通过家长的参与进一步促进班级建设和学校管理的改进，从而最终落实到学生的健康成长。“促进教育”的价值导向在于家长建设性地参与学校管理工作，营造正能量的班级和学校教育的舆论氛围。这样的家校合作有利于良好班级的建设，有利于学校教育思想的落实，有利于学校各方面工作的推进与发展。广大家长和学校一起成为良好学校教育生态的建设者、维护者和守望者。

2.以正确的教育思想为引领

用什么引领家长“促进教育”？这就要发挥家长学校的功能。校长，不能只是教师的教师，也必须成为家长的教师；教师不能只是学生成长的指导者，也应该成为家庭教育的指导者。广大家长不是专门的教育工作者，再加上部分家长自己是独生子女，在教育子女方面缺少经验，这就需要端正家长的教育思想，提高教育认识，改进教育方法。特别是，家校的深度合作，必须基于家长对学校办学思想的理解与认同。在这一方面，我校十分重视。比如，作为校长，我在办学过程中提出“坚守基础教育本真”“建设良好学校教育生态”等教育主张，形成儿童成长要“慢养、顺养、牧养、素养、调养”的“五养”理念。学校四季课程建设、童蒙养正的德育措施、“实与活”的课堂文化构建等一系列改革都贯穿着学校的办学思想。多年来，学校通过专题家长会、家长开放日、名校长大课堂、家校座谈会、与家庭教育专家对话、学校微信平台、教育集团报、教师家访等多种途径，向家长传播学校的教育思想，引领家长树立正确的育人观，切实指导家长的家庭教育工作，使广大家长理解学校，认同学校，支持学校。

3.以班级建设的思想为根本

在多年的扁平式管理探索中，我校实行年级工作制，将教育重心下移至年级和班级。我们始终认为，班级教育才是学校教育的真正主体，而每个班级由不同的学生组成，也有各自的特点。班主任正确的班级建设思想是班级成长的灵魂。只有在班主任的引领下实施个性化的班级教育，通过有针对性和富有特色的班级文化建设，才能真正促进每个孩子的健康发展。而促进教育家长委员会最终是为学生的健康发展服务的，只有立足于班级发展，植根于班级建设，在学校办学理念和班主任的班级建设思想指导下，才能有的放矢地发挥作用，更好地促进家校合作的实施。

4. 以凝聚家长的智慧为目的

来自不同文化背景、职业身份的家长组成了北京小学的家长团队和促进教育家长委员会，与我们携手为学生的成长与发展共同营造一个良好的环境。因此家长的参与不应是盲目的，也不应是简单的有钱出钱、有力出力，而是与学校共同研究班集体和学生的成长问题，发掘和凝聚自己的教育智慧为孩子的成长助力，为班集体的建设出谋划策。我们学校始终倡导家长提供智力上的支持、治理上的参与。这种定位与导向，符合我国的家长实际，有效地避免了因涉及资金及过多时间精力投入而可能带来的认知冲突与矛盾，利于营造纯净的、没有利益之争的家校合作环境。

5. 以尊重理解与建立诚信为基础

新型家校关系以尊重理解与建立诚信为基础，确立家长在学校教育中的新角色。因此，参与促委会工作是自愿行为，这在我们的工作章程中有明确的体现。每届新生入学，学校都会专门组织一次促委会成立动员会，宣讲目的意义、宗旨原则。我们倡导家校之间的相互信任，确保家长的权益，认真听取促委会反映的家长意见和建议，开辟校长信箱等多种途径的家校沟通方式，不但第一时间给予反馈，而且加强学校文化建设，建立相互信任的合作关系。又如，我校实行师德问题一票否决制，明确规定教师要谢绝家长的任何馈赠，同时也明确要求家长全力支持学校工作，不给教师送礼，共同营造风清气正的校园风气。此外，学校逐步形成了“德育为首，爱生如子，专业立教，廉洁从教”的教师文化。通过这样的工作，我们和家长形成了和谐的关系，这成为推进家校合作的重要基础。

二、搭设平台，促进合作

如何更好地实现家校握手，使广大家长发挥作用？学校为促委会这个组织搭平台，提供实践的抓手，并通过这个组织带动整个家长群体积极主动地成为教育的参与者、服务者和实施者。

1.资源平台：家校课堂凝聚集体

首先是鼓励促委会在班主任的指导下，基于班级特质和班级发展的需要，开发设计具有班本特色的教育课程或教育活动，我们称为“家校微课堂”。在我们的众多家长中，不乏各行各业的专业人才，或者是有一定文化知识、兴趣爱好和综合素养的热衷教育的爱心人士，挖掘和运用好他们的聪明才智，扩充学校教育资源，凝聚整个家校集体是促进教育的最佳途径。比如，为了培养孩子良好的阅读习惯，班级开设亲子阅读讲堂，家长给学生讲绘本、读故事，陪伴孩子阅读与成长。这样的教育活动对家长的专业要求不会特别高，但效果很好。类似的还有传统文化课程、安全卫生课程、美德教育课程等。比如，某班策划了“绽放向阳花”系列主题教育活动，请家长和教师一起给学生讲美德；再如，有班级开设拓展学生知识视野的“微课堂”，在科技节期间请学生家长、气象专家、科学院士共同讲“气候与我们的生活”等，深受学生欢迎。

2.公益平台：校园义工服务全体

“义工”是当今社会志愿服务的流行词，具有“大爱”的思想内涵。促委会的章程中明确指出这是一项无任何报酬的公益事业，一切工作均为义务服务。学校倡导更多的家长走进学校协助管理、服务学生，在参与中体验，在深入中体会，从而增进理解，促进合作。在“共建良好学校教育生态”理念的影响下，很多家长主动提出当义工的志愿。这些家长志愿者有的是上下学时协助学校维持秩序，有的是在班级组织外出实践活动或开展社团活动时协助教师组织管理。其实，家长在力所能及的前提下参与学校教育是自豪的，学生因自己家长参与学校活动同样也是自豪的，这在培养亲子关系的同时也促进了学生整体的发展。

3. 互动平台：开放活动陪伴成长

不管是班级还是年级，我们都更多地搭设亲子互动的平台，为学生提供家庭互动空间，像科技节、运动会的亲子竞赛、元旦联欢会的亲子表演、四季课程中的亲子游戏等。我们还精心设计并邀请家长参加一些学校组织的能够见证孩子成长进步的重要教育活动，像一年级新生的入学典礼、入队仪式，六年级学生的 12 岁生日会、毕业典礼，学生“年度荣誉奖”颁奖典礼，等等。家长在参与组织这些开放性的活动中发挥着重要的沟通、协调作用，在参与中共识学校教育理念，陪伴孩子成长。

4. 管理平台：开放办学，共同治理

在办学过程中，我们树立现代学校理念，开放办学，不断完善现代学校制度建设。多元治理，让家长参与其中。比如，食堂管理是学校管理的重要内容，也是家长高度关注的学校工作。因此，我们就主动创造时机，组建以家长代表为主体的学生膳食安全委员会，邀请促委会的代表品尝学生餐；我们还每学年组织各班的促委会主任参观供应学校肉类食材的加工厂等。再如，学校实行的是年级工作制，为了更好地促进年级教育质量的提高，我们邀请家长代表在学年末参加全校的年级质量报告会，评议年级负责人的工作报告与年级质量。搭设让家长参与学校管理的平台，实现了家校共同治理，促进了学校发展的良好局面。

三、机制保障，良性运转

明确的章程、制度、机制是保障和推动学校各项管理工作良性运转的重要依据。反之，则会导致一系列的问题。因此，学校将家校合作制度化，以明确的职责、权益、要求规范家长参与学校管理的权利与义务，同时凸显了“促进教育”的价值导向。比如促委会明确的职责是出席家长会，倾听并整理家长对学校、班级工作的建议和意见，及时向班主任和学校反馈；每学期根据班主任的工作目标，在班主任的指导下制定新学期促进教育工作计划；执行促进教育家长委员会的决议，维护整体利益，完成该委员会交派的任务；以正确的思想宣传学校，沟通家长，帮助学生，营造积极向上的舆论氛围。

在工作的逐步推进中，促委会不断总结经验，形成了一系列保障良好运转的机制支持系统，不断提升家校合作的实效与品质。

1.建立规范的推选制度，促进家长的充分参与

为了充分体现和尊重民主，让更多的家长有机会参与学校工作，为学生成长服务，同时增进对促委会工作的信任，激发参与家校合作的主动性与积极性，我们建立了规范的促委会产生与改选制度。

制度明确规定，班级促进教育家长委员会成员由5～7名家长组成；设主任一名，负责委员会全面工作，其他委员的职责由促委会根据班级需要自行确定。班主任是促进教育家长委员会的思想引领者，负责指导促委会结合班级实际开展各项工作。学校同时设立年级层面的促进教育家长委员会，每次改选后自动生成，由各班级推选的主任组成，年级促进教育家长委员会主任的任命实行班级轮流制。

班级促进教育家长委员会成员由家长自荐或提名，在班主任的组织下，结合家长工作性质及班级工作需要，通过家长投票的方式确定候选人，最后经过与年级组协商确定人选。该委员会每学年要进行一次换届改选，让更多家长有深度参与的机会。

2.建立定期的交流制度，促进经验的分享传递

促进好的方法、经验传递，及时发现问题，引领方向，共同探讨研究，成为家校合作的必要途径。在多年的实践中，我校逐渐形成了定期组织促委会交流的制度，不断探索、创新交流的内容、形式。每学年的期末都会组织至少一次不同范围、不同专题的校级层面的家校交流活动，共识理念，指导实施，传递分享。比如，我们会组织“迎新春、求促进、话发展”家校茶话会，内容包括“学校一年大事记回顾”、校长讲话、宣讲讨论促委会工作章程、共同品尝学生晚餐等，简洁又不失温馨，充分体现了家校合作中的相互尊重、相互信赖

与工作的公开透明性。形式多样、温馨亲切的互动交流活动充分调动了广大家长的工作积极性，同时也帮助促委会梳理工作思路和做法，明确努力方向，促进正确的舆论导向在家长群体中的形成。

3. 建立专业的指导制度，促进合作品质的提升

当前，家庭教育在少年儿童成长中的重要作用得到了全社会的高度认同与重视。因此，我们一直坚持对家庭教育工作和促委会工作的专业指导。一方面，我们在班主任工作任务中明确提出：每学期要至少带动促委会开展一次班级教育研讨活动，共同探讨、研究班级发展目标，完善班级成长计划；组织一次育子沙龙活动，聚焦本班个性化的学生成长问题，开展研讨，指导家庭教育；寒假期间组织一次有针对性的家校联席会，总结收获，增进家校沟通。在明确的指导制度的推动下，家庭教育与学校教育得到了很好的统一，也使学校对家庭教育的具体指导真正落地。

我校还成立了学术型组织“家庭教育指导中心”，致力于家庭教育研究，培训青年教师，以期对学生及家庭教育进行个性化指导。这个组织的负责人和研究员都是来自一线的优秀教师，由学校教育教学指导委员会推荐，校长聘任，任期两年。家庭教育指导中心开辟了家庭教育热线，组织了班主任家庭教育研究沙龙，同时还走近了集团校培训教师，现场进行家长教育咨询，等等。学校专业指导机构的成立，促进了家校合作工作的纵深发展和品质提升。

四、效果明显，展望发展

多年家校合作工作的探索，对学校的教育教学工作和整体发展起到了很好的促进与推动作用，家长对学校办学的认同度也得到提高。家长非常认同并在家庭教育中积极落实“五养”教育理念，和教师一起为孩子的成长营造良好的教育环境。家长与学校一起协同育人，积极落实“减负提质”精神，重视孩子的个性健康发展。家长以非常热情的态度参加学校管理，参加班级建设，形成了“帮忙不添乱”的共事原则。多年的探索实践逐步形成了“从自己孩子的家

长”到“所有孩子的家长”的“公心为上”的文化精神，使学校教育更加富有生机和活力。

展望未来的发展，我认为，要建立良好学校教育生态，要推进各项教育改革，必须进一步建立年级、校级家长教师协同教育组织，统筹规划家长参与学校管理，加强学校、家庭、社区的相互联系与沟通，实现共同治理、协同育人、共同成长的目的，更好地提升家校合作。

教师文化建设要在“真”字上下功夫

教师文化是教师精神风貌、价值追求、职业道德、专业品格的集中反映，是学校文化的重要组成部分。教师文化建设理应成为学校文化建设的重要内容。

值得我们全体教育工作者认清的是，当前，教师文化建设越来越显现其重要性与必要性。特别是习近平总书记在第30个教师节到来之际，前往北京师范大学慰问教师和学生时的讲话中，提出了“四有”好老师的概念和内涵，这反映出党中央在落实社会主义核心价值观的过程中，对教师价值、教师职业与教师工作的高度重视与深切关注。习近平总书记所提出的“有理想信念，有道德情操，有扎实学识，有仁爱之心”四个标准，就是在要求教师要自觉践行社会主义核心价值观，用道德的力量、人品的修养、人格的魅力、深厚的学养、事业的感情教育学生，示范学生，影响学生。这应该成为今后我国教师文化建设的核心价值取向。在学校建设的过程中，我们不但要高度重视教师队伍和教师文化的建设，而且应该把队伍和文化建设聚焦到“四有”的内涵上来。

但是，我们也不能不看到，一些学校在教师文化建设上停留于一般性工作的安排，把教师队伍文化建设作为学校管理工作的点缀。更有一些学校存在教育的功利主义倾向，抓分数多，抓文化少；抓技术多，抓师德少；抓烦琐事务多，抓精神面貌少；抓硬件建设多，抓文化建设少，可谓做表面文章多，做实在工作少。因此，我认为，真抓教育，就要真抓教师文化建设。抓教师文化建设必须在“真”上下功夫，做文章，出效果。

那么，怎样才能在教师文化建设上下真功夫呢？下面结合我们近几年的做法，谈谈体会。

一、真追求：要有正确的方向和要求

首先，让正确的工作价值观引领方向。通过教代会，我们把“尊、敬、创、公、和”的工作价值观明确写进校章，作为全体教师的工作准则。所有教工的言行和所有班组的建设，都要自觉遵守。在工作中，教师要做到尊己尊生，敬业敬人，创新创造，为公尚公，和善和睦。现在看来，我们的工作价值观完全符合习近平总书记提出的要求。

其次，提出明确的教师文化追求。教师文化已经成为我们学校文化的重要组成部分。在学校办学过程中，优良的教师队伍建设是头等大事。我曾经说过一句话：“一个好教师就是一种好教育，一支好团队凝聚一方好文化，一所好学校开启一段好人生。”一句话的核心要义是，搞好教育，办好学校，要以教师为本。因此，总结我校的办学经验，我们提出了“专业立教，廉洁从教，爱生如子”的教师文化追求和“公生大道，尚贤克己，乐群敬业”的教工团队建设的价值追求。

最后，制订具体的队伍建设规划和目标。我们在每一个五年发展规划中，都专门有队伍建设的内容，并且明确提出“师德高尚、业务精良、勤于学习、勇于创新”的队伍建设目标。这些做法，都使得教师的培养有方向、有目标、有规划，不盲目、不片面、不功利。

看一所学校是不是真的在抓教师文化建设，就必须看这所学校有没有明确的目标，这反映了教师文化建设的价值取向。

二、真领导：要有鲜明的示范与引领

教师文化有了明确追求和要求后，还要认识到，一个教师比较容易要求和管理，但是一群教师怎么办？这就需要营造一种积极向上的氛围，一种自觉践行的文化。文化领导必须落到文化追随上。我们的做法是：校长带头、干部跟进、名师示范、青年效仿。教师文化的要求不是给部分人提出的，更不是单单给青年教师提出的，而是所有人都必须践行，包括校长在内。而在践行中，校长和干部的示范作用不可忽视。一些学校的教师为什么不能很好地按要求做，就是觉得师德要求、教师队伍建设的要求都是给一般教师提的，干部没有自觉地很好地践行。因此，我认为校长必须在以下几个方面做好引领。

一是在道德上做引领。校长必须大公无私，必须拒腐防变，不沾恶习，不占便宜，干干净净做事，清清白白做人。校长的人生观、价值观，校长的正直、诚实、宽厚、无私的品质，都可以在日常管理中得到体现。

二是在情感上做引领。校长要敬人爱生。平时工作中，校长要亲民，要尊敬教工、尊敬家长，哪怕他们比自己年岁小，哪怕他们工作普通；坚决不整人，不拉帮结派，宽容教师的错误，树立正风正气。校长要满腔热情地爱学生，在孩子心中，校长应该是和蔼的、善良的、耐心的，关心他们，喜爱他们，理解他们的需求，包容他们的错误。这也是在用言行示范教师：不爱生如子，哪能体现仁爱之心？我们学校许多住宿学生都亲切地叫我“李爸爸”，校长室门上贴的孩子们自己制作的教师节贺卡就是很好的例子。

三是在专业上做引领。干好教育工作，就要下真功夫，培养爱学创新的品质。为师者，不学习不行，不钻研不行。校长要做学习的表率，通过学习引领教师的思想，引领教师的专业发展。校长还应该不断地通过钻研实现管理创新、课程创新和课堂教学方法的创新。只有这样，教师们才服气，才会从你身上看到事业心和责任感，才会自觉学习，提高自己的学养，提升自己的专业水平。

实践证明，一个好校长，一个好班子，可以引领一批好教师，可以带出一支好团队。

三、真管理：要有有效的机制与措施

教师文化建设是个过程。这个过程的推进是否有效，取决于学校采取的管理行动是否有效。在教师文化的管理过程中，要坚持“刚性与柔性相结合”“制度性与主体性相结合”“导向性与激励性相结合”的原则，从而提高教师文化建设的效果。在这一点上，我们学校采取了一系列举措。

其一，制定原则性很强的制度，如师德问题一票否决制、新任教师培训制度等。拿师德问题一票否决制来说，凡是师德上存在问题，不管教学业务成绩有多好，都不能参与考核评优，所在班组也不能评为优秀班组；触到师德底线的，一律辞退。近几年，我们狠抓廉洁从教，效果明显，无论节日还是平时，教师都绝对谢绝家长的任何馈赠。家长问卷调查显示，家长对廉洁从教的满意率是 100%，反映了我校教师有正风正气。

其二，以调动自主性为根本改进管理机制。没有自主性，就没有自觉性。教师素质的提高说到底要教师自觉地“动”起来。为此，我们不断改进管理机制。比如，为了加强师德建设，我们请年级组教师在开学之初共同制定师德公约，并且将师德公约贴在办公室外，请学生家长和同事监督，年级组教师自觉践行。为了使教师的专业发展更具针对性和自主性，我们没有搞师徒挂钩，而是成立名优教师研究室。主持研究室的教师要向全校公布研究方向和研究内容，对这个研究室的研究感兴趣的青年教师可以自愿申报，经考核后，成为研究室的研究员。为了强化爱生如子的寄宿教育文化，我们会让年级组及时传阅家长的表扬信，并在大会上宣讲表扬，引导良好的师德师风。

其三，重视发挥评价的导向功能。学校导向什么，就要评什么。我们认为这就是在引领先进文化的方向。每学年，我们都要以体现学校工作价值观为核心，开展特色班组评选和“我心中的好老师”评选。评选完全尊重教师、家长、学生的意见，通过无记名投票决定评选结果。“三八”节和教师节，我们分别对当选的特色班组和优秀教师予以表彰，并请学生、家长为他们颁奖。

管理、规范是教师文化建设的必要手段，没有贴近教师的真管理，就难有教师文化建设的真效果。

四、真坚持：要有落实的恒心与信心

建设教师文化也好，提升教师素质也罢，必须一抓到底，持之以恒。校长要有带出一支优秀教师队伍的使命与责任，眼睛不能天天盯在考试分数上，而应该盯在教师的职业成长与专业发展上。要坚信“一个好教师就是一种好教育”，要追求“一支好团队凝聚一方好文化”。在教师队伍和教师文化建设过程中，要敢于坚持做正确的事，敢于坚持输出正能量，敢于抵制社会的不良风气。我校这样做了，这样坚持了，不论换几届领导，也没有动摇，才有了现在这支精良的团队：一个正高级教师，四个特级教师，六十多个市区学科带头人和骨干，更有一群朝气蓬勃的青年教师茁壮成长起来。

一句话，要真做教育，必须真抓教师，必须真抓教师文化建设。只要在管理上下真功夫，就一定会培育出优秀的教师文化。

自组织时代的学校管理转型

社会不断发展，管理就要不断变革。治理理念反映的是时代的进步，也是管理方式的进步。今天，在深综改面前，学区制、教育集团、教育联盟等办学方式摆在教育管理者面前，中高考改革更是引发了教育内部与外部发展的新思考。大家都感到，当下教育不只是突变，而是巨变。那么，中小学、幼儿园的管理应该怎样应对这种变革？在深化治理理念过程中，学校又如何作为呢？

一、管理新思维：我们必须思考这个时代

孤立、静态地思考学校管理已经无法解决今天的问题。当我们面对社会的尖锐批评，当我们面对家长的利益诉求，当我们面对教师的工作问题，当我们

面对学生的成长困惑，当我们面对一次又一次大力度的教育改革，大家是否想过：我们应对的思维方式能否切中这个时代的特点？我想，只有把管理放在大时代的背景下，用新的视角看待问题，以科学治理的理念改进学校管理，管理才会更有效果。那么，这是个怎样的时代呢？这是个被称为“地球村”的互联网时代，是个人人都在发声的自媒体时代，是个传统的存在方式时时被挑战的时代，是每一个主体人格越来越被尊重的时代，因而，这是一个从强调他组织管理越来越向强调自组织管理转型的时代。在这样的时代，无论大的教育系统，还是一所具体的学校，如果想更快地适应，如果想在治理上有新突破，就必须重视“自组织”的发展趋势与客观存在。

德国理论物理学家哈肯认为，从组织的进化形势来看，可以把组织分为两类：他组织和自组织。他组织，指的是靠外部指令而形成的组织；相反，如果不存在外部指令，系统能按照相互默契的某种规则，各尽其责而又协调、自动地形成有序结构，就是自组织。这是两种组织系统的存在状态。从组织进化发展看，好的组织管理一定是向健康的自组织发展的。我认为，从理论上讲，现代学校管理在追求自身发展时，虽然仍会具有他组织的一些特点，但是在内涵发展过程中更具有自组织的特征。但是，从当下管理实践看，他组织的学校却多于自组织的学校。在教育的边界已被穿越，教育的生态已被重构，教育的供给方式已被改变的今天，如果学校过于强调自上而下的管理、强调刚性的管理、强调指令性管理、强调封闭式的管理，那么，这种他组织的学校就不能把干部、教师、家长、学生的积极性充分引导和调动起来。我们如果深入考察今天一些比较成功的优质学校的管理文化，就会发现它们都具有一个共同的特征：凸显自组织的价值追求。

二、自组织时代：学校管理实现三个转型

在自组织时代的语境中，探讨教育供给侧的改革、学校治理的推进、学区制的深化、教育集团的建设，就必须改进管理，充分调动学校、家长、社会各

方的内在教育力量，提高管理效益与提升教育品质。我认为，当下的学校管理应该实现三个转型。

（一）从他主型转向自主型

这里的自主，相对大的教育环境而言，是指学校办学的自主；相对学校内部而言，是指教师、家长与学生的自主。用有的教育专家的话讲，学校自组织，教师自课程，家长自教育，学生自学习，社会自平台。这种“自时代”的聚焦点就是确立人的主体地位，把办学各方的积极性、主动性、创造性调动起来，发挥出来。

一位好校长就是一所好学校，一个好教师就是一种好教育，一支好团队凝聚一方好文化，一群好家长营造一派好氛围，一所好学校开启一段好人生。好校长好在哪？我认为好在把自己的教育追求变成所有教育者与被教育者的追求。有了自主追求，自组织就会良性发展：干部研究管理，教师钻研业务，家长协同教育，学生天天向上。所以，校长领导与学校管理的一个重要责任就是点燃每一个人的热情，用教育价值引领教师团队、家长团队、学生团队。这些团队及个人围绕学校的办学目标和办学理念积极主动地输出自己的能量，体现自身的价值，尤其是如果教师自下而上地主动参与学校管理、课程建设、教学改革，那么学校就会充满活力与希望。这才是真正意义上的默契！

学校自身也应该在教育改革的大环境中彰显自组织的价值，改变“等待”管理的被动思维方式，许多问题不能再停留于等待，要在平衡被打破之后主动寻求新的生长点，这样才会创造新的平衡。2011年，我们成立教育集团，在西城区率先进行集团化办学探索，就是在教育均衡化发展背景下，对名校办分校质量管理的新思考所引发的办学新思维，这是一种自主型的发展方式。事实上，如果具有较好的外部环境，大力促进学校内部治理体系的建立与机制创新，培育一所又一所自主型学校，那么这就是未来教育品质提升和学校办学质量提升的重要保障。

要建设自主型学校，发挥自组织的功效，就要开放空间，重心下移，权力下放，用价值引导，用政策保障，用管理服务，用机制激励。

（二）从行政型转向学术型

这种转型并不是说不要行政管理，而是学校不要强化行政管理。中小学存在行政工作和行政管理，这是客观事实。但是，学校的中心工作是教育教学，要育人为本，而推进教育教学研究、提高教育教学质量，不能指望行政命令。行政可以为研究服务，可以发动，可以宣传，可以激励，可以保障，但是不能替代专业引领和学术研究。比如，校长可以用行政会议的方式倡导教师提高课堂教学质量，可以出台相关的奖励与惩罚制度，但是，当一名教师散了会议之后，走进教室，关起门来，那他是不是具有提高课堂教学质量的本领就是另一回事。要使美好的教学理念在课堂生根、开花，要使教学研究工作往深里走，就必须建立起学术型管理。学校应该设什么课程，学生怎样学习更有效，为什么某些学生成绩总不理想，某个知识点怎样教学更好，这些问题不能随意地用套话回应，必须用专业的眼光看待问题，用专业的思维分析问题，用专业的语言解释问题，用专业的方法解决问题。能把学生的问题说清楚的教师才是专业的教师。一句话，用研究的方式解决问题，用学术的方式引领专业。

这里所用的“学术型”，本身就具有研究型的意味，是指用系统的思维和学术的态度，对教育教学实践中面临的问题进行深入研究，以提高教育教学的质量，同时实现教师自身专业水平的提高。针对目前中小学研究已出现被泛化、表面化和形式化的问题，我用“学术型”三个字更是体现对一线研究者的尊重，对中小学教师价值的认定，对教育教学研究态度的严肃。学术型管理应该成为现代学校的一种管理文化。学术型管理，要充分发挥自组织的功能，减少教师“被研究”的问题，关注教师发展的需求，激发教师研究问题的内在动力，让研究成为教师的自主追求，成为实现教师人生价值的方式。一所学校，应该通过学术型管理逐步形成教育教学的引领者与追随者，形成以问题为纽带的教研文化和教师文化。实践证明，学术型管理会使教师收获职业的尊严感与幸福感。

以我们学校建立的“名优教师研究室”为例。为什么不再搞简单的师徒挂钩？因为我们发现传统的行政型管理所采用的指定性师徒挂钩，三年中，往往师父看不上“这个”徒弟，徒弟也看不上“这个”师父，因而师徒挂钩的效果不佳。我们改变了教师的专业发展模式，只为学校的名优教师成立研究室，研究室要公布自己的研究方向、研究重点和研究要求，凡是对这个研究室的研究感兴趣的教师可以自主报名做研究员，至于吸纳谁做研究室的研究员，权力在这位研究室的主持者。学校行政只负责提供研究经费和协调人事工作。这样，双方的主动性和积极性都得到了发挥。几年来，研究室为学校培养了一大批业务骨干，促进和带动了学校学科教学的学术研究。像这样的学术型组织还有学校教育教学指导委员会和家庭教育指导中心，它们都在学校发展中发挥着巨大的作用，都体现了自组织时代的一种学术型管理。

（三）从集权型转向民主型

在这个开放的时代，要做好学校的内部治理就必须大力推进民主型管理，以制度的建设与机制的创新保障和促进管理从集权型转为民主型。必须看到，多元主体参与管理已不是改革的需要，而是现代人主体参与意识增强的必然结果。教工需要发声，家长需要发声，学生需要发声，这是自组织时代的显著特征。管理者如果视而不见，故意回避，或轻描淡写，虚晃一枪，就会引发各种各样的问题。特别是，没有正常途径与有效机制保障的民主发声与参与，会使自组织的价值取向发生偏差，暗流涌动，最终成为学校发展的阻力而非动力。

因此，民主不再是一种管理程序，民主参与是学校发展的一种管理智慧，是现代学校又一种管理文化。我认为，学校推进民主型管理要抓住其本质，即尊重每一个参与主体的人格、责任与权利。民主型管理应该体现在管理主体的多元化，民主集中制与集体决策，增加管理透明度，提高参与者民主参与的素质，创建有效的民主沟通机制等方面。比如，我们学校成立的独立于行政之外的教育教学指导委员会，就是一种探索。我们规定，校长、书记和行政副校长等不得进入这个委员会，所有涉及教育教学的课程建设、教学改革、制度创新和教师考核等工作，都先委托委员会评议，充分尊重委员会的意见，他们不通过，校长就不急于开行政会议讨论，因为他们代表一线各个层面教师的学术意见。这就是一种机制建设。所以，民主型管理不能简单做成大家投票，少数服从多数，而应该做成以尊重为核心的提高管理智慧与品质的过程。

在民主型管理中，除按规范建立“教职工代表大会”“职称评审委员会”等组织外，学校还建立了多个参与综合治理的组织，如“促进教育家长委员会”“学生膳食安全委员会”“家庭教育指导中心”“学校物资采买委员会”等。同时，学校还制定和完善了一系列保障民主参与的规章制度，并重视这些制度的落实，从而使民主型管理得以深化。

总之，管理的转型是大势所趋，如何转型则来自你对当下时代的深刻叩问和对未来时代的高瞻预测。这种转型可能很艰难，需要付出艰苦的努力，但是，要发展就必须直面现实。不转型，一定落后，因为一个新的发展时代已经摆在我们的面前。

从中间人到中坚力量

副校长、中层干部的角色处于校长与教师之间，看起来像一个信息传递的中间环节，但实际上，副校长、中层干部不仅仅是“中间人”，更要成为学校推进各项工作的“中坚力量”。那么副校长、中层干部如何才能从“中间人”变成“中坚力量”呢?

一、摆正角色位置

1.是助手，不是舵手——既到位，又防止越位

副校长是校长的助手，中层干部是各项工作的具体管理者，都要协助校长完成相关的管理工作，而不是到处“拍板”，更不能对其他副校长、中层干部

发号施令。副校长也可以在必要时做决策，但只能对其主管的部门工作做决策，而且这种决策必须与学校的决策保持一致，从学校的整体利益出发，并且事先与书记、校长沟通和商量。

2. 是桥梁，不是屏障——既行政，又防止“政令”打折

副校长、中层干部都应该成为校长办学思想的诠释者、宣传者，要通过沟通化解矛盾和误会，成为校长与教师情感的促进者，而不应该无中生有，挑起事端。一旦校长做出决策，副校长、中层干部就要在言行上与校长保持一致。不管有什么意见，都要通过研究的方式，与校长不断沟通，而不能另搞一套。这样才能保证学校的“政令”上下一致，才能实现学校上下一心。

二、抓住重点环节

学校工作千头万绪，副校长、中层干部必须善于把握重点，实现纲举目张。以我个人的经验来看，副校长、中层干部都应该重点抓好以下三个方面的工作。

1. 抓观念更新

观念是行动的先导，要让教师将先进的教育教学思想和课改理念转变成课堂教学实践，必须先转变教师的教育教学观念。转变观念有两种途径：一是在学习、反思中转变，二是在实践、感悟中转变。比如，在课程改革过程中，针对教师的课堂教学实践难以突破旧框框的问题，我校召开了“教育新理念读书会”，学习了袁振国教授关于“转变教学价值观，推进创新教育”的主题报告。通过学习，教师们认识到在课改背景下，课堂教学必须从“以知识为中心”转到“以学生发展为中心”的轨道上来，并实现“三个转向”：教师由教学的主导者转向学习的组织者，教学资源从唯一性转向多样性，教学评价由应试评价转向发展性评价。接着，我们又组织教师学习《教育新理念》一书的重点章节。这些都对更新教师的教育教学观念起到了重要作用。当然，教师通过这些途径所获得的新课程理念还处于认识层面，学校管理者还必须时刻关注教师在课堂

教学中的表现，在实践中引导教师感悟新理念。

2. 抓评价改革

课程改革必须以提高质量为前提，让教师放心，让家长放心，让社会放心。如何衡量教育质量的高低？这就涉及教育教学评价的标准、方式等问题。可以说，教育教学评价改革既是课程改革的重点，也是难点。因此，副校长也好，学校中层干部也罢，都必须下大力气抓好这项工作。在价值导向上，教育教学评价改革必须有利于调动教师的工作热情，开发教师的工作潜能；必须体现课改精神，引导教师的教改方向。在评价标准上，必须从“记忆知识”的质量观转变为“培育主动的学习者”的质量观，“主动的学习者”不只具有基本的学习能力，更具有持续学习的兴趣、习惯和追求。在评价方案的设计与实施中，要坚持以下几点。

以先进理念为指导。教育教学评价方案的设计应当以现代教育理论为支撑点，指导教育教学改革实践。比如，我主持的“六年级毕业语文综合能力考查”，力图体现教育个性发展的理论和课改中的先进理念。尽管只是 10 分的考查，但含金量高，考出了学生的语文能力，因此赢得了教师、学生和家长的支持。

抓好论证研究。教育教学评价涉及学生的切身利益，因此，在方案正式实施前，应多方征询意见和建议，充分论证，努力做到目的明确、立论坚实、措施有力。当初，我校《五年级数学免试方案》的出台就充分体现了这一点。在方案出台之前，副校长、教学干部与相关教师从小学生的年龄特点出发，反复推敲，使之严密；在方案公布时，召开学生会议，认真宣讲，并征询家长的意见。以上做法确保了改革方案的顺利推进。再如，我曾主持制定的《北京小学变革学习方式课堂教学评价方案》，是在两个多月的听课、调研并经过学校专家组和全体教师热烈研讨的基础上完成的。这个方案凸显了学习方式的变革，体现了立体感的课堂构建、伙伴型的师生关系、生成性的教学过程和发展性的评价方式，使教师教有所依，研有所据。

抓落实与反馈。在方案实施过程中要注意学生的反馈，关注课改的进展情况，不断完善改革方案。

先试点再推开。教育教学评价改革方案影响面大，又没有多少经验可以借鉴，因此，作为干部，在推进这类工作时，应该先在小范围内实验，然后总结经验，再逐步推广。

3.抓教师文化建设

推进校本教研是课改的必然要求。如何推进更有效？我认为，只有着力创建以问题为纽带的教师文化，才能增强校本教研的实效性和教师工作的自觉性。

用问题凝聚教师的关注点。副校长、中层干部必须经常了解教师关心的教育问题，然后把问题转化为教师发展的资源。比如，在课改中，曾经有一段时间，由于有些专家的观点相互矛盾，教师反映“不知道怎么上课了”。有的教师甚至问，是不是把语文课上得不像语文课，数学课上得不像数学课就是课改课？这些问题反映了教师不知道如何处理课改中继承与创新的关系，于是，如何辩证处理二者的关系就纳入学校干部研究的范围中来，特别是主管干部要高度关注主管的工作状态。

用研究手段实现工作目标。北京小学多年来都要求教师人人都要有自己的研究项目，提倡带着课题走进教室，在不断地发现问题、研究问题的过程中，逐步提高课堂教学质量。

创设氛围促进教师发展。要创建以问题为纽带的教师文化，就要畅通课改信息，搭设交流平台，创设研究氛围，在研究中找差距、定位置，在氛围中找感觉、悟道理。为了调动教研组的积极性，我校出台了课改先进教研组评选条件，促进了教师文化建设。

三、提高自身素质

通过反思自己成长的经验与教训，我认为，副校长、中层干部必须通过不断学习以具备以下六种素质。

1. 政治思想

副校长、中层干部不能认为自己有一定的专业优势、专业能力和专业水平就能搞好管理工作，就能做好“领导”工作。你必须认识到，作为管理干部，政治思想水平和觉悟是干部的第一素质。一名干部要让专业管理落在教师的心中，就要让自己政治工作的旗帜飘扬在教师的心中。要管理好教师，首先管好自己：管好自己的思想，管好自己的觉悟，管好自己的言行。

2. 学习创新

思想是一种智慧。副校长、中层干部如果有独到、深刻的管理思想和教育教学思想，那么就能创造性地开展工作，就能吸引教师与你“碰撞”，形成良好的教师文化氛围。这是当下对每一个干部提出的必然要求。专业思想从哪里来？创新思路从哪里来？从实践中来，从学习中来。学习化社会中的副校长、中层干部绝不能只靠“吃老本”，要善于学习，以他人之智慧丰富自己之智慧。我称之为“借脑”。比如，我在参观新加坡的一所学校时，发现他们的评课设计很有特色：评课的第一栏要求至少写出 3 个优点，第二栏要求至多写出一条建议。这种做法强调尊重教师的专业个性与创造性劳动，并且具有切实改进教学的功能。这种以人为本的理念深刻地影响了我，在我校课堂教学评价方案、备课评价表、作业评价表的设计中，我都借鉴了这种方法。再如，非教育界的一位学者曾与我谈，当工作陷入困境时，就应该打破常规思维模式，实现创新，后来在推出学校新课时计划、制定新结构工资方案中，这种思维方式都发挥了重要作用。

3. 真抓实干

副校长、中层干部应是务实的管理者，而不是高高在上的发号施令者。我提倡“走动管理”，副校长、中层干部一定要经常深入一线，走进班级，了解课堂教学情况，了解教师存在的困难，帮助教师及时解决问题，给予切实的专业指导和人文关怀。

4. 善于协作

教育改革工作任务重，常常需要全体员工的相互协作、整体推进，因此，副校长、中层干部必须具备协作精神。要听得进别人的批评意见，要尊重和理解同级干部以及教师；要经常与其他副校长、中层干部沟通，互相“补台”。

5. 勤于实践

副校长、中层干部主管某方面工作，既要懂教育教学理论，又要尽可能地走进班级和课堂，找“教育的感觉”“教学的感觉”，这样才更有发言权，教师才会信服。

6. 甘于奉献

无论原来的专业如何优秀，副校长、中层干部都要在荣誉面前后退一步，都应该满腔热情地为其他教师“缝制嫁衣”，促其成长。奉献是干部的人格魅力。

总之，副校长、中层干部要想不断提高素质、不断实现成长，就必须从等待“组织培养”转到追求“自我修养”上来。组织再重视你，你自己不珍惜，不积极，不努力，不勤奋，不自我改造，那也无法成为学校的中坚力量。

探索集团化办学，打造优质学校群

为进一步促进义务教育均衡发展，保证分校办学质量，2010 年下半年，我萌生了集团化办学的初步设想。2011 年 9 月 1 日，在北京市西城区教委的支持下，我们成立了北京小学教育集团，率先探索集团化办学模式。

在教育从管理走向治理的背景下，为更有效地推进集团化办学，我们以遵循办学规律为前提，做了一些深入的思考与探索。

一、强化自组织是集团化办学的管理战略

应该明确，我们所组建的教育集团是在促进义务教育均衡发展的背景下，以办学成效显著的优质校为核心，以各分校为成员，以共建共享优质教育资源为手段，以打造区域优质学校群为目的而组建起来的紧密型的教育联盟。它不是企业运作模式，也不是商业运行方式，仍是国家的公共与公益事业，是为了促进教育公平而创新的基础教育办学模式与机制。

特别要指出的是，公办学校教育集团由多个具有独立法人的学校组成，而并非一个独立法人组织。从管理新观点看，它既有他组织的特点，又有自组织的特征。因此，如果我们不实现组织观念的转型，继续一味用他组织的管理方式推进集团工作，那么肯定会出现很多问题。因此，我们在集团建设中，不断强化自组织的功能。

其一，发展方向明确。从一开始，我们就没有定位“规模发展”的概念，更没有“经济效益”，而是走向“内涵发展”，追求“社会效益”。我们的集团化发展思路是不搞“连锁店”，要搞“联邦制”；集团建设宗旨是理念共识、资源共享、优势互补、品牌共建。

其二，管理机制民主。我们建立的管理运行机制是集团主任办公会制。这种机制体现了对每一个独立法人组织的尊重，体现了各成员校是事业的伙伴关系。

其三，制度保障转型。如何看待集团制度建设？是用制度管分校，还是用制度建集团？是用制度规定分校跟你学，还是用制度引领分校跟你走？我认为，集团制度建设的价值是用他组织的功能保证向自组织的转型，激发每一所分校自主追求的动力。因此，干部教师集团内部交流制度、集团教育教学资源共建共享制度、集团教学研讨会制度、新教师培训制度等都体现对教育工作主体者的激发。

集团化办学有利于实现他组织向自组织转型，是实现公办优质教育资源社会效益最大化和先进文化传播的管理战略。

二、引领组织变革是集团化办学的管理价值

集团化办学要充分发挥名校的示范、引领、带动作用，使各分校共享办学的先进理念、成功经验、优质资源，不断通过改革实现自身的深层组织变革，提升自己的办学品质。这是集团化办学的管理价值所在，也是内涵式发展的必由之路。

（一）文化引领：从规定动作到培植文化

集团化办学要重视发挥先进文化的影响作用，让总校的管理文化、教学文化、师德文化等逐步扎根在师生的心中。

比如，总校的开学典礼就独具文化意味。隆重的开学典礼上，学长迎新、赠送校本教材《新编弟子规》、教师宣誓等独特的仪式内容，都洋溢着北京小学独特的家国情怀，所有新生都浸濡在浓浓的文化氛围里。再如，总校的家访文化也是独树一帜，一年级教师要对所有新生进行家访，全面了解学生情况，为有针对性的幼小衔接教育做好准备；学校还会有专门的家访文化培训，把家访上升到师德建设与专业发展的高度。

为了实现文化引领，集团通过研讨，形成了《北京小学教育集团文化建设纲要》，师生人手一册，成为文化引领的载体。同时，为了让广大教师、家长、学生对北京小学的文化产生强烈的认同感、归属感，我们还编印《北京小学教育集团报》，每两月出一期，师生人手一份，图文并茂，全面报道集团和各分校的办学情况，在文化引领中强化文化自觉。

（二）队伍培养：从强调“输血”到注重“造血”

集团化办学不能光靠校长一个人，校长更不能夸大自己在集团化办学中的作用，而要花大力气抓核心力量、抓中流砥柱。师资队伍建设是重中之重。我在办学中提出过一句话，揭示了教师与教育质量、学校发展、学生成长的关系：“一个好教师就是一种好教育，一支好团队凝聚一方好文化，一所好学校开启一段好人生。”归根到底，办学力量问题还是队伍建设的问题。办好集团，就要培养一支精良的教师队伍。

为有效发挥总校优秀师资的作用来影响分校教师的专业发展，一方面，我们重视分校干部教师的业务培训工作，通过计划工作研讨会、新教师培训会、专题培训活动等多种方式提高师资队伍质量；另一方面，我们针对不同分校的实际，采用不同的教师流动方式促教师成长，包括总校教师轮流到分校任职、总校分校互换教师、分校挂职影从、总校派遣指导、总校教师到分校顶岗等。

在多年的队伍建设与师资交流中，我认为，集团化办学的初始阶段，总校可以用“输血”的方式（外派和轮岗骨干教师）来支持分校的队伍建设与质量建设。但是，随着集团化办学的深入，随着分校规模的不断扩大，最终还是要把目光投向“造血”，让分校组织内部发生变革。因此，我们不是简单地搞教师轮岗和交流，而是派出真正的骨干与学科带头人到分校，一边教学一边带队伍，传播总校文化，使分校的教师队伍能够在总校的引领下，形成较好的教师文化和教研文化。

（三）两课建设：从传递方法到特色创生

课程文化与教学文化是学校文化的重要组成部分。在集团建设中，我们不是简单搞移植、搞模仿，不是简单传授几个具体招数，而是以课程与课堂文化为核心，引领分校创生根植于本校发展的课程与课堂。

其一，我们以总校的四季课程建设为范例，传播课程文化。北京小学多年来坚守基础教育本真，把学校培养目标、学生身心成长与北京四季的资源进行结合，创造性构建了独具特色的四季课程体系，培养了学生的综合实践能力，深受学生欢迎。我们以这种课程建设的范例引领分校的课程建设。比如，红山分校在移植本校课程体系的基础上，注重研究学生实际，对课程内容进行适当调整，使其能够更好地满足本校学生的学习需求；广内分校的学校课程建设凸显特色，开发了扩大国际化视野的校本课程、“家校合作悦读会”课程、科学及中医药文化课程、“1 对 1”数字化试验课程、少儿京剧课程等。

其二，整个集团都以总校“实与活”的学科教学思想为指导，深化课堂研究。“实与活”的学科教学思想是总校多年来的重要办学成果，我们加以转化，使之成为集团课堂教学的灵魂。我们一方面，经常组织小型教学研究活动，通过名师示范课、骨干教师研讨课、专家讲座等方式，把总校总结的教学经验传授给各分校的教师；另一方面，每个学期都要围绕“实与活”的教学思想组织集团大型研讨交流活动，以促进各成员校总结经验，深化课堂研究，提高教学质量。比如，我们针对“实与活”的课堂如何落实北京市语文学科教学改进意见的问题，组织成员校各推出一节语文研究课供大家研究，因研究课不得重复课型，古诗教学、童话教学、阅读教学、口语交际、群文阅读等课型就应运而生，有效促进了各分校的课堂文化的构建。

在集团建设工作中，分校的管理凸显了学术型管理方式，形成了以问题为纽带的教研文化，培养了研究型的教师团队，鼓舞了分校的精气神，促进了组织的深层变革。

三、创新运行机制是集团化办学的建设智慧

有了好的理念后，运行机制的建设也至关重要。在研究过程中，我们创新了许多有效的集团管理机制。

其一，以走校主任办公会促管理研究。我们的主任办公会不走过场，而是规定每月走进一个校区召开主任办公会，内容包括集团计划工作的推进研究、考察调研分校发展现状、分享各校近期成果、研讨分校存在的问题。通过这种运行模式，我们能比较深入地实地了解分校状况，为分校发展把脉，献计献策，提高了集团管理的实效性。

其二，以集团研发中心促成果转化。为了更好地提炼、总结总校的办学经验以推广到分校，我们成立了北京小学教育集团研发中心。中心集合了集团内各个方面的骨干力量，设置了管理中心、课程与教学中心、教育文化中心三个中心。通过三个中心的工作，我们进一步明晰了总校的办学思想、办学理念与管理方式，研讨了三级课程建设思路与框架，编印了《北京小学教育集团文化纲要》。

其三，以质量监督委员会促质量提升。为了加强集团建设，特别是保障集团各分校的办学水平的不断提高，我们成立了集团教育教学质量监督委员会。这个委员会由集团主任、学科名师、外聘专家、家长共同组成，每学期定期对分校进行专项视导。通过听课、评课、座谈、汇报、集中反馈等方式，针对专项研究，委员会开展质量评估。这一工作有效地促进了分校教学质量的提高。

实践证明，我们的探索取得了成效，发挥了示范引领作用。2019年，在迎接新中国成立70周年之际，中央电视台新录制的《教育强国》，专门以北京小学集团化办学为典型报道了集团化办学的成果，在全国和教育界产生了良好的影响。

公办学校的集团化办学是时代发展催生的新事物，它肩负着促进教育公平的时代使命。然而，我们必须看到，用均衡方式实现教育公平，不能只停留在机会公平上，更应该重视过程的公平。因此，我们必须在集团办学中实现管理转型，探索集团办学有效方式，以真正地实现过程公平。

且行且思说教育

没有充满活力的教师，难有充满活力的教育。

教师和学生在课堂上不要分“天下”，而要一起“打天下”，共同创造一个生动活泼的课堂。

规模发展不是目的，内涵发展才是价值追求。

抓认可度比抓知名度更重要。

没有信赖与情感的家校关系只能是一种形式上的关系。

人生奠基，始于家长；人格塑造，始于家庭。

“培养”二字应该是培育和滋养，而不能是培训和喂养。

让教师快乐同等重要。

导向鲜明，科学减负，综合治理——对《关于加强义务教育学校作业管理的通知》的认识

2021 年 4 月，教育部印发的《关于加强义务教育学校作业管理的通知》(以下简称“十条要求”)，充分体现了扭转当前社会关注的作业数量过多、质量不高、功能异化等问题的坚决态度，对下一步贯彻五育并举的教育方针，深入推进各地区和基层学校减负增质工作，具有很强的方向指导性。作为一名基层学校的校长，我认为这“十条要求”体现了导向鲜明、科学减负、综合治理三方面的特点。

一、导向鲜明

“十条要求”字里行间都体现了对减负增质的理性认识、深入研究和系统思维，具有鲜明的导向性。

导向素质教育。减轻学生过重的课业负担，就是导向素质教育，促进学生德智体美劳的全面发展。这一点从创新作业类型的方式上就可以看出。它指出作业不但有书面作业，而且包括科学探究、体育锻炼、艺术欣赏、社会与劳动实践等不同类型的作业，另外还要探索跨学科的综合性作业。这些都体现了对学生多方面素质的培养，体现了教学改革的方向。

导向规范办学。“十条要求”把作业纳入规范学校办学行为的重要内容，明确要求学校要将作业作为校本教研重点，健全作业管理机制，创新性地提出学校要在学期初对作业进行全面规划，建立作业总量审核监管和质量定期评价制度。“十条要求”还对教师批改和反馈作业的方式、坚持一年级零起点教学、不得给家长布置作业等都有明确的要求，以规范学校的办学行为和教师的教学行为，从而实现校内减负的落实。

导向提高质量。减轻过重的作业负担要以提高教育教学的质量为根本，不

要把减轻作业负担和提高质量形成一个对立面。“十条要求”中明确提出在课堂教学提质增效的基础上发挥好作业育人的功能，同时要求学校把作业研究作为校本教研的重点，引导教师通过专业发展提高自主设计作业的能力。

二、科学减负

“十条要求”没有采取简单的硬性规定作业数量和时间的思维方式，而是尊重教育教学的复杂性，体现了中小学作业减负工作的科学性。

尊重教学规律。减负已经不是新问题，如何看待作业，一直是减负的焦点，也一直有争论。有人一味强调作业的重要性，认为不能随意弱化作业；而有人又把作业看成可有可无的内容，提出一“减”了之。因此，作业管理的要求往往会出现极端的或钟摆的现象。这次印发的“十条要求”尊重了教学的规律，遵循了学生学习的规律，厘清了作业的概念，明确指出作业的育人功能是“学校教育教学管理工作的重要环节，是课堂教学活动的必要补充”，通过作业“帮助学生巩固知识、形成能力、培养习惯，帮助教师检测教学效果、精准分析学情、改进教学方法，促进学校完善教学管理、开展科学评价、提高教育质量”。这就肯定了作业存在的重要性与必要性，体现了作业设计的专业性与科学性，防止了作业管理的随意性。

尊重教育常识。在作业管理上，多年的教育实践已形成一些基本认识。比如，学生在学习知识、形成能力的过程中，知识的理解掌握往往不是一次完成的，它常常是螺旋式上升的认识过程，知识转化成能力需要必要的应用实践，否则，学科学习素养很难扎实地形成。这是起码的教学常识。再比如，在学习过程中，学生什么时候觉得作业多、负担重呢？基本上是没有学习兴趣，没有强烈的求知欲与学习动机的时候。因此，激发学习动机、培养学习兴趣是减负的重要策略。“十条要求”体现了对教育常识的尊重，合理地提出了作业管理要求。比如，一、二年级不布置书面家庭作业，但是在校内可以安排适当的巩固练习；三至六年级的每天作业总量控制在 60 分钟以内，在校内“基本完成”；初中作业控制在 90 分钟以内，在校内“大部分”完成。这些都体现了“十条要求”从教学实际出发，充分考虑到了学生在校学习的特点、时间以及学生之间的能力差异，没有把完成作业的要求一刀切、绝对化。

尊重学生差异。“十条要求”多处指出在作业的类型上要鼓励分层作业、弹性作业和个性化作业，要避免机械重复的训练，严禁布置惩罚性的作业。在作业数量上，教师要根据学生的不同情况精心设计，根据学情精选作业，合理安排数量；在批改过程中，要有针对性地进行反馈，特别要对学习有困难的学生进行帮扶。这都体现了因材施教的指导思想，把尊重学生、尊重差异的理念落实在作业管理中。

三、综合治理

如何更好地把作业管理的要求落下去，切实收到减负增质的成效呢？“十条要求”以系统思维鲜明地体现了综合治理的理念和思路。

校内校外要协同。在作业的管理、设计、布置、批改上，“十条要求”不只给学校提出了明确要求，同时也特别给校外培训机构提出了明确要求，坚决防止培训机构给中小学生留作业，而且把禁止留作业作为培训机构日常监管的重要内容，避免出现校内减负、校外增负的问题。实事求是地讲，学生作业负担重很大程度上与家长给孩子报各种学科类培训班以及校外培训机构给学生大量布置作业有密切关系。因此，只有校内校外同时减负才有利于教育生态的恢复。

学校家庭协同。“十条要求”中的一个亮点就是明确提出家长的责任定位，指出家长要履行家庭教育的主体责任，合理安排孩子的课余生活，督促孩子主动完成作业，同时也提出不额外布置其他家庭作业的要求。的确，不允许教师给家长布置作业，不得要求家长批改作业，不等于家长放弃对孩子学习的监护责任。从家庭教育的角度看，督促孩子养成良好的学习习惯和责任感，培养自主学习、自我管理的能力，实现家校协同育人，是家长不可推掉的教育责任。

行政教研协同。教育行政的作用体现在作业管理的规划、评价、督导上，教研部门则负责减负提质、作业研究的工作。“十条要求”指出教研机构要加强对作业设计的研究与指导。因此，教研部门一方面要把教学研究的视角延伸到作业领域，另一方面则有责任对广大教师进行专门的培训与指导，以助力校本研究和教师专业发展。

这三大特点的把握，有助于基层学校落实此项工作。好政策还需要好的实践转化，作为基层学校应该如何去更好地落实呢？第一，学校应该积极行动起来，激发自身的办学活力，以立德树人为根本任务，以作业管理改革作为具体抓手，创新机制，系统解决作业、手机、睡眠、视力、锻炼等问题，全面促进教育质量的提升和学生的健康成长。第二，学校要加强校本教研，深化以作业研究为突破口的课程建设与课堂教学方式改革，向课堂要质量，提高教师的专业化水平。第三，学校要加强家校共育研究，建立起有效的家校协同育人机制，加强家校联系，凝聚家长力量，指导家庭教育，服务家长与学生。

贯通培养不等于搞一贯制学校

教育深综改以来出现了许多新理念，给教育改革增添了活力，如“贯通教育”“贯通培养”。之后，有些地区抓紧合并中小学，扩大学校办学规模，搞一贯制学校。作为推进义务教育均衡发展的一种办学举措，这种做法发挥了一定的作用。但是，我也听到一些令人担忧的认识，比如一位中学校长就说：“必须合并小学搞一贯制学校，不然，我怎么来贯通培养？”还有不止一位小学校长或教师也说：“赶快把我们合并到中学吧，要不然贯通教育没法落实。”这种顺应改革的积极性值得表扬，但是这种认识并不一定正确。

贯通教育、贯通培养就一定要合并中小学吗？从现实来看，学校合并能行得通吗？我可以肯定地说：一贯制学校只是一种办学方式，有其优势，也有其劣势。它不能解决教育均衡发展面临的所有问题，也不是解决教育质量的关键所在。我们多搞几所一贯制学校，有利于满足教育的多样化需求，有利于教育生态的重建，但是，决不能把贯通教育、贯通培养的理念等同于搞一贯制学校。

贯通培养在基础教育阶段是以学生全人格的培育为根本，以打通各学段阻隔、建立各学段联系、保持教育一致性与连续性为策略的教育理念。这种教育理念体现了教育的生命观、过程观和整体观，是以学生发展为本的具体回归与落地。

既然是说“贯通”的问题，咱们就先看看何为贯通？词典说是连接，沟通。它的反义就是阻断、阻隔、中断。那么，我们的中小幼三大阶段之间是否阻断、阻隔、中断呢？坦率地讲，中小幼确实在一定程度上存在隐形断裂、教育错位和误读学习的不贯通问题。

首先，教育的隐形断裂集中表现为学生心理的断裂现象。从幼儿园到小学、从小学到中学，许多学生都会不适应，有明显的落差感。一些教师急于关注学科知识的学习，而忽视了具体的人，采用了不恰当的教育方式，致使紧张、没有安全感、过度焦虑、不自信常常羁绊着学生。据我了解，一些孩子在上幼儿园时很向往小学，但是真的上了小学，过不了多久，就厌倦了；一些小学生在进入初中后，也会因陡增难度的学业带来心理上的巨大落差。

其次，教育错位表现为知识教学的随意性和学段教育重点的错位。许多教育内容并不瞻前顾后，程度上深一脚、浅一脚，在某一学段，又常常出现该教的不教，不该教的使劲教；该培养的不用心，不宜培养的总较劲。“幼儿养性、童蒙养正、少年养志”是一种学段重点的体现，比较符合儿童发展的心理特征。但是，今天的教育，各学段并非都在做应该做的事。这种错位的教学都是不到位的教育。

最后，对学习的误读表现为对学习观的片面认识。特别突出的一点是对“苦与乐”的认识问题，教师不能从学生所处学段的年龄特征出发，随偏爱解读，要么肤浅地认为小学生学习就要快乐，而否定客观存在的学习困难，一味追求表面的快乐，使得学生到中学后不能适应学习难度和强度的增加；要么极端强调学习就要吃苦，使精神刻苦变成心灵痛苦，远离了苦中有乐的学习境界。

中小幼的教育割裂现象是客观存在的，但贯通培养并非都搞一贯制学校，而是把“各管一段”放在具有连贯性的整体教育中把握，强化本位的同时，既要瞻前又要顾后，凸显教育的整体性。

中小幼的教育不贯通，在一定程度上忽视了学生的整体性与连贯性发展，不利于教师的教和学生的学。因此，中小幼的教育首先要建立整体教育观，加强联系，加强沟通，增进了解，在正确的教育思想与观念认识上达成一致，同心合力，共促发展；其次在课程上共同研发幼小衔接和小初衔接课程，使学生在心理状态、思维水平、学习方法、自我管理等方面平稳过渡到新的学段；再次加强教研方式的改革，小学教师走进中学课堂，中学教师也听小学的课堂教学。中小学相互指导，互相促进，从而更有效地提高本位学段的质量。

值得一提的是，当贯通培养方式作为某个区域推进义务教育优质均衡发展的生长点，特别是在学区制概念提出后，我们的教育工作要在学校各有特色的基础上，共同建设基于贯通教育理念与学区制的教育文化，新的管理文化、教研文化、课堂文化、课程文化和家校合作文化也必将形成。

总之，贯通教育也好，贯通培养也罢，它首先是一种理念，其价值追求在于使教育更好地服务于人的发展，更加贴近学生的身心发展与素质培养。因此，是不是一贯制学校并不是最重要的，重要的是要按着“贯通”的理念去育人。教育者只有有了正确的认识，才会创造出多样化的教育方式。

激发教师的活力才是最根本的

让教育涌动生命的活力，这话富有浪漫主义色彩。不过，把“活力”这个词语用于课堂、教育、办学，一点也不为过，既是浪漫主义的抒情，也是现实主义的写照。因为教育是人与人的交往活动，是以生命影响生命的事业，自然充满人的情感、智慧与活力。

自 2020 年教育部等八部门出台《关于进一步激发中小学办学活力的若干意见》已经有一段时间了，大家都很关注：办学活力到底怎么激发？有的学校在改革课程供给，服务学生多样化的需求；有的学校在改革课堂教学，让学生成为学习的主人；有的学校在改革管理机制，使学校更具现代化、前瞻性的特点。总之，改革的切入点很多。这些改革是一种表面的、形式上的“多动症”呢，还是真正抓住了学校自身办学的优势和问题而采取的深层改革呢？在激发办学“活力”上，学校应该从哪儿开始改，应抓住什么来推进办学质量？每所学校都有每所学校的实际情况，因此一校一案才是从实际出发的良策。但是，在抓根本性措施上有没有共同点呢？有，这个共同点就是紧紧抓住“人”这个因素，特别是教师工作的主动性、积极性和创造性。

当我们走进一所办学成功的学校，大家有个共同的感受：这里的教师敬业爱岗，工作投入；这里的学生学习主动，生动活泼；这里的管理井井有条，繁而不乱；这里的教研气氛浓厚，民主和谐。每一位教师都在全身心地投入教学活动，努力调动学生参与学习的积极性。在这样的学校里，教师不是“教”的奴隶，学生也不是“学”的奴隶，他们都是教学的主人，是“自我”的管理者。这种状态不就是一种“活力”的表现吗？

当然，我们也了解到，在一些学校，所有的创新都是“跟风”的产物，所有的改革都是“作秀”给别人看的，所有的“活力”都是校长说出来的，而不是教师干出来的。在这样的学校，乍一看办学有“活力”，实则没有多少生命力。根本原因在哪？在于没有广大教师的积极行动和深层参与。

所以，激发办学活力，不管从哪个点切入，都必须把激发教师的活力作为战略性、基础性和根本性的工作来抓。我体会，一个校长，一所学校，必须用相当多的精力、相当好的机制引领教师的发展，解放教师的“手脚”，点燃教师的热情，帮助教师成长、成才和成功！如果每个教师都有活力了，每个年级组、学科组都有活力了，还用担心学校工作没有活力？因此，没有充满活力的教师，难有充满活力的教育。

如何激发教师的活力，从而使教师释放能量呢？其实并不复杂，总体来讲，就是改革管理机制，尊重教师，解放教师，激励教师，调动教师工作的主体性。我认为可以采用以下策略。

第一，改变管理思路，让教师有追求。有追求就是有理想，有目标，有奔头。有了追求，就会自我奋斗，自主管理。一个好的校长、一所好的学校，必须把办学的目标转化成教师的追求。虽然必要的规章制度要有，但是必须研究的是如何让教师自觉树立职业理想，自觉践行正确的教育思想，自觉实现阶段性发展目标。为此，学校要重视教师的自我教育，使教师在工作上自我认识，自我规划，自我奋斗，自我调节，自我完善。这一策略会使教师处于一种动态的自我反思、自我调整的主动管理状态。

第二，改善管理功能，让教师增干劲。好的管理应该是让人越干越有积极性。教师积极性的发挥离不开激励与赏识。所以，管理的功能不能只突出检查的作用，那只能让学校死气沉沉。对于教师来讲，成就意识比金钱更重要。教师是知识分子，是专业工作者，他们非常清楚自身的劳动富有创造性，因而他们特别关注这种劳动价值是否被同事、被领导认可。因此，重视对教师的业绩管理，重视发现教师的优点，以此来激励教师，是非常重要的策略。当然，改革分配方式的物质激励也是重要手段。

第三，改进管理评价，让教师去创造。教师最鲜明的活力表现就是使工作富于创新性。然而现实工作中，一些教师往往对重复性的低效劳动视而不见。许多教师只强调自己做了什么，而很少想做得是不是有效果，效果是一般还是非常好。因此，我们在管理评价上，要导向教育教学研究与创新，必须用“创新”的思维去解决面临的具体问题。没有创新，就不能实现“一把钥匙开一把锁”的教育原则；没有创新，因材施教就无法落地生根。所以，我们的管理要给教师进行创新增勇气、拓空间、强自信、搭舞台、树形象。

从办学的根本来说，教师理所应当地置身于主动者的地位。管理的现代走向不是使教师“受管”，而是使教师“自管”。教师自我管理的效益会最终使教师提升对岗位的新认识，并转化为积极提高教学质量的行为。有了教师的活力，则学校工作满盘皆活。因此，激发人的活力才是最根本的问题。

教与学不能平分“天下”

探索新课程的改革之路，构建新课程理念下的教学模式，再一次触及了“教与学”的问题。

一、听课引出的问题

一次听课后，在评课时，一位同志直言道：“刚才这节课，教师活动多了，我用秒表计算，教师的活动在二十多分钟。所以，我认为这是一节不成功的课。”有的同志（多为刚工作的年轻教师）点头同意，执教教师却一脸茫然，看得出，她对这条意见既接受又不接受。

类似的评课情景不在少数。活动后，我问那位执教的教师是否同意那位以时间评价教学的教师的意见，这位执教的教师说：“听那位老师一谈这个意见，我想，我用的时间多了，学生的主体活动就少了，这的确需要改进，看来，今后一定要严格控制教师的活动时间。不过，我又有一点不明白，备课时，不仅我反复推敲了教案，而且还有许多老师帮我一起推敲，我们都觉得无论删去了教师的哪个活动或哪句话，似乎课都进行不下去。再有，刚才的课上，学生遇到了问题，我不讲怎么行？学生体会不到的地方，我不追问，学生的思维就深不下去。所以，我虽然同意那位老师的意见，却不知道如何解决这些问题。不解决，说你没发挥主导作用；解决，又说你活动太多。真是不知道怎么办了。”

看来，这位执教教师的确对刚才那位同志的意见是“既接受又不接受”。听得出，这位执教教师有她自己的苦衷。

说实在的，听了许多课，参与了许多评课，像这样有苦衷的教师还真不在少数。他们在谦虚接受别人意见的同时，内心却存有一种“无助”的茫然。

又一次听课，只见执教教师话语极少，任凭学生畅谈，任凭学生小组讨论，任凭学生自学。当学生的发言不能深入时，听课者都认为，这是难得的“愤”“悱”状态，教师应当畅讲或点拨，奇怪的是，教师却面带微笑地说：“你说得不错，请坐。谁还说？”又一个站起来发言了，听得出学生的确对这个问题的理解有难度，总不能深入。本想教师该畅讲或点拨了吧，不想教师又是面带微笑地说：“不错。谁还想说？”听课者心想：这葫芦里卖的什么药？难道后面有精彩的设计吗？谁知，直到下课，这猜测中的“精彩的设计”仍是一句话：“不错，谁还想说？”

评课时，有听课者提出了这个意见，执教教师说：“我之所以这样做，就是尽可能地压缩教师的活动，把时间还给学生。让学生真正成为课堂的主人。”

噢，原来如此。看来，学生主体地位的落实在于教师压缩（乃至牺牲）自己的活动。果真如此吗？我陷入了沉思。

随着课程改革的深入，这种“压缩”教师活动的课也明显增多。作为一名新课程理念的实践者，作为一名热衷于课堂教学研究的工作者，我不断地思考这样一个问题：教与学是怎样的关系？教师主导作用的发挥与学生主体作用的发挥是怎样的关系？

二、冷静地思考

“教学”二字当然包含着“教”与“学”的含义。从教师的角度讲，教师的“教”就是在发挥主导作用；从学生的角度讲，学生的“学”就是在发挥主体作用。在课堂教学中，谈“主导”与“主体”，谈“教”与“学”绝不能简单地分开来谈。主导与主体、教与学是密不可分的互动关系。当我们说一位教师主导作用发挥得好时，一定是他真的调动了学生学习的主动性和积极性；当我们说学生的主体作用发挥得好时，一定是教师在某种程度上发挥了主导作用。课堂的生命活力就表现于此。

因此，教与学存在于课堂上的时候，绝不是此长彼消的关系。打个比方，课堂教学是师生在共同培育果实，而不是在“分西瓜”。如果简单理解成“分西瓜”，那教师分多了，学生自然分少了；教师分少了，学生自然分多了。这种简单的理解，导致的后果是教师为了让学生多分点“西瓜”，自己该讲的不讲了，该问的不问了，该导的不导了，该教的不教了。这哪里有“主导”的存在呢？

我们只有正确理解了“教与学”的关系问题，才能正确认识“主导与主体”的问题，才能从根本上确立学生的主体地位。

那位以时间论成败的同志的评课方法，有一定的道理（不能否定学生的活动时间与确立主体地位的关系，没有时间保障，主体地位的确立可能走过场），但是，问题在于他没有为那位执教教师揭示出“为什么教师活动的时间多了”，没有指出是教学总体设计中的哪个方面出了问题。不揭示这些，单从时间上来评课，必然会使那位教师（乃至其他教师）认为，只要压缩了教师的活动时间，学生的活动时间就多了，就是主体地位确立了。殊不知，学生的活动时间多并不意味着活动的质量高。没有有效的学习活动，时间就等于浪费了。再有，单从时间上来讨论“主导与主体”问题，会使教师不敢讲、不敢问、不敢导、不敢教。其实，叶圣陶先生早就论断：“恰如其分地讲也是一种启发。”更重要的是，从时间上评判课的方法，在有些同志的操作中是存在问题的。

其一，把这种方法作为最重要的方法或唯一的方法。其实，量化的方法可用的方面很多，如学生发言的次数、参与活动的人数等。如果单单以教师与学生的活动时间来评判教学，不综合分析具体教学情况，那么，这是不科学的。

有的时候，由于学生的认知水平或其他教学因素的原因，很可能教师要讲或追问，这不能叫挤占了学生的时间，而是在发挥教师的主导作用，是活生生的课堂的需要。

其二，以教师与学生的活动时间评判教学效果的方法，似乎认为教师讲或问，就是教师在进行“主体活动”，而学生没有参与。而其实，学生是否进行有效的学习活动，要从根本上看学生的思维或情感是否动起来了。如果教师讲得生动形象，学生边听边思索，不断闪现思维的灵感；或随着教师的讲解，学生对课文的思想感情有了更深入的理解和感悟，这些同样是主体活动。把主体活动简单外化为可操作的、可用眼睛看到的学习行为，是在简单地理解“主体”。

正是基于这些深入的思考，我认为，课堂教学的时间不能简单地操作为“平分天下”，也不能简单地操作为“三七开”“四六开”等。教学中，教师要思考的是：如何精心设计，如何恰到好处地发挥主导作用而更有利于学生主体作用的发挥。至于这段话该不该说、这个问题该不该问、这项活动该不该布置等，都应以“尽可能充分发挥学生的主体作用”为根本。谈到此，我想起了一位企业家在谈及自己公司决策时总自问的三个问题：能不能取消它？能不能与别的工作合并？能不能换一种方法？

当他通过论证，这三个问题都回答“不行”时，他就必然做出决策。教师在发挥主导作用时，也可就自己的教的活动（如导语、问题等）反问自己，进行推敲：“能不能取消它？”如果能取消，就说明这个问题或教师的活动没实际意义，要不怎么可以取消呢？如果不能取消，则反问：“能不能与别的环节、问题合并？”如果能合并，就说明这里单独拿出来是有些多余了。如果不能合并，则反问：“能不能换一种方法或问法？”如果能换，就说明还有比这个更能调动学生的方法。如果不能换，则说明这个教学活动的设计是非常好的，到位的。

三个“能不能”的反问，就是主导作用的体现，这种作用体现得越好，学生主体作用就发挥得越充分。

一位教师如果不是这样想，而是总在时间分配上动脑筋，就会在“压缩”上做文章，而不在“精心”上做文章。那样的话，即使把四十分钟都给了学生，又有什么用呢？

一句话，教师和学生在课堂上不要分“天下”，而要一起“打天下”，共同创造一个生动活泼的课堂。

解决校园欺凌问题需要综合治理

校园欺凌的问题关系到青少年的健康成长，必须高度重视。这是时代的要求，是教育进步、社会进步的反映，是以人为本理念深入确立的表现。

校园欺凌是一个社会问题，谈及校园欺凌问题不应该简单地把矛头指向某一方。校园欺凌问题之所以复杂，是因为它的涉及对象是未成年人，是生理、心理、人格都不完善的青少年，这使得欺凌行为发生时难以预料后果，发生之后又难以及时掌握真实情况，更难以把握对欺凌者的处置程度。

弄清校园欺凌的概念有利于分辨哪些行为属于校园欺凌，哪些属于学生交往中的正常问题。作为校长，结合教育实践，我认为，校园欺凌首先应该判断欺凌者是否具有实施欺凌的主观性，即是无意的还是故意的，是预谋的还是应激发生的。校园欺凌应该是欺凌者故意对弱势者进行的人身攻击与伤害。这种行为虽然有的具有暴力性，有的具有重复性，但是都会对学生造成心灵伤害。必须划清界限的是，普遍存在的学生之间的矛盾是学生在正常校园生活交往中发生的问题，属于正常的交往现象，哪怕是一些应激的争吵等行为，也不应该轻率地被视为校园欺凌。特别是在幼儿园和小学阶段，因为儿童有儿童的交往方式，有儿童的内心世界。我们经常会看到，同学之间今天闹了矛盾，明天就又一起做起了游戏。这就是儿童成长的特点。

为防止校园欺凌的发生，我认为应该采用综合治理的方式。

第一，社会高度重视。政府要积极作为，让防止校园欺凌成为全社会关心的问题。构建法治社会、和谐社会、道德社会，营造有利于青少年健康成长的良好氛围。权力机关应该制定、完善有关未成年人保护的法律法规；法律部门应该厘清校园欺凌的概念，为中小学、家长和社会准确把握校园欺凌行为，正确采取教育、管理、惩戒等措施提供法律依据。

第二，学校积极应对。学校高度重视校园欺凌问题，重视预防，进行法制教育的同时，加强安全自护教育、道德品质教育、团结友爱教育和家庭教育指导，指导学生使用正确的交往方式，指导家长改进教育方法；建立预防校园欺凌的工作机制，教育学生及时通过有效途径反映、解决被欺凌问题。在处理欺凌事件时，学校、教师要保护未成年人（双方），及时进行心理疏导，深入调查情况，遵循教育原则，加强家校沟通，妥善解决问题。

第三，家长尽到责任。家长应该改进家庭教育，建设良好家风，对子女的成长负责，加强对子女教育，及时询问子女的在校表现，把握子女的成长状态，既要防止自己的子女被欺凌，也要防止自己的子女欺凌他人。

第四，专家专业指导。面对校园欺凌问题，法律、心理、教育等部门的专家必须及时发声。通过专家指导、社会宣传，引导各方人士正确面对校园欺凌问题。以保护未成年人（包括欺凌者）为前提妥善处理欺凌事件，特别是不要再让受欺凌学生受到第二次伤害，理智地通过正常渠道解决问题。坚决反对任何一方以不理智、不负责任的言行放大或炒作未成年人的欺凌事件，防止受欺凌者和欺凌者面临困境。

总之，教育问题无小事。综合治理，校园才能“长治久安”。

缺男教师，更缺男子汉教育

刚一开学，某个新闻引发了大家对教育问题的再关注。其中，有一则报道批评当前对青少年教育存在问题，缺乏阳刚之气。有的评论者认为，目前，男孩子“娘娘腔”和中小学生“阴盛阳衰”的问题是中小学男教师过少而引起的，甚至认为“阴盛阳衰”的教师队伍导致了“阴盛阳衰”的学生。我想，为青少年成长的问题担忧，这是对的；为转变男孩子“娘娘腔”的问题而呼吁也是必要的。不过，无论是教师队伍的“阴盛阳衰”现象，还是学生出现的“娘娘腔”和“阴盛阳衰”等问题，都有着复杂的社会原因，不可简单把二者建立必然联系，否则会掩盖问题的真正所在。我曾经谈过这方面的看法，看来有必要再次谈谈自己的认识。

关于中小学教师“阴盛阳衰”的现象，不是指女老师强，男老师弱，而是指男教师少，女教师多。对这个现象，已早有人关注。有的教育科研机构也专门做了较为深入的研究，这些研究可以让教育界内、界外的人比较全面地认识教师队伍“男少女多”的现象。比如，通过研究发现，并非只有我国才存在这个现象，实际上英美等发达国家也存在这个现象。某网站在前两年的新闻中就曾报道，近年英国教师委员会最新统计，女性教师占了公私立中小学教师的四分之三以上。男教师在小学教师中约占12%左右，中学男教师则占38%左右。全英格兰公立幼儿园，总共只有48名合格的男老师；甚至有高达四分之一的小学，竟清一色是女教师。可见，英国中小学教师队伍也是“阴盛阳衰”。再如，在一些研究中发现，我国目前中小学教师“男少女多”的现象也呈现出一些规律性特征，按市、镇、乡的顺序来看，男教师的比例是逐步增高的，而且发现，越是发达地区的城市男教师比例越少，相反一些农村地区男教师比例并不低。不管这些研究的样本涉及哪些具体地区，有一点是共识的：男教师少的问题不是简单的教育问题，而是较为复杂的社会问题。因此，我认为以下问题值得关注思考。

其一，是什么原因导致中小学领域出现“男教师少、女教师多”的问题？这是否与社会分工观念、劳动价值观念、不同学段的教育规律、教师职业特点要求等有重要关系？如果有关系，会不会当这种观念长期存在，并影响了社会群体的思维方式后，它则形成了一种社会文化现象？至少我们会发现，在幼儿园和小学，女老师多是有其合理性的。其二，是什么原因使得特别优秀的男性很少报考师范院校，更很少到中小学任教？这恐怕与自我价值追求、薪酬待遇、社会地位有着密切的关系。其三，如果真像调查研究所说的那样，我国发达地区男教师比例比不发达地区的少，那么又是什么原因导致的？这是否与发达地区人们的思想更加活跃，择业价值取向多元有关？看来，男教师少的问题很复杂，实在需要我们深入思考与研究。

那么，话说回来，中小学男孩子的“娘娘腔”和“阴盛阳衰”问题是与“男教师少、女教师多”有“一定”关系，还是有“直接”关系？这种关系又紧密到何种程度？难道是我国中小学男教师少、女教师多导致了男孩子的“娘娘腔”吗？

近三十年的基础教育实践告诉我，男孩子的“娘娘腔”和“阴盛阳衰”问题与“男教师少、女教师多”没有必然关系。固然男教师的性格特点、思维方式、交往方式、行为方式与女教师有很大不同，会潜移默化地对学生产生一定影响，但是，目前还没有确切的研究证明“娘娘腔”就是男教师少导致的。在学校教育中，无论是男教师，还是女教师，都会对男学生进行“坚强性格”的教育，学校的课程中也有许多教育内容有利于磨炼学生的意志。我就经常听到一些女教师在谈论教育经验时，提到自己抓住教育契机教育男孩子要做个真正的男子汉；她们组织的一些班会也往往是教育男孩子要具有豁达、包容等品质。而且，过去几十年中，也是女教师多，为什么却没有出现当前的问题呢？所以，因为女教师多，男教师少，就说使学生养成了“娘娘腔”，就说导致了“阴盛阳衰”，这种结论太过简单。

其实，学生性格的形成与培养是受多种因素影响的，男子汉的气魄也并非只来自男教师影响。首先，男孩子缺少阳刚之气与家庭教育的缺失有关。父母的教育方式和家庭生活对孩子性格的形成更具有深远、直接的影响，因为毕竟家庭是第一课堂，父母是第一任教师。今天许多男孩子性格懦弱，缺乏责任感，心理承受力差，不能吃苦，甚至有一股“娘娘腔”，与家庭的过度呵护、娇生惯养、不敢放手、回避困难有关系。尤其是有的父亲没有尽到“父亲的责任”，忽视对男孩子正确的言传身教，使男孩子远离了“阳刚”之气。

其次，更有教育专家指出，学生“阴盛阳衰”的现象与应试教育不断被强化，忽视学生的全面发展有关系。特别是许多学校和家长只关注考试成绩，长期忽视学生健壮体魄、健康心理和坚强性格的培养。

最后，社会生活忽视对青少年精神成长的引领，造成一些青少年崇拜“小鲜肉”，追捧“小鲜肉”，模仿“小鲜肉”，渐渐失却了坚强勇敢、宽容大度、不怕吃苦、责任担当的男子汉形象。

可以说，中小学的“阴盛阳衰”与男孩子“娘娘腔”现象，实际暴露了当前我国中小学教育和家庭教育从理念到实践存在的问题。看来，我们缺少的不只是男教师，我们更缺少男子汉教育。我们期待高质量的男教师多起来，但是，当这个复杂的社会问题还没有得到解决的时候，我们更需呼吁“男子汉教育”重视起来——不只是学校，更是家庭和社会，这样才能根治“娘娘腔”的问题。

让教师不再为职评犯难

作为一名校长，我曾多次参与职称评审工作，对广大教师在职称评定上的“疾苦”是有一定了解的。怎样才能让广大教师在职评中不再犯难呢？我认为实现三个“增强”。

一、增强政策的科学性与人本性

在相关政策方面，主管部门要调查研究，更新观念，完善政策，使职评改革和职评工作更科学，更以人为本。其中，人力资源和社会保障部（厅局）、教育部（厅局）等相关部门必须深入基层，听一听基层校长和教师的呼声，特别是职称的类别、条件、比例分配等应该符合我国教育的实际，符合我国教育改革发展的需求。

比如，在中小学职评类别系列中，教师岗位都是以学科来划分的，有语文、数学、科学等，而没有班主任。事实上，我国基础教育中，班主任工作越来越重要，它已不是“副业”，而是“主业”，教育部也一再提“班主任队伍的专业化发展”。许多教师通过努力成了非常优秀的班主任工作的专家，像北京市有一个社会组织主办所评选的“紫禁杯”班主任奖就是对这些优秀教师的奖励。但是，当这些教师申报职称时又没有班主任系列，更多的地区，班主任如果不是德育干部，如果没有在德育干部的管理岗位工作十年以上，就不能参评。这样的条件不但难为了班主任，而且挫伤了班主任进取的积极性，也造成学校人事安排的许多问题。然而，谁又能不承认一个优秀班集体不正是学生积极学习的良好环境呢？如果制定政策者仍把“班主任”工作视为“副业”，如果职称评审中没有关注学校最重要的一支队伍——班主任队伍，那么，就不可能制定出科学合理的政策。班主任教师只能是“望评兴叹”！所以，我们制定的政策、出台的文件一定要跟上国情，跟上发展，跟上时代。

诸如这样的情况很多，如中小学教师职评中的英语问题。一个高水平的中小学母语教师，就因为英文不行，就不能报高级职称，这是否合理呢？教师的英语水平在中小学如何规定值得研究。

另外，我认为在政策制定上，特别要关注调动广大农村地区工作的教师积极性的问题。我国农村教育面临的情况很复杂，许多地区的办学条件、培训条件、生活水平等有限，要通过职称评定政策引导更多的优秀教师到农村任教，甚至长期任教，奉献农村教育事业。

总之，我们希望政策制定者沉下心来，以人为本，深入调研，科学决策。

二、增强评审的规范性与导向性

要让职评工作不为难教师，不折腾教师，就要严肃组织，依规行事，因地制宜，突出导向。

在加强评审的规范性上，既要坚持条件、程序的公平、公正、公开原则，又要坚持专家评审，防止行政代评。要在评审办法上加强监督，让公平原则贯穿评审始终。

在加强评审的导向性上，我认为应树立“实践第一”“立德树人”“师德为先”等理念。“实践第一”，就是指要以教师在一线的教育教学效果为依据，让那些教学质量高、班级带得好、深受家长和学生欢迎的教师获得专业的肯定。一个中小学教师撰写的所有论文、搞的所有研究，如果离开了教育教学实践，如果没有落到学生的发展上，没有落到班集体的建设上，那么这种研究是低效的。我常说，医生好不好，看他能治什么样的病、能治好多少病人；教师棒不棒，看他使学生获得了怎样的发展。如果把精力都用到“攒”论文上，那么，我们的导向就是“舍本求末”。“立德树人”，就是说要引导教师既教书又育人，育有德人、育完整人、育健康人是我们的育人追求，不能只研究教知识，不能把教学与教育剥离开。只关心学生掌握知识的多少，只看重考试学科分数，教师的专业水平是有限的。“师德为先”，就是要引导教师远离世俗主义，远离功利主义，把全身心都无私地献给学生。尤其是要引导广大农村教师树立“扎根农村光荣，奉献农村崇高”的信念。对那些到达一定年限、做出一定贡献的农村教师，在职评上要有明确的、优先性的规定。这种倾斜政策就是因地制宜、以人为本的体现。这次习近平总书记接见的许多农村优秀教师就是他们的代表与楷模。目前，一些省市对城镇教师高级职称评审应有农村支教经历的规定，就是很有导向性的举措。

在导向性上，我甚至建议评审的重心进一步下移，在有条件的地区，试点让学区、教育集团、学校按新的职称编制比例进行评审，因为最了解教师日常工作和专业水平的是校长、同事、家长和学生。这样，更能使职称评定立足于教师日常的岗位业绩和作用发挥。

三、增强教师职业的专业感与发展的自主性

这次职评制度的改革无疑进一步认定了中小学教师工作的专业性特征。因

此，我们广大中小学教师要增强专业自觉性。中小学教师社会地位的提高，与广大人民群众，特别是家长对教师专业性的认定有密切的关系。我曾多次给教师讲，在卫生系统，我们从没有看不起儿童医院的教授、医生，虽然他们看的是小孩子的病，但是，我们都认为这是一门专业，是大学问。那么，过去中小学职称级别没有打通，给人的感觉似乎就是大学教授最伟大，其次是中学教师（因为可以评副高），再次是小学教师，最后是幼儿园教师。所以，中小学教师的社会公众形象中专业味道不浓。而这次改革，实际是对我们中小学教师工作专业性的充分认定与肯定，我们必须珍惜。

珍惜自己的专业，就要在一生工作中不断追求专业的发展。走近儿童，研究儿童，发现儿童，自主追求，做专家型教师，这应该是教师的事业目标。职称评定从某种意义上讲就是对这种追求的阶段性认定。有了专业自主发展的追求，才能成为职称制度改革“红利”的真正受益者。当然，要实现发展的自主性，在日常工作方式上，就要从“他主型”转变为“自主型”，从“消费型”转变为“创新型”，从“技术型”转变为“人格型”。

总之，教师职称制度改革要让广大教师真正受益，还有许多具体工作需要做扎实。让政策贴近实际，让教师看到曙光，让初衷变成现实，才能让广大中小学教师不再为职评发愁犯难，而是为改革欢欣鼓舞！

素质教育不能不抓学习

期末将近的时候，考试与减负问题自然又成为热门话题。怎么对待减负，学校各有各的认识，各有各的高招。但具体如何妥善处理减负与学业质量的关系，如何正确认识素质教育与学习的关系，教育工作者仍需努力。

素质教育要想在广大教师和家长的心中扎下根，要想在社会上站稳脚跟，就必须旗帜鲜明、理直气壮地说：素质教育不是降低学习质量，而是提高质量；

素质教育不是只搞活动，不抓课堂，而是必抓课堂，必抓学业水平。我们反对用考试和分数作为评价学生的唯一方式，但是并不否认科学的考试对学生学科能力考查的必要作用。毋庸置疑，课堂是学生学校生活的主要时空，课堂学习质量是学生成长的重要标志。素质教育的课堂不是低质的课堂，而是有效的课堂、高质的课堂；真正的素质教育课堂应该让学生越学越爱学，越学越会学，越学越善学；素质教育的课堂应该让学生学习充实，学有底气，不怕考试。只有这样，教师才认同，家长才放心，社会才称赞。

那么，要提高素质教育的课堂质量应该着力抓什么呢？用一句话说，就是抓学习力，即抓学习动力、学习能力、学习毅力。一是抓学习动力。不管在哪个学段，激发学生的学习兴趣和求知欲望，促使学生形成热爱学习、热爱学科的情感，形成积极向上的学习态度，树立恰当进取的学习目标，是学生走向学习成功的强大动力。有了这个动力，自主、合作、探究的学习方式才能走向自觉，走向深入。二是抓学习能力。高质量课堂的标志不是课本背得牢不牢，而是文化积淀厚不厚；不是学习知识多不多，而是学习方法会不会；不是刷题试卷有多厚，而是学习视野有多宽。掌握学习方法，培养思维能力，开阔学习视野，提高学习素养，才是关键的质量内涵。我的语文教学实践也证明，学生会学习，学科能力就会强，能力强就不怕考试。三是抓学习毅力。毅力就是持之以恒、坚持不懈的精神，就是直面困难、不怕挫折的勇气，就是心有目标、矢志笃学的追求。谈学习毅力，必然涉及乐学与苦学的问题。如果只快乐而没有学科能力和学习成绩的提高，不是理想的教学；如果只有学习成绩的提高而痛苦不堪或恨学如仇，也不是理想的教学。理想的状态应该是在艰苦的学习中享受进步的快乐，在快乐的学习中激发更强烈的求知欲。无论是小学还是中学，大家都要辩证地看待苦与乐的关系。只是不同学段，侧重点不同而已，但是决不能搞表面的快乐，或没有乐学追求的苦学。

我一直认为，搞应试教育不对，但是因此就说考试不对是不客观、不实际、不理智的。考试本身作为一种评价手段无所谓对错，时机合理，试题科学，那就是好的。考试能力的核心是学科能力，学科能力强，就不用害怕考试。我们搞素质教育，不是不要考试，而是要研究考什么和怎么考才更加科学的问题；搞素质教育，不是不抓学习，而是要研究学什么和怎么学才更有质量的问题。

信息免疫，不可忽视

最近从微信上看到一则新闻，说法国、英国等国家准备或已经规定中小学生不准带手机进课堂或校园。为此，许多人，特别是家长都参与讨论这个问题。争论双方都有自己的理由，赞成方认为，手机干扰孩子的课堂学习与身心健康，所以支持不带入课堂的规定；反对方认为，手机作为科技产品可以应用于学习，不仅现代人和未来人都需要掌握信息技术，而且使用它是人自主生活的权利，不违法，应该允许被带到学校使用。那么，学校、家长和社会，应该如何看待这个问题呢?

从现实看，这是个非常值得全社会讨论的问题。一是这个问题关系到教育，而教育问题涉及千家万户，涉及亿万学生的成长，具有巨大的研究价值。二是这个问题具有时代性。手机和网络的普及势不可挡，网络技术改变了人类的生活方式、工作方式，对教育方式的影响也是不可避免的。

从争论的焦点看，大家关注的是技术的功用与副作用。如果单单从技术层面探讨这个问题，那很难达成一致的看法，因为在历数网络技术先进性的同时，我们不能不承认它引发的严重问题。站在教育的角度，我们需要探讨的是：现在和未来，我们需要培养的是掌握信息技术的人，还是具有信息素养的人?

其实，现代教育从来不会拒绝对现代信息技术的学习与掌握，相反，现代信息技术课是所有学校应该开设的课程。即便没有专门开设这门课程，孩子照样从生活中学习会了如何使用手机，如何使用电脑和网络。但是，教育不应是定位在技术学习，而应是信息素养。信息素养中有一个重要的方面就是信息免疫的能力，它是人在网络技术使用中抵抗不良信息的能力，也是抗击各种诱惑与干扰的能力。

把信息免疫的素质列入信息素养的教育，说明人在使用信息技术后可能会生“病”，尤其是成长中的儿童少年更容易误入歧途。其一，目前我们的网络技术还不能有效地过滤掉不利于未成年成长的信息，而手机的自主使用为学生登陆不健康网站和接收不健康信息提供了可能。有的家长认为可以教育学生不登陆不健康的网站，但是实践告诉我们，家庭教育和学校教育不是万能的。哪怕有一个青少年登陆了不健康网站，也是我们所不期待看到的。其二，网络信息的开放性、关联性等特点会容易使学生转移学习的注意力，在课堂上玩手机确实不利于学习。其三，网络游戏会使学生上瘾，沉溺其中，无心学习。其四，高效的网络学习还在探索中，特别是网络学习依赖于很强的学习自主性，因此青少年如何通过手机实现有效的网络学习也还需要进一步研究。现阶段夸大手机学习的功用，只能是自己骗自己。因此，信息教育必须从信息技术层面走向信息素养层面，而信息免疫教育是不可或缺的重要内容。为此，我提出以下建设性意见。

第一，增强信息免疫教育的必要性。我赞同信息专家的观点，要重视培养学生正确的世界观、人生观、价值观和自控、自律的品质，提高学生自觉抵御有害信息的能力，养成合乎时代的信息伦理素养。

第二，落实信息免疫教育的全员性。学校、家庭、社会三大系统应该加强沟通和合作，发挥各自的积极作用，规划、指导、监督学生信息素质的提升，防止不良信息对学生成长的干扰。

第三，提高信息免疫教育的可行性。在快速发展的信息时代，信息教育不能因噎废食，不能因信息技术使用中存在的问题而采用简单回避的方式。首先，学校与家庭通过沟通达成共识，共同制定适合的教育措施。不管是不是制定了禁止把手机带入学校和班级的规定，双方都应该深刻地认识到信息免疫的重要性，特别是要让学生明白且自觉认同该规定的良好初衷。其次，需不需要给孩子配备手机，可以从实际需要出发。比如，幼儿尽可能少接触手机、平板电脑等电子屏幕的产品；小学生没必要配备手机；中学生如果学校有电话和计算机房，教学中也没有使用手机的要求，可以不必把手机带到学校。最后，在家庭配备手机，家长应该与孩子达成约定，严格控制手机使用的时间、功用，防止玩手机游戏上瘾而玩物丧志。对于小学生使用手机或电脑上网查询资料，教师和家长都应该加强即时的监督与指导。

总之，中小学生是否配备手机，手机是否禁止被带进校园，要系统思考，辩证认识。我想，信息素养培养好了，信息技术就会发挥应有的积极作用。当然，有许多人也期待着适合学生使用的手机问世。但愿科技为人类服务的理念能够不断深入人心。

研究学生，我们做得远远不够

某日，和北京师范大学教授董奇同志在一起开会。聊天的时候，他说很想在中小学建立学生学习研究与指导中心，研究学生学习中遇到的问题，从心理学和脑科学的角度探究是什么原因阻碍了学生的学习，特别是数学学习的问题，然后通过“诊断”向教师、家长和学生提出学习建议，从而改善学生的学习状况。我对此非常感兴趣，因为恰巧那段时间，我在和学校的数学教师一起探讨学生学习数学的问题。为什么一个语文教学出身的校长会探讨数学学习问题呢？因为我常常听到家长或朋友反映，孩子学习数学有难度，甚至有些孩子一提数学就头疼，有比较大的畏难情绪。作为校长，我觉得应该和教师们一起研究这个普遍存在的问题，从而提高数学教学的质量；作为一个教育研究者，我更想通过探究这些问题，寻找新的发现，解决学生学习困难的问题。我非常赞同董奇教授当时说的一句话：我们对学生的研究远远不够。

是啊！我们搞了这么多年的实践研究，谁又能说把学生研究明白了呢？随着研究的深入与实践经验的积累，我越来越觉得我们还没有达到对儿童的深层认知和对学生的深刻认识。我们在实现教育公平上的政策层面已见成效，而优质的教育与真正的公平最终应该发生在课堂。毋庸置疑，教师教的质量决定着学生学的质量，教师的专业水平又决定着教师教的质量。其中，对学生的认知程度，特别是对学习障碍的研究深度，更是影响着教师的教学效果。在这方面，我们的研究有着很大的空间。

我经历了多次“重复”的情形：当问到某个学生为什么学习成绩总上不去时，得到的回答往往是：他不认真；他不听讲；他爱磨蹭；他接受能力弱，总听不懂。我也常常在观摩研究课时看到，教师明明精心设计了教学环节，而一部分学生仍然不能理解和掌握学习目标。对此，有些教师会埋怨学生的学习能力差。那么，我们是否从研究的角度追问过：为什么有些学生学习会不认真？如果仅仅是态度问题，为什么有的学生端正了态度仍然没有改观？为什么他的注意力很容易分散，他是否做所有的事情都会注意力分散？为什么他做事磨蹭，是什么原因导致提醒了仍然不管用？他如果智力正常，使得他不能顺利理解的原因又是什么？特别是，当一个教师面对一部分学不会的学生时，他是否想过：为什么我的教学设计不能使这些学生学明白？他们思维受阻的地方在哪？作为一名教育工作者，我们应该时常进行这样的专业追问。这种追问反映了教学研究拥有“对象意识”和“专业意识”，关注了具体“儿童”的存在，且把研究学生作为教学设计的起点。

我们必须承认，我们做得远远不够。就目前看，教师更多是基于教学经验认识学生的学习，体现在备课中，就是教材研究得多，教法研究得多，而对学生的研究相对薄弱：一方面，对学生的研究停留于固有的一般性认知，对学生的学习心理、特别是思维发展的最新研究情况了解不多，研究不深；另一方面，对学习有困难甚至学习有障碍的学生研究得很不够，更多只是发现“病症”，而不是找到真正的“病因”。由于研究不够深入，教师在学生学习问题的归因上就会做出不准确的判断。

归因的不准确，会使学生在以后的学习中继续重复原有的问题，甚至可能引发进一步的学习焦虑，失去学习的自信心。因而，全面关注学生，深入研究儿童，落实“教为学服务”，是教育现代化的标志，是以学生为本的集中体现。

那么，怎样使中小学在研究学生问题时做得更加深入呢？一是教育专家的研究要更接地气，更加深入。这里所说的教育专家主要指大学和教育科研机构的研究者，他们可以更多地深入中小学课堂，发现学生在学习过程中存在的问题；同时，密切关注心理学、社会学、脑科学等相关学科的研究成果，通过深入研究，为中小学教师提供教学实践研究与教学改进的理论支撑。二是中小学教师要加强学习，把持续性的专业学习作为实践研究的生长点，自觉地用最新的教育科学研究成果指导教育教学实践，从而使自己能够教在“关键点”上，启发学生在“真问题”处。三是改进教学评价，以发展性评价促进学生的成长，服务于教师的专业发展与教学改进。特别是要通过评价调动学生学习的积极性，增强学生的自信心，让学生发现成长的优势与不足，鼓起克服困难、追求进步的勇气。四是学校管理要变革。中小学要进一步实现管理转型，建设学术型（或研究型）组织，创设宽松而积极的研究氛围，让教师能有充分的时间和精力去研究儿童，潜心育人，静心工作。如果我们从以上四个方面甚至更多方面努力，那么，我们的教育就会从“走近”学生真正实现“走进”学生。

阅读素养就是人生素养

某次，参加北京阅读季的活动，主办方邀请我演讲，从一个教育者的角度谈谈对阅读素养的认识。盛情难却，我便在会上明确了我的观点：阅读的价值是生命的成长。这引发了与会者的共鸣。

从教育的本质来说，阅读具有内在的生命价值，它可以实现精神的成长。阅读是一种通过符号获取意义的过程，是一种特殊的交往过程。在阅读中，我们每一个人都要与作者对话，借助文章和书跟作者交流；与文本中的人物对话；同时也与自己对话，不断地把自己的人生经历和思想认识放到一篇文章或一本书中。在这一系列的对话中，人实现了思想的交流、智慧的启迪、灵魂的觉悟、精神的成长。

从这个意义上讲，阅读素养不光是学习素养和工作素养，更是人生素养。

为了把这种人生素养的理念落实于生活，就要进行文化熏陶，用兴趣引路，从小养成习惯。阅读熏陶宜早不宜晚。

首先，家庭和学校都创设阅读环境。记得有一次，我到一所小学督导时遇到了一名家长。他追着问我："孩子不爱读书怎么办？"我打量了他，笑着对他说："请原谅，我说话直，估计你们夫妻二人都不读书吧？"他说是。我就建议他全家每天饭后一小时都读书，并且坚持下去。阅读环境和家庭阅读文化的创设是那么重要。

其次，关注"吸引人的朗读"，就是把书中文字变成有声的语言，进一步加深儿童对美文的感受，它是一种审美的过程。孩子如果很小，家长就要给他读故事，读得绘声绘色，让他向往：妈妈爸爸手中的那本书里藏着那么多美好的故事，我将来要好好学汉字，好好读书，要知道更多的故事。所以，要善于用生动的朗读激起孩子对母语的热爱，对阅读的热爱。还有，我们要及时肯定阅读中的"习得"。在日常生活中，孩子一边读书一边获得知识、能力和修养，家长和教师要鼓励他们在学习和生活中去"用"，通过"用"感到一种快乐。我从小就体验过将阅读中获取的语文知识用到作文中的快乐。那是四十多年前，我在农村读小学的时候得到了一本书，至今还记得这本童话书叫《小伞兵与小刺猬》，它太吸引我了。书中写秋天时用了一个词语"秋风飒飒"，后来我在写秋天的作文时也写"秋风飒飒"。语文老师表扬我这词用得好，这一下子就鼓舞了我，我后来就经常把阅读中学到的词语用到作文中。所以，我们要想方设法地激发孩子阅读的兴趣，坚守童蒙养正，坚持阅读习惯的培养。

再次，重视阅读交流，贯穿思维培养，引领成长。阅读后，家长和教师要重视多向交流。在饭桌上，家长与孩子交流近期阅读的感受，探讨阅读中的问题，是一种很自然、很有效的家庭阅读促进方式。而在课堂上，教师可以教给学生阅读的方法，逐步进行深度思维的培养和价值观的引导，这是学校深化儿童阅读的重要策略，对于阅读素养的培育很重要。

最后，去除功利，精选篇目，大量阅读。千万不要只为应试阅读，也不要只为写作阅读。阅读就是土壤，写作是土壤中生长的树木和花草，大量而用心地阅读一定会自然而然地吸收里面的养料。所以，阅读不要太功利。我不太支持一读书就画好词好句的行为。“不动笔墨不读书”是好习惯，但是，不要程式化地找所谓的“好词好句”，词句好不好，要看怎么用。有的时候我们抛开了这种功利，更轻松地阅读，更投入地阅读，更深刻地阅读，反而能够获得更多的写作营养。

总之，阅读不只是学习的工具和工作的手段。如果阅读成了人生素养，那么它将成为生命不可或缺的东西。当阅读成为我们与经典对话、与真善美对话的生活方式的时候，我们的精神将永远是充实的。

增教育使命感，做改革有为者

近年来，习近平总书记多次就做好知识分子工作发表重要讲话，可见他对知识分子怀有深厚的感情。总书记的讲话，态度恳切，真诚地评价我国广大知识分子是社会的精英、国家的栋梁、人民的骄傲，也是国家的宝贵财富。这对知识分子是极大的鼓舞！特别是，总书记还对知识分子应该如何在国家的现代化建设中发挥作用提出了殷切的期望，这既是对广大知识分子的事业重托，又为知识分子如何“撸起袖子加油干”以充分发挥自身价值指明了工作方向。我从中感受到，党中央不但没有忽视知识分子，而且还在加强知识分子工作，尊重知识，尊重人才，这极大地调动了广大知识分子建功立业、报效国家的积极性。

作为一名教育工作者，我有许多深切的感悟，这些感悟将会激励和指导我不断搞好基层的教育工作。

第一，增强事业使命感才能提升工作责任感。教育事关民族和国家的未来，是培养未来公民、塑造民族品格的事业，决不能把教书育人的工作简单地理解为一般性职业。习近平总书记曾提出的“四有”好老师的标准和“四个引路人”的要求都说明教师担负着民族振兴、国家富强的历史使命。中小学教师必须提高思想认识，必须认识到今天的每一节课、每一次班会活动、每一次师生谈心，都与国家和民族的未来密切相关。作为一名基层校长，我不但自身要进一步增强工作的使命感，而且要引导教师提升工作价值观。每一位教师都只有自觉增强国家富强、民族振兴、人民幸福的使命感，才能提升每一天工作的责任感。育人之责，重于泰山！

第二，实现师生共同成长才能更好地立德树人。教育工作者要落实总书记重要讲话精神，以立德树人为根本目标，树立师生共同成长的理念，特别是在践行社会主义核心价值观时，要求学生做到的，教师要先以身作则。无论是在校园生活中还是社会生活中，每一位教师都应该表里如一、言行一致、身体力行、身正为范。我在工作中体会到，教师人格的力量是巨大的，也是第一位的。我曾对教师讲，要让学生信真理，先让学生信教师；教师都不信，都不践行社会主义核心价值观，在课堂上、在交往中、在批改作业时，学生就感受不到教师的爱国之心、诚信敬业、公正无私、尊重友善，也就不能再相信教师所讲的这些大道理。现在都讲终身学习，终身教育，一名教师不但需要不断更新知识，而且也需要不断完善人格。与学生共同成长，这是为师之道！

第三，务实教育创新才能办好人民满意的教育。习近平总书记在讲话中真切地希望知识分子主动担当，积极作为，刻苦钻研，勤奋工作，为社会作出更大贡献。那么，我们就要做教育的有为者，直面基础教育中的难点重点问题，不断创新，关注学生发展，办好人民满意的教育。一是在义务教育均衡发展中，要敢于探索新机制、新方法，提高学校办学质量。比如，我曾带领北京小学率先成立了北京市西城区第一个教育集团，使优质教育资源的辐射度最大化，使更多家庭的孩子享受到优质的教育。二是在课堂教学中，要围绕学生的核心素养，优化学校课程，改革教学方式，特别要切实研究减轻学生过重课业负担的科学有效的措施，创新中华优秀传统文化教育的途径，解放儿童，服务学生，使学生健康、幸福地成长。

总之，中国知识分子绝不应只是凸显知识博学，更应怀有家国情怀。作为一名正高级的特级教师，我一定以"治学不为媚时语，独寻真知启后人"的态度深入研究教育教学，做教育改革的推动者，不辜负总书记对知识分子的殷切期望。

真正的公平在课堂

教育公平一直以来都是热门话题。近些年，政府下决心、花大力气，以学区制、集团化办学、教育集群等各种方式，更大限度地促进了义务教育均衡发展。从改革的实效看，这的确在区域层面抑制了"择校热"等问题，在很大程度上恢复了教育生态。这么做之后，教育内外，特别是家长最关注的是什么呢？是教育质量。我想，未来的区域教育发展，"质量改写"是一定的，当然怎么改写具有不确定性。

在一部分家长和教师高兴的同时，另一部分家长和教师又开始为教育教学质量担忧。这种担忧既发生在原来的名校、优质校，也发生在普通学校。大家越来越一致地认识到，没有教学质量的提高与保障，没有学生在优质课堂上的实际获得感，就没有真正地实现教育公平，老百姓的满意度就会打折。因此，下一步恐怕要集中精力解决一个问题：让真正的公平发生在课堂。

目前，在课堂质量的建设上遇到的问题是显而易见的。一是优质学校原有主体生源比较好，教师已经习惯了面对学习能力强的学生来教学。改革后，生源均衡了，全班学生学业水平的结构较之原来发生了变化，如何教好基础薄弱或学力较弱的学生，可谓一个问题。二是普通学校原有的主体生源较之优质校相对薄弱，教师也已经习惯了面对学习能力一般或薄弱的学生。改革后，生源均衡了，如何满足学业水平高、学习能力强的学生，也是一个问题。这两个问题，如果不重视，那么新的教育不公平就会凸显：只顾学习好的，不顾学习差的，不能解决学生“吃不了”的问题；而只顾学习差的，不顾学习好的，又不能解决学生“吃不饱”的问题。更重要的是，家长也好，教育内外也罢，大家一直都在追问一个问题：教育“均衡”了，会不会在质量上削峰填谷？客观讲，虽然理论上是不会的，但是实践上是具有不确定性的。因此，面对这样的实际问题，面对质量建设的实际诉求，我们必须抓紧教育均衡化发展背景下的教学开展研究，切实提高课堂质量。

如何让真正的质量发生在课堂？

首先，集中精力于课堂教学研究。教育均衡只是初战告捷，质量建设还任重道远。搞质量建设，不要满足教育集团搞几个大活动，造造声势；也不要满足学区制推出了几项措施，搞了几项创新。这些改革虽然是正确的，也是必需的，但都是在为真正的质量发展做外部工作，真正决战的是课堂。至少在当前的教育体制下，课堂教学是培育学生核心素养的主渠道。因此，要把精力集中到对课堂教学的研究。要回归安宁的校园建设，反对浮躁与浮华，让干部和教师都能有时间静下心来研究课堂。规模发展不是目的，内涵发展才是价值追求，而内涵发展的核心内容则包含着课堂教学质量的发展。家长和学生要的质量也集中反映在课堂教学质量上，尤其是小学三年级到初高中这个阶段。谁抓课堂教学质量，谁就抓到了根本。搞好课堂质量是最难的，因为它是个硬碰硬的东西。学科教学的核心内容、主要过程和关键环节都发生在40分钟的课堂上。真正的优质学校一定不绕着课堂走，一定会直奔课堂教学。

其次，重视教师队伍建设，引导教师端正教育思想，树立正确的育人观。改革了，学生和家长皆大欢喜，但是难免有些教师不能正确理解改革，埋怨改革，认为现在的学生不好教了。作为教师，我们不能总想教那些学习好的学生，要有教无类，因材施教，对每一个学生负责，既教能力强的，又不放弃能力弱的，从而深刻地认识教育公平的课堂实践意义，把教育公平变成自己的教学改革行动。只有通过队伍建设，让教师增强改革的责任感、使命感和紧迫感，树立正确的教育观、全面的质量观和科学的评价观，才能深化课堂教学研究，毕竟教师是研究的主体力量。

谈到队伍建设，顺便聊一聊优秀教师的流动。这一政策的初衷是体现教育公平，让更多的学生享受到优秀教师的教育。我想，优秀教师的流动不能存于形式。流动是方式，其价值是多元的，包括帮助身边伙伴成长，带动教研组建设，甚至推动一所学校的文化重建。因此，好的机制的设计是十分必要的。

最后，同步改革学校的管理，特别是教学模式、教学评价、教研方式等工作的改进。我估计真要深层改革，有些学校的教学模式会有较大变化，从形式上也会有各种各样的探索，包括走班制的推广。教学评价要有明确的导向性，促进教师有效地教，学生主动地学。教研工作则要把新形势下的课堂教学作为专门问题加以研究，老方法肯定不灵了，只有目中有“人”，有具体的学生，直面新问题，研究新策略，把研究学与研究教统一起来，教学才有成效。

总之，只有研究课堂，只有瞄准质量，真正的公平才能发生，家长和社会也才能对教育均衡发展更满意，更放心。

抓认可度比抓知名度重要

曾经，有人毛遂自荐说有重要事情找我。见面才知，这位“壮士”想要包装我和学校。他的包装设想轰轰烈烈，气壮山河，声称要让我们学校成为名校中的名校，不是第一，也是第二；要让我本人成为名校长中的教育家，不是第一排名，也是第一阵营。他如数家珍地说着哪些校长是他包装扬名的，哪所学校是他设计宣传的。我静静地听他说，暗暗又吓了一跳，心里不断地掂量：如果真如此，我们学校还是北京小学吗？我还是李明新吗？

为什么说“又”吓了一跳呢？因为已经不止一次有人要用公司运营的方式包装我们，只不过这次包装的设想更宏大而已。面对他们，我往往问：“有必要这样轰轰烈烈地搞教育吗？好的学校是包装出来的，还是所有师生共同努力的结果？难道学校好就一定要名气大吗？反过来，名气大的学校就一定是好学校吗？”对于我的“死脑筋”和“不开窍”，这些人遗憾地说：“您太落后了！这个时代就是个张扬个性的时代！不宣传，您和学校知名度就小，就永远红不了。”他们的话并没有让我动心，他们的遗憾并没有唤起我的遗憾，因为我从来没有想过要“红”一把，更没有想过让学校成为我红的手段。

也许是性格所致，我喜欢安安静静地做教育。前些年曾有一句被大家认可的话：静下心来教书，潜下心来育人。因为大家觉得教育太浮躁了，所以这话犹如春风拂面，又如酷暑清雨，让真正搞教育的人喜迎东风，神清气爽。但是，似乎教育一直在喧闹，无论教育内部还是教育外部，蛙声一片，此起彼伏。

非公办学校搞商业宣传，铺天盖地，广而告之，什么“不要让孩子输在起跑线上”，什么“错过名师，你就错过一生的机遇”，什么“某某教育是走向某某大学的阶梯”……这些宣传虽然言过其实，使家长们心理上焦虑不安，行动上随波逐流，但是从市场竞争的角度看，人家这样做也有一定道理，为的是吸引生源，在市场中求生存。毕竟家长有选择的权力——你觉得不好，可以不来，可以退学。因此，它们在知名度上铆足了劲地宣传情有可原。然而，一些公办学校也沾染了“商业”气息，盲目搞宣传，搞包装，搞广告效应，把学校的“知名度”放在了第一位。为此，一些学校天天出新词，天天搞活动，天天做报道，天天喊口号，急于让所有人都知道自己学校取得的成绩。甚至，我看到一些学校自吹自擂，给自己冠以组织了什么“全国第一届某某研讨会”之类的名字，真是既吓人又蒙人。明眼人一看就知，那不过是虚张声势而已。

其实，在我看来，一所学校办学质量的好坏，不是由知名度决定的，而是由家长、学生和社会的认可度决定的。学校有了更高的认可度，自然就有了更广泛的知名度。甚至没有知名度，却在家长中有很高的认可度，这又何妨？因此，学校办学必须在认可度上下功夫，树立认可度重于知名度的信念。

为了提高社会的认可度，学校可以在以下三个方面动心思、花气力。

一是办学理念要恰当。思想和理念光先进还不行，还要防止脱离实际。办学理念不恰当，再先进也是不正确的。学校提出的教育理念必须因地制宜，根植于教育实践。比如农村地区和城镇的办学理念应该有区别，基础薄弱的学校与基础厚实的学校也应该有区别，发达地区和不发达地区的办学理念更应该有区别。有了恰当的办学思想与理念，办学认识才接地气，办学实践才能落实，办学效果才能显现，教师、学生、家长才认可。如果空喊口号，实践与理念相脱节，那么只能被人说“挂羊头卖狗肉”“说的比唱的好听”。

二是办学质量要提高，特别是教育教学和后勤服务的质量。质量是学校的生命线。广大学生是不是能在班级建设中健康成长，是不是能在课堂教学中提高学业水平，是不是热爱学校生活；家长是不是能感受到一种以人为本、便利贴心的后勤服务，这些都是学校办学质量的具体体现。如果真有了高质量的办学实践，不管大校小校，不管老校新校，家长自然传播口碑，自然树立品牌，而这才是真正的学校宣传，才是正能量的广而告之。我们常常听到一些家长这样评价孩子的学校：“作业太多，一年级就天天做到十点钟”“可别上这个学校，光有名气，老师不管学生，连作业都是家长判”“校长说得挺好，老师根本不那样做”。大家想想，这些评价反映出的不正是低水平、低质量的办学吗？这样的办学没有得到广大家长的认可，再大的知名度又有什么用？

三是教师团队要精良。教师既是学生的引路人，又是家长的教育合作伙伴和指导者，教师的质量决定教育的质量。我曾说，一个好教师就是一种好教育，一支好团队凝聚一方好文化。学校的认可度从家长第一次接触教师就开始了。比如北京小学的家访文化一直被家长传为佳话。教师在家访前的充分准备、在联系时的服务意识、在过程中的师德自觉、在交流中的育人观念，都会让家长感到这是一支敬业爱生的队伍。记得前些年有一位教师竟然冒着酷暑跑到河北省去家访（因为学生母亲是进京的在读博士，孩子平时寄宿在我们学校），她的敬业精神深深地感动了家长，家长给我写了表扬信我才知道。其实，按这种特殊情况，这位教师完全可以不去家访，但是强烈的责任感还是使她克服了困难，亲自到家中，给了孩子惊喜。家长对学校的认可度难道不胜过知名度吗？学校如果把“宣传知名度”的精力花在打造精良的教师团队上，那么就会赢得家长和社会高度的认可，赢得他们更真诚的尊重与爱戴。

总之一句话，抓认可度比抓知名度更重要。办学中，如果教育方向的认可度高，办学质量的认可度高，师资队伍的认可度高，那么我们还担心什么知名度呢？还是那句老话：“酒香不怕巷子深”。

不解放自己，难以解放孩子

寒假一结束，我就会陆续接到一些朋友的电话，有的问孩子快幼儿园毕业了，有没有必要上辅导班，因为担心别人都学，自己孩子不学，输在起跑线上；有的问孩子上五年级了，已经耽误了四年多，不能再这样快乐下去了，上哪个课外班对将来小升初择校有利；还有一位朋友电话咨询，孩子上初中，周末报了四个辅导班，现在孩子一提上辅导班就头疼，问我怎么办。我实在无奈又无语，原来还有这么多家长如此地对待孩子的教育。我不反对学生必要的学习辅导与补习，但是，不分年龄段、不顾孩子实际的学习抢跑、盲目补课，恐怕仍然是个现实问题。我感叹：中国的教育改革，阻力恐怕不在教育内部，而是在家长，在整个社会。

“不要让孩子输在起跑线”忽悠了社会，忽悠了教育，忽悠了家长。错误的理念让家长集体失语，焦躁不安。许多家长在焦虑中有着不尽的无奈与困惑。他们一方面想解放孩子，不让他们以“培训班”式的方式成长，另一方面又担心落伍，怕孩子失去选择良好生活的能力，所以，纠结得痛不欲生。

为什么一方面我们在大力地进行教育改革，推进素质教育，减轻学生过重的课业负担，而另一方面“抢跑”却仍然大量存在，甚至在某些地区“抢跑”还越来越严重？其中，基础教育被社会的功利主义和世俗主义绑架是重要的病因。在这个问题上，一些家长既是受害者，又是参与者与推动者。他们一方面强烈地反感“抢跑”类的教育方式，另一方面又跟风似地参与其中，以求得心理的暂时平衡。

家长为什么怕孩子成长落伍？有两个原因具有普遍性。一是“资源恐惧症”。优质的教育资源还不能完全满足人民群众的实际需要，家长认为孩子未来享有的社会资源紧缺，他们期待通过“抢跑”，优先占有这些教育资源，从而未来占有更多社会资源。二是“虚荣面子症”。一些家长望子成龙，盼女成凤，生活中相互攀比，以致孩子的学习成绩、爱好特长、班干部身份、荣誉称号都成了家长攀比、炫耀的手段和内容。为了面子，不顾孩子的实际，他们让自己的意愿替代了孩子的追求。这两大“病症”导致家长逼迫孩子在知识学习上“抢跑”的做法愈演愈烈，甚至许多家长纷纷效仿“虎妈”“狼爸”。殊不知，错误的教育方式不但不能达到目的，而且还会事与愿违，让儿童失去对未来学习和生活的强烈追求。真正的教育没有发生，还远离了儿童。

因此，要解放孩子，家长首先要解放自己。正确的做法是放下包袱，放下功利，尊重儿童，尊重生命成长，尊重教育规律，让生命的“加速跑”慢下来，让生命按着它自身的规律慢慢生长。这就是我曾经强调的“儿童成长要慢养”。家长要有“定力”，要坚信孩子身心的健康发展才是基础教育最本质的追求。让基础教育回归本真，不能光学校动、政府动，家长也必须行动起来。

曾记得一位家长说，看到同事的孩子都上辅导班，自己终于沉不住气了，也给孩子报了班，才觉得面子上过得去。然而孩子怎么也不开窍，反而越来越觉得自己笨，失去了学习的信心。她忽然醒悟，不再逼孩子去上不必要的辅导班。我想，这位家长或许从孩子的痛苦中明白了：孩子应该做什么才对成长更有意义。其实，小孩子如果有兴趣，多背几首古诗又何尝不好呢？如果有兴趣，学习一下奥数又何尝不是增添一些数学的乐趣？其实，从根本上讲，折磨孩子和家长的是面子文化。家长醒悟了，于是她解放了，孩子也才解放了。所以，家长的觉醒是“解放”的关键，“解放”的前提。对问题没有清醒的认识，对教育没有深刻的领悟，不放下那么多功利心，家长就很难走出错误的教育方式。

当然，我说让家长解放自己，并不是让家长在学习上不给孩子提要求，而是说要回到尊重成长规律、科学全面育人的轨道上来。孩子在不同的成长阶段应该有不同的要求。正如古人所言：幼儿养性，童蒙养正，少年养志。培养浓厚的学习兴趣、养成良好的学习习惯、强化刻苦的学习精神、形成持久的学习毅力都是必要的。但是，家长对孩子必须既因材施教，又因时施教。

正因如此，我认为政府、学校以及社区层面，都应该宣传教育综合改革的成果，营造良好的教育氛围；特别是校长，要宣传素质教育的思想，让家长增强对教育改革的信心，解放教育思想，树立正确的育人观、科学的质量观、现代的人才观。只有让更多的家长静下心来育子，放下包袱育人，才能让整个社会的教育生态进一步好转。

第一课堂：成也家教，败也家教

今天，我要从家庭教育的角度聊聊孩子的成长。现在，孩子的教育是大问题。一个孩子成长得是否健康，教育得是否成功，虽然学校教育非常重要，但是关键还在于家庭教育。生命是连续的，教育也是具有连续性的。人从一出生首先是受家庭教育的影响的。在进入正规的小学教育后，他先前受到的家庭教育就会发生作用，甚至会如影相随地伴着他的成长。所以，家庭教育的作用决不能被忽视。

家庭教育与学校教育有很大的不同。学校教育在大多情况下，都是教师通过集体的教育方式而面向个体的发展的，虽然也树立个性化教育的理念，但是毕竟不是一对一的教育模式。而家庭教育则是只面对自己孩子的教育。因此，家庭教育更具有个别化教育和个性化教育的特征与优势，就看家长能不能抓住这个契机。抓住了，孩子更好地成长、成人、成才、成功；抓不住，那就让孩子的发展打了折扣，磕磕绊绊地成长，别别扭扭地成人。

许多家长还没有认识到家庭教育的重要性，觉得依靠学校教育就行了。他们认为，上一代家长把自己交给学校后顾不上管，自己也成长得不错。这就是没有用发展的眼光看问题。那时，人们的思想还没有这么开放，这么活跃，这么多元，家长鲜少介入学校教育，完全是相信学校，依靠学校，支持学校。那个时候，家长把孩子送到学校时，往往都说："老师，孩子交给您了，该说该打，您别客气，替我好好管这孩子。"转过来又对孩子说，"我给你交了学费，你得好好学习，听老师教导，要是不听，我可饶不了你。"孩子也单纯，看到家长和教师一条心，自己没有空子可以钻，只能"一心只读圣贤书"。那时家长没有给孩子报辅导班，都是要求孩子在学校好好学，自己的学习自己负责。客观上讲，这些做法都为学校教育发挥独特的优势创造了条件。所以，看似家庭教育介入不多，实际仅有的一点介入就足以促使学校教育在孩子身上升值。而今天还是这样吗？完全不是了。社会开放了，时代进步了，人也更加复杂了。家长已经不是过去的家长，学生也不再是过去的学生，教师的素质也发生了很大变化。从家长情况看，今天家长在教育上没有想法的少，可谓人人有想法，家家想“作为”。但是家长的那些想法和作为对不对就难说了，因为毕竟大多数家长不专门从事教育工作，对当前教育发展的了解也不深入。再从孩子看，孩子的思想比几十年前也丰富和活跃了，见识也广了，同时周围的诱惑也多了。这些都导致学校教育的难度急剧增加。因此，教育必须从单边依赖学校走向家校共育。

在家校共育中，家庭教育的作用越来越大，越来越重要。家庭是第一课堂，家长要给孩子扣好人生第一颗纽扣。家庭教育可能促进学校教育，也可能阻碍学校教育。你想想，孩子不但会受到家长的影响，而且年龄越小，这种影响越大。家庭教育与家长价值观如果和学校代表的现代教育观与主流价值观一致，那么教育就极有可能成功；如果不一致，甚至相抵触，那么孩子的成长就极有可能出问题。尤其在幼儿园和小学阶段的教育中，家长的思想意识与行为准则会极大地影响孩子，比如关于孩子玩手机和电子游戏机等电子产品问题。大家都知道沉迷其中不但耽误学业，而且对孩子身心发展都没有好处，必须加以控制。有的小学明确规定小学生不能带电子产品到学校，中学则规定不准把手机带进课堂。由于孩子小，自我约束能力弱，这就需要家长的积极引导，家校合作可防止孩子沉溺电子产品。但是，家长是否配合学校的要求呢？家长是否在尊重的前提下严格制定了在家中使用电子产品的规定呢？我了解到，有的家长是抓住契机，教育到位，措施到位，而有的家长却视而不见，甚至不支持学校的规定，任其“自由”，最后耽误了孩子。类似的例子很多，现实告诉我们，对于成长中的孩子，好的家庭教育将引领他，促进他；坏的家庭教育将贻误他、毁掉他。从这个角度讲，孩子的教育，确实成也家教，败也家教。

家庭教育是否成功取决于家长的素质，这与学校教育是否成功取决于教师素质是一个道理。今天家长的学历都比过去高，但是并不代表素质高，特别是不代表思想觉悟、道德水平、文明素质高。家长的思想现代、活跃、多元，在体现文明进步的同时，也免不了走向复杂，甚至走向混乱。尤其在教育上，要么管生不管育，管养不管教；要么是天天焦虑，追风逐流，非理性管教。但是这些不正确的教育思想和教育行为都易使孩子误入歧途。所谓“错误的教育比无为的教育更误人”。

当然，我同样也见到一些素质高的家长是如何对待孩子的教育问题的。一是既严格又平和地要求孩子。不急躁，不袒护，不功利，以身作则做表率，原则问题不放过，遇到问题时多引导孩子从自身找原因。二是及时与教师诚恳沟通，保持教育的一致性。这些家长尊重教师的专业自主性，既友善对待教师，又理解教师工作，及时了解孩子情况，及时进行教育咨询，与教师达成一致的教育理念。三是重视孩子的感恩教育、责任教育、友爱教育、吃苦教育，让孩子天天充满正能量。

总之，育子，家庭是第一课堂。越是重视人的个性化发展，越要重视家庭教育的作用。家长对子女的教育要从盲目走向理性，从放任走向担当，从功利走向人本，从对立走向合作。

家校之间缺什么？

和几位校长朋友聊天，谈起办学难处，大家都一致认为，家校关系紧张是一大问题。望“难”兴叹不解决问题。我们必须思考，为什么在一再强调家校合作的形势下家校关系仍然紧张？到底是什么原因阻碍了良好的家校关系的建立？为什么许多学校把家校合作的工作流程做得非常严密却效果不佳？我认为，当前家校之间之所以难以实现真正的合作，是因为缺失一些重要的东西。具体来说，一缺信任，二缺感情。

先说信任问题。家长对学校的信任程度低，一是与大环境有关，二是与学校办学形象有关。拿大环境来说，目前诚信问题是社会关注的突出问题，一些坑蒙拐骗、缺德造假、唯利是图的社会乱象把我们的精神文明生态严重破坏了。不信任学校，是社会病的一种折射。再说学校办学吧，一些学校在素质教育的实施、师德形象的建立、民主管理的深化等几个关键工作上都出现不尽如人意的地方。比如，有的学校在实施素质教育上说的理念很美好，可是一到具体的教育教学上，却仍然是应试教育，学生负担很重，学得很死。再比如，有的学校在管理上说以人为本，服务家长，民主公正，可是一到具体问题上，站在家长的角度考虑问题的就少了，让家长真切参与学校管理的少了。总之，这样的事一多，时间一长，家长自然会认为学校说一套，做一套。因此，学校公信度的下降是必然的。

再说感情问题。学校本是个温暖人的地方，教师爱学生，学生尊师长，家长敬教师，大家以朴素的情感相互交往，营造出以感情为纽带的家校文化。但是，不得不承认，在物质生活不断丰富的今天，我们人与人的情感却有所淡漠。当下，有些教师谈奉献少了，谈热爱少了，家长谈感恩少了，谈配合少了。大家似乎都太“理智”了，太“实惠”了。有的教师把每天工作变成一种教知识的程序，一个挣钱吃饭的岗位。课上了，作业判了，如果发现哪个学生不认真，不听话，就狠批一顿，哪有什么对学生的尊重与满腔热情？更有个别教师，不顾师德，手背朝下，索要“馈赠”。这些有悖师德规定的行为怎么能培养真诚的师长情？当然，从另一方面看，一些家长呢，在心中已没有了师道尊严，没有了感恩之念，认为教师对孩子付出多少都是应该的。遇到教师，视而不见，敷衍而过；必要的时候，送礼恭维，“利用”一下。这样人与人之间相互交往，哪有真诚的情感可言呢？因此，没有感情做基础，真的到了需要相互理解，相互体谅，相互支持的时候，怎么能有良好的合作呢？

正因为缺少信任与感情，所以家校在处理学生问题时、在沟通双方思想时，往往就产生对立情绪。我就体会到，没有信任与感情做基础，一切合规的沟通方式、一切合理的措施，都会蒙上不信任的阴影。因此，我认为只有把沟通建立在相互信赖的基础上，沟通才是有效的；只有把合作建立在真挚情感的基础上，合作才是无障碍的。因此，学校在当前应该着力通过一系列工作，建立起较强的公信力，建立起家校彼此之间友爱的情感。

那么，怎么才能建立起真正的公信力与培养家校之间的感情呢？我想，只要开动脑筋，一定会有许多办法。我以为学校要把握的原则是：一要实事求是、说到做到、君子品格；二要抓积极向上的师德文化、师生文化、师长文化建设；三要在廉政风气、环保工作等社会关注问题上取信于家长；四要在民主管理、关爱学生、服务家长的管理上做学校改进；五要重视家长学校建设，开展家长教育工作，同步提升家长的整体素质。一句话，让信任回归校园，让感情根植心间。

正值三月，又一个春天来了。我多么希望学校与家长相互地信赖，友善地握手，密切地合作，共同驱走心上的阴霾，让校园永远春阳高照，云淡天蓝。

家长不“协同”，“生态”难恢复

政府为了给学生营造健康的育人环境，在治理教育校外培训班等乱象上出台了许多办法，虽然初见成效，但仍需广大家长的积极支持。因此，要恢复良好教育生态，广大家长的协同行动是非常关键的。家长怎么“协同”行动呢？

第一，增信任，增定力，增耐心。家长要相信党和政府，相信学校和教师。这些年，党和政府一直在想尽各种办法促进学生的全面发展，办人民满意的教育。学校和教师也在进一步研究学生的成长，摸索教学的规律，提高教育的质量。增强对他们的信任感，家长就会使自己的育子行动更加理性。信任度增强了，自己的定力也会增强。就能够冷静、客观地分析自己的孩子，不盲从，不跟风。回归了正常、理智的家庭教育后，家长就要耐心扶植孩子成长，不急于求成。这是家校协同育人的关键一步。

第二，抓兴趣，抓自主，抓课内。除了盲目上培训班，家长并不是没的可抓。一是抓学习的兴趣。发现孩子感兴趣的学科，和擅长的特长，激励他，鼓励他，让孩子有成长的自信。无论是小学生还是中学生，激发兴趣，点燃求知欲，才是学习的关键，才是减负的关键。二是要抓自主学习能力。把从“抓成绩”变为“抓习惯”“抓品质”“抓态度”。比如，居家学习考验的就是孩子的自主学习能力、自我管理的程度。三是要抓学习重心的视角转换。引导孩子重视提高课内学习的质量，千万不要让孩子形成依赖课外培训班的思想。课程是经过专家深入研制的，课堂是经过教师精心设计的。因此，家长应该适时地给孩子提出要求，提高四十分钟课堂学习的效率，引导孩子把课内的知识学扎实。否则，课内不积极，课外更消极。

第三，重身心，重品德，重劳动。家长要重视孩子身体素质的提高、积极心态的形成和道德品质的培养。这本就是家庭教育的“长项”，千万不要丢掉。家长还要重视让孩子参加必要的家务劳动和社会劳动。千万不要认为劳动耽误学习。它会使孩子形成正确的劳动价值观，让孩子在劳动中获得快乐。劳动使孩子更加懂事，提高生活的能力，增进亲人之间的感情，并培养孩子的责任感。这对孩子今后的学习、生活和工作都“有百利而无一害”。

家长如果能做到以上这些，就是与当前的教育改革“协同”一致，我们的教育生态也能回归常态。只有学校找到正确的位置，家长也找到正确的位置，我们的教育改革才能够成功。到那时，孩子不但没有落后，反而学得更生动、更积极、更自主、更有效。

让我们向家长伸出温暖的手

今天办学难不难？难。我接触过的校长没有说容易的。难在哪？几乎所有的校长都不再说难在硬件，而都指向“软件”问题。其中，有一个重要方面就是家校关系。

诚然，紧张的家校关系不利于学校办学的顺利进行，不利于良好教育生态的构建。静静想想，为什么家校关系会出现问题呢？首先是学校由于既往办学中的某些原因，特别是教育质量与师德师风建设问题，没有赢得广大家长的信任、热爱与支持，良好的家校文化没有形成。其次是广大家长对优质学校、优质教育的期望值提高了，学校的办学水平还难以满足所有家长的高期待。最后是许多家长观念陈旧，缺乏先进理念引领与科学指导，处于一种盲从、跟风、焦虑的状态，加剧了对学校的不理解、不信任、不支持。因此，校长有一项重要工作，就是重建和谐的家校关系。

那怎么来建设这种和谐的家校关系呢？说实在话，人与人关系的构建不是件容易的事，特别是重建那些曾经受过“伤”的家校关系更需要付出艰苦的努力。有的校长说，我们也成立了家长委员会，我们也公布了学校联系电话，我们也有家长学校，我们也一直在向家长伸出合作的双手，但是，为什么仍然不能从根本上改善家校关系呢？这时，你可以反思：你伸出的手是不是温暖的？如果你伸出的手是没有温度的，只是一种礼貌，一种程序，一种手段，那么，它就不能传递你作为一个教育者的真诚、友善与仁爱。为此，在重建家校关系时，我们应让家长感受到我们是在做有温度教育。

其一，用真诚赢得信赖。当今，人与人交往中什么最重要？信赖！没有家长信赖就没有教育合作。做让家长信任的事，用真诚赢得家长的信赖，我们首先要成为这种信赖关系的主动建构者。一是要办学言行一致。我们决不能把办学理念停留在口头上，如果我们的办学行为属于言行不一，说一套做一套，那么家长怎么会信服这样的学校？二是要主动听取家长意见，不遮掩，不护短，不打击，不报复。所以，我非常提倡校长、教师和家长成为工作上的好朋友，经常沟通，坦诚交心。三是要急家长之所急，想家长之所想。比如下午三点半后，许多双职工没有办法接孩子，那么学校就要努力提供好五点半前的管理服务工作，给家长分忧解难。

其二，用廉洁赢得尊重。家长往往头疼的一件事就是过节给教师送什么礼。当师长关系被异化，当师生关系裹挟了物质利益，怎么能有真正的尊重存在？因此，学校要创建健康的师长文化，鼓励教师一定要具有无私奉献的精神，遵守师德，平等地关爱学生，真诚地对待家长。北京小学多年来都要求教师谢绝家长的任何礼物，哪怕是一枝鲜花！因为只要教师收下一枝，就有家长送一捧，攀比之风自然形成。学校必须旗帜鲜明地维护教师廉洁从教的形象，赢得家长发自心底的尊重！

其三，用关爱赢得热爱。人们常说，没有无缘无故的爱。家长之所以会热爱教师，会热爱这所学校，就是因为家长从学校的管理与服务中，从教师的教学与交往中，深切地感受到了学校和教师都是满腔热情地爱学生，时时处处为学生。特别是对于那些需要特殊帮助的学生，教师更应多一些关注，多一些关爱，多一些关照，做一个温暖学生记忆的教师。我发现，家长越关心的事，往往就是家长越不放心的事。所以，我们就要把许多事用心做好，做到家长的心坎上。比如，当一年级新生家长在暑假惴惴不安地等待开学时，百分之百的入户家访就可以给家长送去一颗定心丸。下雨天上学，许多家长都担心孩子会被淋湿，猛然看到从校门口到教学楼口有一条大雨伞支起的安全通道时，他们的敬佩之情就会油然而生。

我想，一个感受到强烈的学校情、教师爱的家长，又怎么会冷漠地对待学校和教师呢？又怎么会不理解不支持学校和教师的工作呢？总之一句话，没有信赖与情感的家校关系只能是一种形式上的关系。我希望每一所学校，每一位教师，不要等待，而要真诚而热情地伸出温暖的双手，紧紧握住家长同志，满怀信心地走好教育之旅、办学之路。

人格塑造始于家庭

当下，一谈基础教育，一谈学生人格培养，大家总会强调学校教育在人生奠基中的巨大作用，甚至把学生成长的一切问题都推到学校教育的身上。诚然，中小学教育，价值难抵，意义高远。但是，广大家长却渐渐淡忘了一个基本的命题：家庭才是人生的第一个课堂，家长才是孩子的第一任教师。人来到世界上，家庭教育在先，学校教育在后。人生奠基，始于家长；人格塑造，始于家庭。

今天，家庭教育存在的问题不容乐观。一是家庭教育的“去理智性”日益严重。许多家长或一味溺爱孩子，无限度满足物质生活需求，忽视良好品德和习惯的养成；或过度呵护孩子，不让孩子吃一点苦，不让孩子受一点挫折，不让孩子受一点委屈；或脱离孩子实际，使得幼儿教育小学化，小学教育奥数化；或把面子文化转嫁给孩子，导致了“培训班”式的成长方式、“分数第一”的评价方式和“虎妈狼爸”的教育方式。二是家风的严重缺失普遍存在。在追求物质生活水平的同时，由于没有精神生活的同步提升，一些家庭丢失了良好的家风，丢失了优秀的传统。什么长幼礼仪，什么感恩孝敬，什么勤俭持家，什么责任担当，什么忠厚诚信，统统扔掉。家风的丢失，使得中华民族的传统美德难以弘扬。三是家长的素质亟待提高。作为孩子成长的榜样，一些家长确实拥有高学历，但是品德修养还有待提高。

其实，重视家教是中华民族的优秀传统。孟母三迁、曾子杀彘、岳母刺字的故事就是视家庭为人生第一课堂的典范例证。《弟子规》《朱子家训》等教育典籍更是古代家庭教育的成果与反映！古人在长期的教育实践中，曾总结出“幼儿养性，童蒙养正，少年养志”，那么，现在的家长认真地反思一下，你从孩子一出生开始，就是在教孩子做人的美好品性吗？你是让孩子学会善良、学会仁爱、学会诚实、学会尊重吗？随着孩子慢慢长大，你是在培养他良好的习惯、美好的品德、坚强的性格、远大的志向吗？或许这种理智的反思会使许多家长猛然惊醒。

我以为，从家庭层面，要以“家长素质”为切入点，提高家庭教育的实效性。家长要从提高自身素质做起，对孩子熏陶感染，无声润物。广大家长要培育良好家风，弘扬中华优秀传统文化。习近平总书记曾特别就家风对于人成长的作用，尤其是对于人形成正确的人生观、价值观、世界观的重要作用，有着较为深刻的阐述。家风是一个家庭为人处世的价值追求和品质，是家庭群体道德与行为文化的反映。因此，家风实际是家庭成员灵魂的土壤。这个“土壤”给孩子什么样的生命养料，给他什么样的人生元素，对于他的一生有深刻的影响。正因为家风影响一代又一代人，所以它具有基础性和奠基性。在对待家风的问题时，无论是老百姓的感言还是专家的分析，都指出：良好的家风一定是为别人想得多一点，为自己想的少一点；为公事想得多一点，为私事想得少一点。这可能就是中国千百万传统家庭留下的一种宝贵的精神财富。如果以多种方式大力倡导、引导良好的家风建设，使优秀的传统文化得以弘扬，就一定会给孩子系好人生的第一粒扣子。明智的家长一定要记住：孩子人格的塑造始于家庭。

从减负谈家长教育观念“扫盲”

家长重视教育本是好事，但一些做法让其从好事变成了坏事。所以，我觉得在新的历史时期对家庭教育需要进行“扫盲”。扫盲在过去是解决人识不识字的问题，今天我说家庭教育要“扫盲”，是指家长的教育观念要“扫盲”。观念不扫盲，以儿童为本的现代教育就很难落实。

第一，成长观要扫盲。家长怎么看孩子的成长与发展，是否从人的可持续发展来看待孩子的一生，这些都很重要。学习很重要，但一切为了“成绩”，把孩子的全面发展、个性发展窄化到学科和分数，是不可取的。将来独立生活所必需的生活能力、交往能力、道德水平、身心素质等，本来是孩子长大走上社会之后最重要的东西，却成了我们家长最不重视的东西，这不应该。

再看儿童的个性发展，我们家长是否在观察、发现、挖掘自己孩子的潜能，让他成为最优秀的自己呢？最优秀的自己是什么呢？就是鲜明的、自信的个性，包括他最资优的一面。许多家长就从没有想过让自己的孩子成为区别于别人的“最好的自己”，而都想成为和别人一样的人。所以，别人背古诗，我孩子也背古诗；别人学奥数，我孩子也学奥数；别人去上补习班，我孩子也上补习班。明明自己孩子在画画上有潜力，但就不让他画画。我们看周围有多少孩子在兴趣浓厚地坚持一种爱好？有多少孩子能有自由钻研的快乐时空？太少了。

至于成长方式，儿童除了要在学校的学科课堂上成长，还应在活动中成长；除了要在学校和家庭中成长，还应该在社会和自然中成长。除去上课，踢球、唱歌、舞蹈、画画、劳动、参观、实践、游戏，甚至眼望天空的幻想，都是他们的成长方式，也是童年的存在方式。遗憾的是，许多孩子的成长方式就是上课。

其实，家长如果真的重视教育，就应该随时关注教育改革，关注时代发展。当前，我们国家的教育已经通过高考、中考的改革撬动了基础教育的整体改革，孩子只有全面而个性化地发展才能面向未来的教育，才能适应未来的社会。

第二，培养观要扫盲。孩子应该怎么培养？在多年的教育实践中，我总结了“五养”的教育思想。我认为儿童需要慢养、顺养、牧养、素养和调养。慢养，就是要尊重儿童生命的成长规律；顺养，就是承认差异，因材施教，顺人性，顺个性；牧养，就是要为儿童开发主动、积极、自主发展的教育资源；素养，就是重视童蒙养正，重视养成教育的落实；调养，就是重视儿童的和谐发展，扬长补短，辩证施教。所以，孩子不能快养，不能圈养，不能溺爱。现在看，许多家长的育子行为都不符合“五养”理念。比如说慢养，我强调要尊重生命成长规律，什么年龄段说什么话，想什么事，读什么书。今天是不是这样呢？不是。大家都在抢跑，提前学，多点学，快些学，学难些，目的无非是“不输在起跑线上”，无非是凭借着“抢跑”占有优质教育资源。人人这样，家家这样，于是恶性循环，孩子负担就越来越重，对学习产生了厌倦。到了该深入学习的时候，他已经没有了学习的后劲与动力。实践已经证明，提前学并不意味着一定赢。再说调养吧，我是借鉴了中医的理论，孩子在成长中肯定有其长，也肯定有其短。基础教育与高等教育不同，是打人生基础的阶段，就要扬长补短。特别是体质、道德、心理以及情感价值观方面的短，必须补，这是咱们教育者的责任。可是，现在又有多少教师敢于进行“补短”教育呢？因为一些家长溺爱孩子，处处袒护，孩子的问题说不得，更批评不得。殊不知，小毛病不及时“调理”，慢慢就会“病入膏肓”。当下许多孩子遇到一点挫折，受了一点委屈，就萎靡不振，难道还不能让我们家长惊醒吗？

第三，学校观要扫盲。这里的学校观，就是指家长怎么看学校，尤其是怎么看现代学校的功能与价值。这与家长对学校教育工作的支持力度有着密切的关系，当然也就与教育孩子的效果有着密切的关系。学校是个什么地方？有相当一部分家长仍然抱有陈旧的观念，认为学校只是个学知识的地方，所以他孩子来就是上课的，上课就是学知识的，别的都可以忽略。其实，家长应该首先认识到学校是个专业组织，是个专门的机构，是通过教育这一专业方式使一个孩子在校园的集体生活中得到全面、和谐、健康、快乐的发展。孩子在学校不只是学习必要的知识，更重要的是要过一种有意义的学校生活。在这种学校生活中，他的体质会在科学的体育规划中得到增强，他的道德水平会在班级生活、校园生活中得以“社会化”地提高，他的创新精神、实践能力、交往的本领、精神的境界等都会获得提升。学校应该成为孩子生活的小社会，成为儿童精神成长的快乐地间，成为一个有专业人员（教师）引领、指导、帮助、关爱的特定成长空间。所以，每一位家长都应该尊重学校和教师，尊重教育专业工作者。即便今天的一些家长学历层次很高，但也并不标志着他们是教育专业工作者，在教育上，还是要尊重学校的办学，尊重教师的专业自主性。家长应该围绕着学校的办学理念，围绕班主任的班级建设思想，献计献策，形成教育的合力。家长有了正确的学校观，才能适时、适度、适宜地参与学校管理，才能恰当地参与学校建设。在这方面，目前还是存在问题的。比如在有的学校，当新学年人事工作分配之后，一些家长却提出不要换原来的教师，还有的家长嫌弃刚工作的教师太年轻，没经验，要求换有经验的老教师。如果是在日常工作中，家长通过正常渠道反映任课教师的问题，则是很正常的做法，而这种对学校人事管理的干预甚至干涉，则是对学校专业管理和教师专业自主性的不理解、不尊重。站在专业管理的角度，教师是学校的人力资源，也是学校整体育人中的一分子，学校最清楚安排哪位教师教某个班才是最合适的。更重要的是，只有年龄大的教师才能教育好学生的观念本身就是站不住脚的，这是对教师工作的误读。教师对于学生的影响不仅仅在于教授知识，更重要的还在于用智慧培育智慧，用思维启迪思维，用心灵温暖心灵，育人才是教师专业的全部。教师的全力投入、全心投入、全情投入才是最关键的。其实，老教师和年轻教师在工作上各有优势。年轻教师有他们独特的长处，他们思维活跃，具有时代感，上进心强，朝气蓬勃，充满活力，更受学生的喜爱。这些年轻教师在实际工作中，如果得到家长的大力支持和充分信任，就会拥有更大的动力，工作会干得非常出色。我就是这样成长起来的，至今，我都感谢当初那些支持、信任我的家长们。所以，家长只有转变了学校观，才能站在尊重专业价值的角度看学校办学和教师工作，才能理性、理智地看待学校和教师对孩子施加的教育影响，才能有效地与教师沟通孩子的教育情况，才能有针对性地咨询孩子的教育方法，才能恰当地介入学校管理，使家庭教育与学校教育保持高度的一致性，达到最佳的教育效果。

关于家庭教育问题，以上只是一己之见。搞好教育，需要学校、家庭、社会、政府的共同努力，相互配合。由于广大家长并非专门从事教育工作，因此，对家庭教育，学校有指导的责任。今天谈对家长教育观念的“扫盲”，实际是在进行现代教育思想的再启蒙。虽然当前教育工作复杂，但是，教育改革毕竟是在不断前进的。让我们的教师和家长都来转变观念，共同营造孩子们健康成长的教育生态环境吧。

把“培养”转化成“追求”

我做校长后有一句工作感悟：一个好教师就是一种好教育，一支好团队凝聚一方好文化，一所好学校开启一段好人生。三个方面是递进关系，没有一个个的好教师，难以形成一支好团队；没有好团队的共同努力，难以形成一所好学校。这一句的基础是什么？好教师。

怎么培养好教师更有效呢？怎么才能让优秀的教师越来越多地涌现呢？我从自身的成长反思，光靠教育部门或学校的单向努力不行，必须双方都努力，特别是在方式上，要把“培养”转化为“追求”。

我曾多次思考一个问题：真正的名师是培养出来的，还是自主追求出来的？请注意，我这里说的是“真正的名师”，不是徒有虚名的那些所谓名师。我自己的体会是，真正的名优教师既离不开组织的培养，也离不开自己的不懈追求；而且，没有自己的刻苦追求，组织再培养也无济于事。因此，“培养”二字应该是培育和滋养，而不能是培训和喂养。

培育和滋养，就是指尊重名优教师的成长规律，启动教师的自主性，通过职业的、专业的教育和激励机制的建设，使一名教师有强烈的事业心，有远大的理想追求，有巨大的工作动力，有清晰的自我认知，有适合的成长环境，让教师在学习中思考，在实践中积淀，在探索中提高。所以，培养什么最关键？培养“追求”，培养成长的主体性。

我认为普通教师作为业务进修是可以通过“培训”解决问题的，但是名优教师的成长不能靠“培训”，喂养式的培训更不能达到培养真正名优教师的实际效果。现在一些地区采用的培养方式往往是把选出的骨干教师实行“圈养”，集中培训，搞讲座，读著作，写论文，最后去考察，以为这样搞两年也就出名师了，甚至达到卓越程度了，即便带个课题研究也是形式而已。这样的名师是包装出来的，是“规划”出来的，不是自主追求出来的，不是实干出来的。诚然，名优教师的成长离不开听讲座、读著作、写论文，但是，这些做法如果不是他自己的内在追求，不是他研究的需要，不是他发展的渴望，而是一种培训安排，那就不能在他的发展中“发酵”。为更好地变“培养”为“追求”，有两点十分重要：好机制和好导师。

一是要有好机制。一个地区、一所学校，要通过政策导向、制度建设、机制创新、氛围营造，使更多的教师想做一名优秀教师，想成为一名卓越教师。以优秀为习惯，以名师为目标，以卓越为追求，这样的教师越多，一个地区的教育就越有希望。教师有了事业追求，有了专业目标，就有了自主性。

二是有好导师。名优教师的培养往往要有“师傅带徒弟”“导师带研究员”的内容，因此为一名教师选一位好师父、好导师将直接影响到培养的效果。教师的培养要分层次，以实现发展的最优化。对于一般意义上的骨干教师，所选的师父应该具有丰富的教育教学经验，以传授技能为主；而对于以名师、卓越教师为目标的培养阶段，所选的师父应该是事业导师，是教学智慧的启迪者、专业发展的示范者、教育思想的引领者。

说来说去，其实就是一句话：名优教师是在教学实践中追求出来的，奋斗出来的，磨炼出来的。

别忘了教师的核心素养

“学生的核心素养”很热门，是教育研究的热点。不过，当大家把目光都投向学生核心素养的时候，当许多学校已经抓紧培养学生核心素养的时候，我忽然想到，有一件同等重要的事情不要忽视，甚至应该高度重视，那就是研究教师的核心素养。教师是培养学生的人，没有高素质的教师，就难以培养大批高素质的学生。如果只急急忙忙地从形式上、表面上关注学生的核心素养，而在潜意识中认为只要把学生核心素养的概念弄清楚了，教师自然会实现教育教学的转型，自然会在课堂教学中落实对学生核心素养的培养，那么这种想法是非常天真的。教师的素质很可能难以适应培养学生核心素养的师资要求。

客观地讲，目前谈学生核心素养的多，谈教师核心素养的少。但是，教育局局长也好，中小学校长也罢，如果冷静想一想，办学的主要力量依靠谁呢？一定是教师。办学质量的保障是什么呢？是教师质量。记得一位教育界的老领导曾说，一个地区的教育质量不会高过它的教师质量。这话说得非常实在！因此，培养学生核心素养的根本还得回到提高教师水平上来。认识到了这点，搞教育管理的各位同人才抓住了改革的关键，才找准了自己的发力点。

那么，什么是教师的核心素养呢？借鉴学生核心素养的概念，我认为就是教师热爱学生与培育学生健康成长的必备职业品格与专业能力。如果用关键词语的方式呈现，那么以下词语必不可少：热爱学生的情感、正直做人的品格、指导学科学习的能力、跨领域的学科视野、创新与实践的精神等。为什么在时髦名词满天飞的今天，我仍然把“热爱学生”作为如此重要的关键词语呢？因为在基础教育岗位上工作了三十多年，我坚信不论时代怎样变化，不论课程怎样改革，不论学校形态如何存在，教师的爱都是儿童少年成长的精神动力，是他们身心成长的养料！苏霍姆林斯基曾说：“对孩子的热爱与关怀，是一股强大的力量，能在人身上竖起一种美好的东西，使他成为一个有理想的人，而如果孩子在冷漠无情的环境中长大，他就会变成一个对善与美无动于衷的人。”法国教育学家卢梭也说：“热爱可以弥补才能之不足，而才能不能弥补热心。”所以，没有对学生的热爱，就没有真正的教育。

而今天，我们是否敢于理直气壮地说：教师已经为培育中国学生的核心素养做好了职业与专业上的准备呢？对于这个问题的答案，我想大家的认识基本是一致的：在教师核心素养的培养上，我们还需要研究，还需要不断努力。一是要弄清面向 21 世纪中国教师的核心素养是什么；二是要完善教师继续教育内容，通过教师研修提高师资队伍的整体素质，培育教师的核心素养；三是要改进学校管理与评价方式，引领教师自觉修炼核心素养；四是要探索培育学生核心素养与同步提升教师核心素养的机制。因此，不能不说，培育教师的核心素养也将是个艰巨的系统工程。

说来说去，无非是期待教育专家，抓紧研究教师的核心素养，让教师队伍的发展有新方向、新追求；无非是提醒教育管理者，如果不踏踏实实抓高素质教师的培养工作，学生的核心素养就难以落地生根；同时，也在提醒教师朋友们，用学生核心素养的要求反观自己，改造自己，提高自己，是教育发展的必然要求。

不要让幸福远离教师

又是一年金秋到，又是一次教师节。

有人感言：教师节是幸福者的节日。在幸福的校园里，我们不但能看到学生心态阳光，举止文明，而且能看到他们的教师流露出一种职业的幸福感。但是，我们有一些教师明显存在着职业倦怠，似乎教师职业成了一份无可奈何、挣钱吃饭的工作，而不再像几十年前的老教师那样发自内心地认为自己是“人类灵魂的工程师”，更谈不上职业的幸福体验。我问过许多学校的校长、中层干部和教师的工作感受，他们经常运用的词语是“紧张”“繁琐”“压力”“烦恼”，甚至还有“恐惧”。他们更多说的是“压抑感”而不是“幸福感”。有一位教育专家也曾指出：今天，我们的中小学是一群不幸福的校长带领一群不幸福的教师，教着一群不幸福的学生，面对一群不幸福的家长。“幸福”对于教师竟然成了奢侈品。

谈到这里，我忽然想到习近平总书记曾指出要让教师成为全社会羡慕的职业。他的话高瞻远瞩，意味深长。可以说，没有幸福的教师就没有幸福的教育，没有幸福的教育就没有幸福的学生，没有幸福的学生就没有幸福的社会，没有幸福的社会就没有民族的复兴。民族的复兴，国家的昌盛，社会的繁荣，必须由幸福的人组成，而学生就是我们国家和民族“未来的人”。由此看来，提高教师的幸福指数往深层里讲，关系到国家的强大自信，社会的幸福发展。要办高质量的教育，要让学生幸福地生活在校园，要吸引更多的人才加入教师队伍，要让全社会羡慕教师职业，提高教师职业的幸福指数就是非常重要与必要的。那么，怎么样才能提高教师的幸福感呢？

其一，社会应重塑尊师敬师的风尚。讲重塑，就说明我们近年来尊师的风尚不但不够，而且甚至出现了破坏教师形象的现象。我们常说尊师重教，目前“重教”已是全社会的共识，但落实“尊师”还需要全社会的努力。在韩国考察的过程中，我深切地感受到了韩国教师地位之高，受尊重程度之高。他们不但是国家的公务员，而且有专门的教师保护法规。尤其听韩国的翻译讲，在韩国有一句话：“连教师的影子都不能踩。”可见，教师受社会尊重到了怎样的程度。而我们今天呢？社会、媒体大张旗鼓表彰教师的不多，而抓住个别教师的问题不断放大、炒作、声讨的不少。中小学教师的责任从“有限”趋于“无限”，教师的思想与精神压力越来越大。一些教师连正常的教育学生、批评学生都不敢了。比如有些学校要求，学生不得在休息时到操场去自由活动，因为小孩子难免磕磕碰碰出意外，学校和教师又无法面对个别家长的无度、无理、无情的要求，所以只能让学生都在教室坐着，教师看着，弄个“平安无事”。更有许多教师对学生的缺点、问题不敢施加教育与管理，生怕学生出点“情况”，家长不依不饶。因此，谁来保护学校的正常教学秩序？在保证学生安全的情况下，谁又来保护教师不受人身攻击？怎样有效保障教师对学生教育的权利？这些最基本的问题没有解决，很难让教师具有发自内心的职业幸福感。更有甚者，我们还看到有些地区的教师竟然还不能按时拿到工资，有的教师竟然因管教学生而被停职。这又如何体现对教师的真正尊重呢？职业幸福感的前提是职业安全感。所以，用法律的方式保护教师的合法权益，用有效的运行机制保障教师权益的落实，才真正体现出社会对教师的重视与尊敬，才有利于全社会形成尊师、敬师、爱师的风尚。

其二，家长应带着真诚走向教师。在今天师长的交往中，什么最宝贵？真诚与信任。家校关系紧张是社会诚信问题的折射。必须承认，教师不是完人，他们可能会在工作中有不足，他们同样需要家长朋友的包容与理解。其实在这个世界上，有三种职业是非常值得人们尊重的。一是军人，他们不为自己，而为国家和人民无畏地献出生命；二是医生，他们用自己的医术为千千万万没有血缘关系的人挽救生命；三是教师，他们投入自己的智慧、精力、感情，无私地给一家又一家、一批又一批、一代又一代的孩子塑造人格。我们会发现，他们的伟大都在于无私。广大教师对职业的尽心尽力、尽职尽责，与金钱没有关系，因此，教师才被称为“太阳底下最辉煌的职业”。他们身上所闪烁的精神，是春蚕和红烛的品格的光芒。即便是一个教育方法不够成熟、不够艺术的教师，至少他的出发点是为了教育好学生。我们的家长要理解教师工作的价值与意义，要能理解教师工作的辛劳与苦衷。教师需要家长的理解，需要家长的信任，需要家长的支持，需要家长的友善。无论过什么节，家长都不用为教师送什么礼物，只需真诚地、发自肺腑地感谢教师的付出就足以使教师幸福无比。我记得，由于学校规定家长不得向教师送任何礼物，因此家长委员会在教师节组织了一项有意义的活动，让所有的家长在同一时刻以微信或短信的方式向教师发去节日的祝福。这一形式虽然简单，但体现了家长对教师真诚的尊重，使我们的教师深受感动。今天人与人之间缺的也是“真诚”。真诚无价，真情无限！因此，把真诚送给教师，会使幸福的温暖传递到教师心间。纵然废寝忘食，纵然披星戴月，纵然呕心沥血，教师也无怨无悔。我想，只要师长真诚、师长和谐、师长同心，学生的教育一定更加成功。

其三，学校管理应为教师松绑。中小学教师的工作虽然专业，但是实际工作运行中不但繁杂，有时还令人烦恼。因为教育是关于“人”的工作，而学生又是未成年人，家长的情况也各不相同，所以工作更加复杂。有人说，“只要能用钱解决的问题都不是问题”，而学生的教育问题恰恰不是用钱就能解决的。它需要教师付出智慧、精力与时间。单说解决一个学生的问题，就不是轻而易举的。再比如，一节课的设计，从教学方法的改进上讲就永无止境。所以，教师需要专业研究的时间、精力。因此，学校管理应尽可能地为教师创设研究时空，减轻心理压力。一是凸显学术管理，减少行政色彩。少一些竞争，多一些合作；少一些指责，多一些鼓励；少一些命令，多一些研究，让教师在“自由学术”的氛围中思考、研究、实践、反思和改进。二是增强人文管理，关心教师成长。让管理更加人性化，是现代教育的必然要求。我曾写过一篇文章来阐释在管理中处理好“作为教师的人”与“作为人的教师”的关系，也就是说，当我们的管理更加关心、体谅、包容、帮助教师的时候，教师就会更加自觉地把这些理念传递给学生，就能实施幸福的教育，培养幸福的学生。

总之，不要让幸福远离教师，不要让教师只在教师节幸福。幸福是教育的价值所在，让人追求幸福，让人享受幸福是教育的目的。我畅想：如果学生幸福地走进校园，教师也幸福地走向教室，那么，幸福的教育必然生成；如果每个教师都有职业的幸福感，那么就会有更多优秀的人加入教师队伍，就会创造更加幸福的教育。

得失寸心知

1984 年，我考入北京回民学校民族师范班，成为 40 个“农村代培师范生”中的一员；1988 年，怀揣着师范学校的毕业证书，我没有回到农村老家教书，而是“意外”地留在了实习的学校——北京小学，成了那里唯一一名男性语文教师兼班主任；1992 年，我被破格晋升为小学高级教师，从小学二级教师一下“蹦”到了高级，当时还在“一定范围”内引起了不小的轰动；2000 年，我被晋升为中学高级教师；2005 年，不到 37 岁的我，被评为特级教师，成为北京市小学教师里最年轻的“特级”。

从一名农村少年成长为一名北京市年轻的特级教师，许多朋友羡慕我的同时，向我讨招儿，问怎样才能更快成为优秀教师，怎样才能尽快成为特级教师。他们期待我道出其中的秘诀，而我只能一笑而已。

说实话，教学上取得“成功”，成为“优秀”，奔向“特级”，如果真有秘诀的话，那秘诀其实早已没有什么“秘密”可言。因为无论是斯霞还是霍懋征，无论是靳家彦还是于永正，无论是于漪还是钱梦龙……他们的成长经历早已把“秘诀”表露得清清楚楚，明明白白。真要获得这个秘诀，就要在学习中感悟，在实践中体会。

三十多年的教育历程，使我对这些所谓的“秘诀”有着切身的感受。我深切地感到，教育的成功不在于赢得什么“特级”，而在于学生的健康成长，而这种成长需要投入爱心，投入精力，投入智慧。

记得刚工作的第一年，我踌躇满志，自认为凭着自己的语文功底对付这些十来岁的小孩子没有问题。于是，我在课堂上大显自己的语文“本领”，看着学生们被我吸引的样子，我非常得意。那时，语文教学研究还没有像现在这样“热”，自己的认识和做法对不对，只能是“跟着感觉走”。直到有一天，年级的教研组长易先恕老师听了我的课《鸟的天堂》后，中肯地对我说：“李老师，你自己很投入，但是，这样讲课，学生的收获不大。”啊？这话着实让我一愣：学生这么爱上，怎么会收获不大呢？易老师有多年的语文教学经验，她给我分析了原因：课上教师讲得多，欣赏得多，但是，教师的语文能力不等于学生的语文能力，教学中没有重视学生的语言文字训练，讲课停留在内容方面而没有落到语文的听说读写训练上。这番话犹如一盆冷水浇头，让我逐渐清醒起来。接着，学校让我参加区青年教师评优课，我执教的《草船借箭》得了三等奖，原因据说是“走了一遍教案”。这不能不使我静下心来思考：为什么自己的语文教学存在如此这些问题？那时候还没有“教学反思”这个词，可我的反思却非常深刻。我认识到自己忙于日常的班级管理，没有投入精力学习和研究教学；对于语文教学的目的、任务、规律和方式等认识肤浅，肤浅认识下的教学必然难以到位。

要把教学搞好，没有别的法儿，就得学习，就得研究。于是，我横下心，一头扎进学校的图书馆，开始以“课文”为中心，进行拓展性阅读。北京小学的图书馆当时的藏书就很丰富，有不少全国各地的教育刊物。我就围绕要教的课文查阅资料，把优秀教师的教材解析、教案设计等进行比较、分析、模仿、借鉴、改造、创新。不学不知道，一学吓一跳，彼时我才明白什么叫课文，什么叫语文教学，什么是语文训练……我也认识到了自己原来的教学费了许多无用之功。豁然开朗的喜悦让我迷上了学校图书馆，迷上了研读教学经验文集。从斯霞、霍懋征、袁蓉、张光璎、许通儒、王企贤、靳家彦、左友仁等名优教师的经验中，我汲取了丰富的营养。学习、研究使我的教学设计开始发生变化。1991 年，宣武区（现已并入西城区）再次组织评优课活动。在学校层面的评优中，我以老舍先生的《猫》一课的教学赢得了领导和同行的称赞。学校推荐我参加区评优课活动，没想到我执教的《赶集》竟获得了一等奖，后来学校还让我向全区上了公开汇报课，这对我的激励是巨大的！不过，我也真正体会到了“一分耕耘，一分收获”的道理。为了上好课，我把晚上的时间都交给了图书馆和办公室。到图书馆看书没钟点儿，传达室的大爷一到晚上十点就锁教学楼的大门。所以，我索性就睡在办公室，四把椅子一凑就是临时床。至于吃饭，更是凑合。我是少数民族，住在学校，自己做饭。晚上一忙，不是馒头就酱豆腐，就是泡袋方便面。天天如此！胃病就是那时落下的。不过，那时一点不觉得苦，因为我常常由于在学习中萌生了好的教学思路、好的教学方法而兴奋不已！

1995 年，对于我来讲，是收获的一年。首先是我代表宣武区参加北京市语文教学比赛获得了一等奖第一名的成绩；接着又代表北京市参加全国第一届小学青年教师阅读教学比赛，在市区教研员的指导下，我以袁鹰的著名散文《白杨》一课的教学，赢得了专家和上千名听课教师的一致称赞，获得了一等奖。我清楚地记得当时的比赛情形：赛场抽签，我并不走“运”，不仅抽到第一天，而且是第六节课。然而，《白杨》一课的设计以紧扣重点、变序讲读、环环相扣、训练到位的特点，充分体现了工具性和思想性的统一，特别是我充满激情的朗读，使一些早年曾投身边疆建设的评委和教师禁不住潸然泪下。下课铃声响过，会场中响起热烈的掌声。我想：这节课成功了！当时在新疆维吾尔自治区教育厅工作的小学语文研究会理事张岚老师激动地握住我的手，称赞这节课是艺术的享受。通过老前辈的手传递给年轻人的温暖，我至今记忆犹新！

硕果累累的1995年，同样也是难忘的一年，甚至是难挨的一年！我一边教语文和做班主任工作，一边准备参加市级和国家级的阅读教学大赛，同时还在准备全国成人大学本科的考试，压力是巨大的。眼睛熬红了，人累瘦了，严重的胆道植物神经紊乱整日折磨着我。我并不是说要干出点成绩就一定得把身体搞垮，我只是想谈自己的体会：人生是公平的，也是吝啬的，它让你必须流一湖的汗水，才给你一小勺蜂蜜！仔细想想，那些做出成就的前辈哪个不是付出了艰苦的努力才获得成功的呢？天道酬勤啊！这是秘诀吧！可是这秘诀又有什么秘密可言呢？

直至今日，我仍不敢放松学习与钻研。哪怕已经做了校长，当上了特级教师，我也从没有给自己“放假”的想法，反而觉得自己要学的东西太多了，时间总是不够用。实践告诉我，教育教学工作需要不断的探索，因为对儿童教育工作的研究永无止境！

在不断的学习与研究中，我喜欢挑战自己，挑战过去，挑战现实。这使我在工作中形成一种气魄：敢于否定自我。敢于否定自己的过去，看到自身工作中的不足，不故步自封，不断在实践中实现创新，这是人进步的重要条件。教育教学是科学和艺术的统一。是科学，就需要不断探索；是艺术，就需要不断创新。一个人如果取得了成绩就躺在成绩的温床上睡大觉，那么，不断前进的时代就会使他从“人才”变为“庸才”。否定自我就是战胜自我的过程，否定自我就是生成教育智慧的过程！我是这样思考的，也是这样实践的。我教的课，没有一节是完全相同的。当年，我执教的《别了，我爱的中国》，获得了北京市比赛一等奖第一名，然而，我在后来的教学中一直在改进它，使它适应每一个“具体的班级”。就是获全国比赛一等奖的课《白杨》，尽管被小学语文研究会崔峦理事长称为“经典的教学”，尽管靳家彦老师认为应该从美学的角度来剖析它，尽管许多教师认为它实在完美，我也在新理念的学习中看到了它的问题：严丝合缝的教学，环环相扣的环节，与其说是教师对教学的高水平的驾驭，不如说是教师对课堂的严密的控制——训练的意味压过了对话的意味。完美本身就是问题！今天，再讲《白杨》，我仍是既有继承又有发展。正是这种不断的否定，使我的教学在创新中成熟起来。2003 年年初，在教育部和中央教科所（现为中国教育科学研究院）举办的课改实验课堂教学研讨课上，我执教的《语言的魅力》改变了以往的分析式教学，以语文的理解、感悟、运用为主线组织教学，引起了语文教师的关注，北京师范大学儿童文学教授、语文课改组专家张美妮老师给予了高度的评价，认为这是充分体现课改理念、学生发展和正确处理继承与创新关系的语文教学。我想，如果没有否定自己的勇气，就会视野狭窄，就会思想僵化，就会使研究停滞不前。这应该算是快速提升自我的又一个秘诀吧。

是不是有了良好的学习品质，有了不断创新的精神，有了几节拿手的好课，教育教学工作就一定能做好了呢？其实不一定。我遇到的肯学、肯钻研的教师也不少，可他们的教育工作往往搞不深入，搞不出效益来。许多同志笑谈他们的教学是“中看不中用”，甚至学生也不买他们的账。这是为什么？我的体会是，搞好语文教学的功夫不是在一节课，而是在节节课；搞好语文教学的秘诀不只是你爱语文，你爱学习，你爱研究，更在于你爱学生！

教师所从事的职业是爱的事业，语文教学工作再重要，也只是教育事业的一部分，你永远不要把教学工作和教育工作剥离开。只有真心诚意地尊重学生人格、保护学生自尊、帮助学生进步，才能收到春风化雨、昭苏万物的实效，才能使教学工作深入人心。这是我在几十年的教师岗位上，在经历了许多失败之后的深切感悟。比如，在我教过的学生中有一位男同学，由于种种原因，从不服班主任，总是跟班主任对着干，自然也不好好学习。我接班后不久，按照他给的地址去家访。在寒冷的黑夜里，我顶着刺骨的北风找了两个多小时也没有找到这名学生的家。第二天，我耐心询问这名学生是怎么回事，结果他告诉我给我的是假地址。他说一要考验我教育学生有没有耐心，二是他的妈妈正犯心脏病，怕老师告状加重妈妈的病情。我当时没有发火，也没有严厉地批评他，而是和蔼地说："给老师假地址是不应该的，但你用这个方法考验我，不知道我是不是合格？不过，你妈妈生病，你应该如实告诉我，我会妥善安排的。从这件事可以看出，你还是很爱你妈妈的。"就是这样真诚的话语感动了这名学生，他感受到了教师坦诚、火热的心。从此，他变了，变得尊重教师了，变得爱学习了。后来，他主动邀请我家访，并把真实的地址写给了我。我想，正是我把自己的心贴在他的心上，满腔热情地热爱他，理解他，尊重他，才使他人格得到健康的发展。教育不是在塑造泥偶，不是在制造机器，不是在训练骏马，而是在影响人的灵魂。当一个语文教师不被学生从情感上接受时，他教的任何知识都将游离于学生的心灵！所以，在谈对教学的热爱时，不应该把对于学生的爱分离出去。教学和育人从某种意义上讲应该是一回事。如果说当一名好教师真有秘诀的话，教书和育人不分家，应该算其中一条吧。可话又说回来，这的确称不上什么秘诀。

如果上文谈到的都算教师成功的秘诀，那么，秘诀还有许许多多。

教育千古事，得失寸心知。搞好教育工作的秘诀在哪里呢？应该在教师无私的心间，在勤劳的手中，在甘心的奉献里。其实，从某种意义上讲，不就是在教育的"得失"中吗？

激发教师的活力才是最根本的

让教育涌动生命的活力，这话富有教育的浪漫主义色彩。不过，把“活力”这个词语用于课堂、教育、办学，一点不为过，这既是浪漫主义的抒情，也是现实主义的写照。因为教育是人与人的交往活动，是以生命影响生命的事业，自然充满着人的情感、智慧与活力。

自教育部等八部门出台《关于进一步激发中小学办学活力的若干意见》以来，大家都很关注：办学活力到底怎么激发？有的学校在改革课程供给，服务学生多样化的需求；有的学校在改革课堂教学，让学生成为学习的主人；有的学校在改革管理机制，使学校更具现代化、前瞻性的特点。总之，改革的切入点很多。值得注意的是，这些改革是一种表面的、形式上的“多动症”呢，还是真正抓住了学校自身的办学优势而采取的深层改革呢？在激发办学“活力”上，我一直在思考，对于一所学校而言，从哪儿开始改？究竟抓住什么来推进办学、提高质量？根据我的经验，每所学校有每所学校的实际情况，因此一校一案才是从实际出发的良策。但是，在抓根本性措施上，也有共同点，就是紧紧抓住“人”这个因素，特别是教师工作的主动性、积极性和创造性。

当走进一所办学成功的学校，大家会有个共同的感受，这里的教师敬业爱岗，工作投入；这里的学生学习主动，生动活泼；这里的管理井井有条，繁而不乱；这里的教研气氛浓厚，民主和谐。尤其是走进课堂，我们会发现，每一位教师都在全身心地投入教学活动，努力调动学生参与学习的积极性。在这样的学校里，你如果细心观察一段时间，则会得出这样的结论：这里的教师不是“教”的奴隶，这里的学生也不是“学”的奴隶，他们是教学的主人，他们是“自我”的管理者。这也正是我们所期待的一种管理状态——教师成为教学工作的主体，学生成为学习活动的主体。这种状态不就是一种“活力”的表现吗？

当然，我们也了解到，在一些学校，所有的创新都是“跟风”的产物，所有的改革都是“做秀”给别人看的，所有的“活力”都是校长说出来的而不是教师干出来的。在这样的学校，乍一看办学有“活力”，实则没有生命力。根本原因在哪？没有广大教师的积极行动和深层参与。

所以，激发办学活力，不管你从哪个点切入，都必须把激发教师的活力作为战略性、基础性和根本性的工作来抓。一个校长，一所学校，必须用相当多的精力、相当好的机制引领教师的发展，解放教师的“手脚”，点燃教师的热情，帮助教师成长、成才和成功！试想，一所学校如果真的把“四有”好老师“四个引路人”的要求落到了教师的主动发展上，真正培养起一支专业化水平比较高的教师队伍，那么还用担心课程建设不好？还用担心课堂质量不高？还用担心育人能力不强？还用担心学生发展不好？如果每个教师有活力了，每个年级组、学科组有活力了，还用担心学校工作没有活力？因此，没有充满活力的教师，难有充满活力的教育。

那么如何激发教师的活力，从而使教师释放能量呢？其实，说起来并不复杂，总的来讲，就是改革管理机制，尊重教师，解放教师，激励教师，调动教师工作的主体性。

第一，改变管理思路，让教师有追求。有追求就是有理想，有目标，有奔头。有了追求，就会自我奋斗，自主管理。因此，学校不能老想着怎么管教师，不能“剃头挑子一头热”。一个好的校长、一所好的学校，必须把办学的目标转化成教师的追求。虽然必要的规章制度要有，但是必须研究的是如何让教师自觉树立职业理想，自觉践行正确的教育思想，自觉实现阶段性发展目标。为此，要重视教师的自我教育，使教师在工作上自我认识，自我规划，自我奋斗，自我调节，自我完善。这一策略会使教师处于一种动态的自我反思、自我调整的主动管理状态。

第二，改善管理功能，让教师增干劲。好的管理应该是让人越干越有积极性。教师积极性的发挥离不开激励与赏识。所以，管理的功能不能只突出检查的作用，一味地检查和批评只能让学校死气沉沉。对于教师来讲，成就意识比金钱更重要。教师是知识分子，是专业工作者，清楚自身的劳动富有创造性，特别关注这种劳动价值是否被同事和领导认可。因此，重视对教师的业绩管理，重视发现教师的优点，以此来激励教师，这是非常重要的策略。当然，改革分配方式的物质激励也是重要手段。

第三，改进管理评价，让教师去创造。教师最鲜明的活力表现就是使工作富于创新性，这是创造性劳动的反映。然而在现实工作中，一些教师往往对重复性的低效劳动视而不见。许多教师只强调“我做了什么”，而很少想做得是不是有效果，工作的效果是一般还是非常好。因此，在管理评价上，我们要导向教育教学的研究与创新，用“创新”的思维去解决面临的具体问题。没有创新，就难以实现“一把钥匙开一把锁”的教育原则；没有创新，因材施教就无法落地生根。所以，教育管理要给教师进行创新增勇气、拓空间、强自信、搭舞台、树形象。

从办学的根本来说，教师理所应当地置身于主动者的地位。管理的现代走向不是使教师“受管”，而是使教师“自管”。教师自我管理的效益会最终使教师自己提升对岗位的新认识，并转化为积极提高教学质量的行为。有了教师的活力，则学校工作满盘皆活。因此，激发人的活力才是最根本的问题。

没有好师资，哪有好教育

我有幸参加过一个小范围的座谈会，会议专门就首都师范大学新的发展规划征求大家意见，特别是中小幼校长、园长的意见。座谈中一个重要话题，就是首都师范大学如何为首都教育培养、输送优质毕业生的问题。我们都谈到，党的十九大报告提到了建教育强国的战略，令人振奋。党的十九大后不久，中共中央　国务院颁布了《全面深化新时代教师队伍建设改革的意见》，这更是鼓舞人心。搞好教育，说一千道一万，没有好的教师队伍等于白说。我在办学中说过一句话：一个好教师就是一种好教育，一支好团队凝聚一方好文化，一所好学校开启一段好人生。说到根本，搞好教育最重要的还是好教师的问题。习近平总书记说，一个人遇到好的老师是人生的幸运。

学校的环境设施，只要有钱，就能在短期内改观，就能面貌一新，甚至变“最落后”为“最先进”。但是，我敢说，要想在短时间内求得一个好教师，可不是花钱的事。学校花钱可以买培训，但是不等于买到了教师素质；学校可以花钱包装品牌，但是包装不出教师水平。

质量不均衡等问题，说到根子，是师资队伍的质量问题。教师个个高素质，个个高水平，这些问题就可以得到妥善解决。远的不说，单说近几年毕业的师范院校的大学生吧，文凭至少本科，可是质量是不是高呢？还真不乐观。记得几年前，我亲自接待几个应聘语文教师的本科与硕士毕业生，四个人同时板书古诗，竟然把“离离原上草”的“离”写成“篱笆”的“篱”，竟然把“一岁一枯荣”的“荣”写成“容纳”的“容”。再看钢笔字，有的歪歪扭扭，有的跟火柴棍搭的一样。我不能不感慨：写不好中国字的教师，怎么教好中国语文呢！

实事求是地讲，我们虽然中师毕业，但是，小学甚至中学的课都能教，而且是多面手。拿我自己来说，除去英语教不了（因为在农村长大，初中没有英语课），语文、数学、科学、体育、音乐、美术、书法，样样不差。学生喜欢我们，因为我们不但教学，而且还和他们一起游戏、唱歌、打球、讲故事、排话剧……在他们眼中，教师就是万能的人，尤其小学生佩服得不得了。那个时候，要是合唱节，不用音乐教师多费工夫，我们这些班主任就是导演，就是指挥，就能教唱。记得我接手的第一个班是个五年级班，我教语文、思品课，当班主任、中队辅导员。赶上全校文艺比赛，我这个语文教师给同学们排练了男生合唱《小瓜棚》。十几个男生唱不准，我就一遍一遍地教。最后，还获得了全校二等奖呢，同学们很受鼓舞！因为这个班从来没有获得过文艺方面的集体奖。现在，要是没有音乐教师给排练，许多学科教师只能是发愁，一再说：我是某某学科老师，不懂音乐。这就是教师素质问题。作为一名好教师，应该在某个学科上有更深的造诣，但是，也一定要做个杂家，做个多才多艺的人。

话又说回来，现在的师院毕业生也有比我们强的地方，至少都是本科以上学历，比我们学历高。但是教学能力又如何？从现实看，也不乐观。现在师范院校在培养师范生上存在的最大问题是，重视书本知识的学习，忽视理论与实践的结合，忽视实际工作所需的技能培养。良好的表达、讲授与沟通能力、三笔字的书写能力（钢笔、粉笔、毛笔）、学生活动的基本组织能力等都被省略、忽视甚至轻视了。而这些是从第一天上班、第一次家访就需要的。记得几年前，相关部门召开过关于高等教育小学教师培养的专门会议，当时全国有十几个师范大学的校长或专家在，我和窦桂梅校长都提出了这些问题，建议增加实习与实践课程的时间。现在了解到，许多大学都增加了实习、见习的课程，但是，课程落实的效果还不能让人满意。

更重要的是，当前师范院校的招生质量有待提高。目前国家的政策还难以吸引一流的学生报考师范学院，学习好、素质高的学生大都想着考经济、金融、律师等专业。细细想来，三四十年前，师范生的质量是很高的，大都是全县、各地区学习优秀、素质全面的学生报考，因为当时生活困难，师范生既可以农转非，又每月有伙食费，可以减轻家庭负担。我就是那个时代上的师范。党的十九大提出要把教育放在优先发展的战略地位，这是非常正确的。我想，优先发展就要首先吸引更多一流的人才加入教师行列。

说来说去，教师质量是关键。一个学校都是高素质的教师，校长和家长就放心；一个地区都是高素质的教师，教育局局长就放心；一个国家都是高素质的教师，党和政府就放心。怎么才能提高教师队伍的整体质量？一是政府应该加强正能量的导向，让全社会都以教师为荣，以教师为尊，让更多的优秀者想当教师。谈到这，我提醒全社会，千万不要因为教师队伍中个别的“害群之马”而把教师批臭，千万不要把广大教师搞得身心憔悴，尊严尽失。广大教师还是在默默无闻、尽心尽力工作的。一支打不起精神的教师队伍、一个个职业倦怠的人民教师，是无法完成教育强国的历史使命的。二是得从源头把好教师质量关。通过政策的改革与创新，吸引一大批优秀的人才进入教师队伍，整体提高队伍质量。近两年中小学职称改革设置了正高级，就是个很好的政策。如果一位教师工作了三十年以上，属于优秀育人工作者，政府是否可以在其退休时另外奖励一笔奖金或可以多得退休金？让优秀者人人想当教师，人人不断进取，人人乐教善育，那在战略上就决定了民族素质的提高。三是围绕提高教师素质，各地区要在教师培养与培训上创新机制。一方面要尽快提高新教师的教育教学能力，另一方面要提高全体教师的人文素质，再一方面就是要重视师德师风的建设，形成良好的教师文化。

总而言之，一个好教师就是一种好教育。教育强国，师资为先。

让教师快乐同等重要

教师，是给学生们创造快乐的人，是把工作价值指向人生幸福的人，我们做校长的应该经常问一问：他们是否幸福？他们是否快乐？

曾经和几位校长朋友聊天，也和几位教师同志闲谈，谈到教师的状态时，虽然表达的观点与认识各不相同，但结论一致：今天在许多学校，教师并不快乐。

怎么看待教师快乐的问题，是学校管理中一个常被忽视又实则重要的问题。说它常被忽视，是因为当前对教师更多的关注集中体现在专业发展上，再加上传统的教师职业状态往往以“春蚕到死丝方尽，蜡炬成灰泪始干”来定型，因此，教师不快乐似乎是理所当然的。记得有个教育同行就曾说：“老师的工作就是个辛苦活儿，要想让学生快乐，老师肯定快乐不了。不付出艰苦，学生的快乐从哪里来？”这话乍听起来有理，细琢磨有问题：教师工作的辛苦和艰苦是客观的，但是，辛苦和艰苦难道就一定等于不快乐吗？再者，难道学生快乐，就一定意味着教师不能快乐吗？这种似是而非的认识、这种把学生快乐与教师快乐对立的观点，更体现出学校管理中确实存在着忽视教师快乐的问题。

说教师快乐实则重要，是因为教师的职业内涵需要教师成为快乐的人，它关系着教育的品质与品位。其一，教育工作是用生命影响生命的工作，教师快乐的工作状态可以传播正能量。教育是人与人的生命交往过程，教师用自己的情感、道德、知识乃至整个人的气质与人格去影响学生，教育学生。教师如果常年不快乐，甚至经常带着怨气、牢骚、压抑、急躁的情绪工作，那么很难想象其能教育出真正阳光、快乐的学生。所以，教师应该用快乐的生命拥抱另一个快乐的生命。其二，教育工作是体现教师创造性劳动的过程，教师的快乐情绪、幸福体验能够使教师焕发更大的教育智慧。工作无乐趣，难有无穷的创造动力。同时，创造性的劳动所取得的成果又会激发教师更大的快乐。因此，没有教育的快乐，就没有教育的创造。其三，教育工作是获得尊严、幸福和吸引人向善的事业。正如美国教育专家诺丁斯所言："要集中力量建立一个能支持道德生活的情境，我们期待学校是个既能行善，又能吸引人行善的地方。"每位教师的快乐和幸福都体现着教育的魅力。没有快乐，谁还以教育为美？没有幸福，谁还向往教育工作？

我们可以试想一下，一群快乐的人教育着一群快乐的孩子，用生命的歌声唤起生命的歌唱，那是多么美妙的工作。我们不用担心未来是阴郁的，也不用担心教育是灰暗的，更不用担心教育是苦涩的。但是，如果是一群不快乐的人，整日面对一群成长中的孩子，我们就必须谨慎起来：冷言冷语，暴躁无理，积蓄负能量，这些都在所难免。没有快乐的教师，难以实施真正的素质教育。所以，关注教师是否快乐，说到底是关注教育的品质与品位。

谈到这里，我要明确一下，我所指的教师快乐，是教师在学校工作中表现出的积极情绪与心理状态，包括安全感、被尊重感、成就感、相互信任感和幸福感等。反思我们的管理，当前，一些学校工作确实需要加以改进。一是在办学上要树立起全面的人本观。过去，我们一谈学校以人为本，往往只是强调以学生发展为本，这就有些片面。其实，在办学上，强调以教师为本同等重要，让学生快乐的同时，也要追求教师的快乐。从教育价值上讲，二者不是对立的，而是统一的。有了这种认识，我们才能真切关心教师的生活现状与身心健康，才能关注教师的工作心态，实现教师的情绪管理。二是在管理上合理安排学校工作。管理工作讲科学，教育教学工作的有序开展有自身的规律，要突出中心，主线清晰，有张有弛；不能让教师忙忙碌碌，心情急躁，疲惫不堪。我们当校长的必须心里明白，千头万绪的工作，最后都得落到教师身上，所以工作压力应该适度。爱护教师就要从合理安排教育教学活动开始。三是建立健康的组织文化。比如，对青年教师某些工作失误的宽容、对学生某些错误的宽容，都是必要的，学校应该充满人文关怀的气息。又如，尊重的文化也很重要，创建教师、学生、家长之间相互尊重的友爱关系与友善氛围，是教师快乐工作的重要前提。四是在职业发展与评价机制上应让教师有成就感和安全感。帮助教师在工作创新中获得成功，引导教师拥有积极心态，都是很好的策略。少一些惩罚与指责，多一些鼓励和奖励，赏识教师的优点，肯定教师的努力，抚平教师的伤痛，会使教师更加热爱这份工作。

总之，教师工作快乐，学生才真快乐；教师和学生都快乐，学校管理才真成功。

为师者：我们永远在路上

在思考教师专业发展时，忽然又想到“老师”这个称谓。老师老师，不年老何为师？为什么年老了才可以称师？据有的学者研究，“老师”原是对年辈最高学者的称呼，后来，人们习惯地把“老”与“师”并称。这里有对老师的无限敬畏，也有对老师工作规律的揭示：为师者需要追求一生。

所以，我们要经常反思一下，学生叫自己老师，是说自己是个完美的师者呢，还是我们在追求做完美师者的路上？我自己觉得，从事教育这门工作的时间越长，越不敢称自己是老师，只能是教师。我与“老师”两个字的真正要求相差甚远。所以，自己说自己是老师，只是一个职业的名词，而学生叫自己老师，是出于对老师的热爱和尊敬。因此，我们必须不断问自己：我对得起“老师”二字吗？

正是因为在路上，所以，我们需要和学生共同成长，用一个专业术语，那就叫专业发展。

我曾经谈过专业发展的三个转变：消费型转到创生型，他主型转到自主型，技术型转到人格型。北京小学的许多同志都在努力践行着我的这种思想，因为这种思想是我专业发展的经验与感悟，是与大家分享的成长与收获。其实，我也研究过许多名师的成长，他们的专业成长也都证明了这一点。特别是，他们中的一些人已经超越了专业发展的意义，那是一种人生历程的体悟，更是一种人生境界的追求。我工作这么多年，良师益友很多，其中对我影响比较大的有张光璎老师、吴正宪老师等。张光璎老师一生都谦虚谨慎地对待语文教学，不张扬，不趋炎附势，真正做到了“静下心来教书，潜下心来育人”。在她面前讨论语文教学问题，我永远都觉得自己渺小。她是名副其实的“老”师。说也奇怪，吴正宪老师是数学名师，怎么会对我这样一个语文教师影响大呢？或许，这就是超越了技术型的学习吧。我从吴老师身上至少得到一点认识：在学术的土壤中开出人格的花朵。其人格的内涵是无私、热情、真诚、勤恳、包容、谦逊、正直、大气。我曾感慨：与吴老师差 14 岁，但是在人格魅力上我要差 24 岁！不论在学问上还是在人格上，这些名师在人生境界的追求上一直激励着我。

我真的希望青年教师多读读名师的事迹，体会他们的人生感悟。从这些名师的身上，我们收获的绝不只是教学的几招几式，而是如何做学问，如何做人，如何对待学生的大道理。如果今天让我对老师谈谈对专业发展的一点新认识，我想说：真自主才能敢吃苦，小问题成就大专家。

真自主才能敢吃苦，是说一名教师只有真正有自我追求，才会直面艰苦，不埋怨，不退缩，不气馁。痛苦地当教师不是自主型的工作。我发现有些青年教师的所谓自主是做给别人看的，花拳绣腿有之，是假自主。其实，自主的要义之一是自觉，是事业的觉悟。比如，你遇到问题学生，把他当作你的责任担当，你的宝贵资源，你工作价值的直接体现，就像医生遇到了病人。你从不埋怨，而是默默地、深入地去研究他，解决他的问题，甚至认识到专业研究的乐趣就在这不断的探索中，把苦看成乐，这就是自觉。王国维曾说学问的三个境界：昨夜西风凋碧树，独上高楼，望尽天涯路；衣带渐宽终不悔，为伊消得人憔悴；众里寻他千百度，蓦然回首，那人却在灯火阑珊处。因此，真做学问，真做教育，就不能一面对问题就愁容满面，牢骚满腹；凝眉瞪眼，声嘶力竭；束手无策，痛苦人生。自主的真正境界应该是“咬定青山不放松，立根原在破岩中”，应该是“待到山花烂漫时，她在丛中笑”。真正自主，就要自觉学习，实践研究，不怕失败，以教为乐。

小问题成就大专家，是说不能好高骛远，不能做“机会”主义者，要脚踏实地，要从一个又一个具体的实践问题入手，“积淀”成专家。教育是慢的艺术，教师的成长也是慢工出巧匠。急功近利，突击出来的专家，“速成”出来的名师，都不能成就真正的“老师”二字。我觉得教师真正的发展要经历专务、专业、专家三个阶段。专务是岗位，入门入轨；专业是学术，术业有专攻；专家是技高一筹，享受教育。把每天的专务做优秀，慢慢地就能提高专业水平；把专业的研究向纵深开展，走在别人前面，有见解，有实践，有创新，有成果，就成了这方面的专家。不要把中小学教育教学专家神化。每个人都有潜质，要自我挖掘。我提倡小问题大专家的方式。我经常举例说，错别字问题小不小？写一个错别字也就扣 0.5 分，可能你觉得没什么。但是，如果能把小学生的错别字问题系统地研究明白，说清楚，搞透彻，那你就是这方面的专家，大家都比不了你。可是，又有多少教师看得上日常工作中的小问题呢？不积跬步无以至千里，不积小流无以成江河。真做“老师”，就踏踏实实研究小问题。

其实，我体会，做老师跟做其他工作可以一样，也可不一样。要是一样，只做“教师”，那可以省下许多心思；要是做个真正的“老师”，那可要不懈追求：为师者，永远在路上。

做个温暖学生记忆的老师

每到教师节，许多毕业生都会回到母校看望老师。每当看到这情景，小学和中学时代的许多老师的音容笑貌就会浮现在我的脑海中。工作以来，我常常会在梦中回到母校温暖的怀抱，见到那些平凡却深刻地影响我生命的老师。即便是平常闲暇的时候，我也会忽然回忆起许多和老师在一起的美好时光。尽管离怀旧的年龄还甚远，可是，我却往往在不经意的时候，对母校和恩师们有丝丝缕缕怀念的感觉——就像诗人余光中的《乡愁》所说的那种感觉，于是，心中也流淌出这样的话语：思念 / 是一本温馨的相册 / 母校和恩师就在里边 / 我常常在相册前……

我想，如果每个人的心中都总是充满着这种温馨的记忆，那么，这就说明我们的教育是深入人心的；我们的教师不妄为“老师”二字，是能够温暖学生生命的人。就拿我的母校北京回民学校来说，那曾是一所令我向往的学校，有着让我惊诧的校园。单是那偌大的操场就让我这个农村孩子眼前一亮，心头一震，一下子就感到自己投入了广阔的天地。就读民族师范部，我在其中成长了四年，最难忘的还是师范部的一位位老师。转眼毕业多年了，我仍可以说出恩师的名字，买松岐、常连生、尹瑞波、刘育照、赵敏、彭琪琬、陈志嘉、雷传印、万志勋、国正华……他们深刻地印在了我的记忆中。记得有次中秋节的夜晚，班主任买松岐老师为我们带来了炸带鱼。对于我们这些当时生活并不富裕的农村孩子，那是人间美味，是世间佳肴。我们品味着，欢笑着，那香喷喷的味道，至今忘不了！其实，今天做了老师，我们都明白忘不了的是老师真诚的、无私的、纯洁而又高尚的爱。要知道，一个远离家乡的农村孩子，突然来到大都市后，面对林立的高楼大厦，面对时髦的城市少年，多少都有一点自卑。在许多人的眼里，我们很“土”。然而，在班主任的眼里，看不到丝毫的鄙视。在他的心中，我们就像他的儿女。他，永远用父亲般的目光望着我们——那目光里充满着严父的希望与慈父的温情。即便有一次，当我们这些鲁莽的毛头小子把他气得在办公室里浑身发抖时，他也没有半句过火的话。在我工作后，他还曾写给我一封信，勉励我要勤奋工作，谦虚谨慎，不要骄傲，要向身边的同志学习。这就是我们的班主任！我们从他的身上学到了爱、善良与包容。

岁月并没有把这些事情磨得平淡，许多细节反而更加深刻。陈志嘉老师晚上在办公室里一丝不苟地指导我们绘制世界历史地图的情景历历在目，尹瑞波老师在课堂上为我的成功试讲带头鼓起的掌声仍萦绕耳畔……这样的细节太多太多：体育刘育照老师的标准示范动作，音乐彭琪琬老师充满鼓励的目光，数学国正华老师严谨的演算推理……或许就是从这数不清的细节中，从恩师们没有丝毫做作的言行中，从春风般的师爱中，我们不仅学会了知识，而且学会了做人，学会了如何去做一名教师，如何把师爱化为正直、公平、尊重、慈爱、无私、奉献、鼓励……

我很庆幸自己的学生时代总是遇到那么多好老师，这些老师今天健在的大多都七八十岁了，还有的已经驾鹤西去。我想起他们时，常恭敬而自豪地称他们为“老先生”。这些老先生虽然没有现在的青年教师学历高，但是他们对学生的爱却像树根一样在学生的心中深深扎下，在学生的精神世界里生长得无比茂盛。

一个人遇到好老师是人生的福气与幸运。的确如此啊！即便我多年前上的是农村小学，也遇到了许多好老师。那所学校虽然办学条件艰苦，但是老师们都非常敬业。记得李世斌老师是年岁很大的男老师，音体美全教。一天，他看到我的毛笔字写得不错，就把我叫到办公室，不仅专门拿出一本字帖让我临摹，而且还允许一有时间就到他的办公室去写。李老师给了我许多指导与鼓励，现在我很喜欢书法，这不能不感谢李世斌老师对我的影响。我的班主任马秀清老师，和同学们关系很亲密，常让我们去她家玩。有一次，她一边择菜，一边允许我们几个同学用粉笔在屋里的水泥地上听写字词。我们写了满满一地，她不但不生气，还高兴地夸我们那段时间的知识掌握得不错。这极大地调动了我们学习的积极性。

尽管三四十年了，但母校老师的微笑常常浮现眼前，他们温暖着我的记忆。从事教育工作三十多年了，我常常想，好老师应该好在哪？绝不仅仅是教会学生知识，也不仅仅是告诉学生人生的道理，最关键的，是好在能温暖学生的心，从而温暖学生的记忆，这种温暖会传递百年。一个人在人生的风雪夜晚，想起老师的教诲，老师的微笑，老师的关爱，他就能走出人生的寒冷。

今天，许许多多的学校拥有了更宏伟的建筑，拥有了更漂亮的校园，拥有了许多过去时代所不能拥有的东西。然而，能不能拥有更多温暖学生的老师呢？教师节来了，我随手写下这些感受，既是回忆与祝福曾经教过我的老师，也是在向那些甘于奉献的广大同行表示敬意，更是唤起这个时代所有青年教师的思考。

教育的追问

教育像农业，教育者在耕种人生。

让孩子在“合格”的基础上“扬长”。

在实现教育现代化过程中，人的现代化是最重要也是最难的。

基础教育要回归本真，尊重人的生命成长规律。

教师只有丰富自己的内涵才能够厚积薄发，才能更好地引导学生。

让学生因你的教学，感到校园生活是那么的有意思；让学生因你的教学，感到祖国的语言是那样的充满魅力。

李明新：人生是长跑不是短跑　基础教育影响人的一生[①]

[主持人] 各位网友，大家好，欢迎您收看“新华访谈”。在“两会”之前，新华网做了关于教育的名校之路访谈，今天我们请到北京小学校长李明新。李校长，您好。

[李明新] 各位网友大家好。

[主持人] 北京小学的牌子其实是很响亮的，您觉得北京的基础教育还应该在哪些方面下大力气来发展呢?

[李明新] 不久前召开了北京市教育工作会议，也出台了《北京市中长期教育改革和发展规划纲要（2010-2020年）》，纲要写得非常好，我觉得这个纲要是对国家中长期教育改革规划纲要和全国工作会议精神的体现，涉及了基础教育这一部分，我认为提得非常好。在未来的十年之内，我们的基础教育发展方向非常清楚，我们要追求教育的公平、优质、创新和开放。当然，在这个过程当中，高标准、高质量可能是我们首都基础教育面临的一个实际问题。

[李明新] 我记得，2000年联合国教科文组织在达喀尔会议上有这样一个论断，就是我们今天给全民提供公平的教育已经是一种胜利，但是不能够给他们提供保证质量的教育可能是一种空洞的胜利。因此，基础教育，特别是首都的基础教育应该在提高质量和提高水平上下功夫，这样才能够使我们的人民群众在享受机会公平的前提下，享受到更优质的教育。因此未来的基础教育要做质量，这就涉及素质教育的思想能不能在实践中得到落实，因为我们所说的质量是体现素质教育思想的质量，是真正的追求和实现学生作为人的全面的健康发展，而不是片面追求升学率。基础教育在未来十年应该扎扎实实地研究如何办好每所学校、教好每个学生。北京市应该在各种机制和各种政策上创造更

① 本文刊发于2011年4月11日的新华网。

宽松的环境，促进学校和整个社会推进素质教育。

［主持人］不可否认，中国教育改革已经进入“深水区”，有很多深层次的问题亟待解决，让基础教育回归本真是今天教育改革的迫切要求。作为一个多年从事基础教育实践和研究的一线知名校长，您认为基础教育的本位价值是什么？

［李明新］你这个问题问得非常好，基础教育的本位价值应该就在于它的基础性，“基础”二字必须牢牢把握，这是有别于高等教育的。基础教育应该回归它的本位价值，回归本真。回归就意味着当下基础教育的迷失，有一些基础教育实践已经偏离了基础教育的本位价值，这种实践方向的迷失实际反映了价值追求的一种迷失。作为一种教育实践，基础教育一定要有它的本位价值，或者说一定要有它的根本核心价值。

［李明新］基础教育的本位价值就是在于基础性，而不能简单地理解成是一种学科基础。我们过去谈基础，一般是“双基”概念，就是基本知识和基本技能，这在今天的学校教育当中仍然是很重要的，但今天的教育关注人的全面发展，所以这个基础是为人的一生在打基础，包括人的学习兴趣，做事的习惯，人格健全、健康体魄培养等。“基础教育”的“基础”强调的是一个人整体和谐的发展的基础，这也是以人为本思想的体现。基础教育就是要回到基础教育本来的价值，回到基础教育自身要完成的任务，这个任务不应该是应试教育，尽管我们的基础教育也要培养孩子的应试能力。同时基础教育也不是精英教育，虽然不拒绝精英，但是我们强调基础教育不能错位，也不能越位，否则最终导致的就是基础教育不到位。

［主持人］一校之长确实是一所学校发展的舵手，刚才我们在采访西城区教委的一位教师时，他也提到了一个校长的理念是如何对学校的发展起着很大的引导作用的。北京小学的教育理念是怎么样的呢？

［李明新］在自身的发展过程当中，北京小学的教育理念是在继承的基础上不断发展的。过去，我们的吴国通校长提出要焕发孩子的精神，焕发教师的

工作积极性，这促进了教育的发展。我们现在关注的是是否落实到了每一个孩子的发展上。那么，如何把我们的基础教育落实到每一个孩子身上呢？我提出了应该以个性化教育的思想来创造适合儿童发展的教育，这也是我的一种教育理念和价值追求。

［李明新］谈到适合儿童发展的教育，我就想：为什么我们要关注学生的个性化发展？因为整个社会已经发展到了我们必须把教育价值关注和落实到一个人的全面、主动、生动的发展上面。在教育当中，我们面对的每个儿童都是活生生的个体，个性化教育落实到每一个儿童身上，我们就必须要牢牢抓住“适合才是最好的教育”这个理念。这样才能够使整个育人的过程适合儿童的发展，遵循儿童的发展规律，同时育人的结果要能够使教育最终的目标反映出个性化的教育，培养出一个个鲜活的、具有健康个性的人。

［李明新］作为一种适合的教育，弘扬个性化教育思想的教育者应该在一所学校里创造适合儿童发展的环境，创造适合儿童发展的课程，创造适合儿童发展的教育方法，创造适合儿童发展的评价。这些创造构成了一个整体，构成了一所学校推进教育的方式。比如，谈及校园环境的创设，小学校园应该如何布置，中学校园如何布置，这些都需要考虑。我们强调校园环境既要以人为本，同时更要强调它的教育性。此外，我们之所以说“创造适合儿童发展的课程”，是因为课程应该是学校的竞争力，直接影响到我们培养的学生的未来发展方向。

［李明新］国家的课程标准都是面对全国各个地区的，而北京小学作为北京这样一个国际大都市当中的基础教育小学，作为有着历史积淀的小学应该有怎样的新的价值追求呢？我想，从国家的课程标准、从教材到实施都应该追求一种课程文化的建设。

李明新：传承立魂 思想立教 办现代化学校

新华网北京 8 月 28 日电（记者 商亮）他，是孩子们口中的“李爸爸”，讲起和孩子们在一起的时刻，他眼中的回忆满是希望和柔情；他，是站在孩子身边、感同身受的好老师，他相信尊重孩子的成长规律、尊重每个个体的差异，相信因材施教才能帮助孩子完整地成长；他，是从教学一线成长起来的校长，从躬耕三尺讲台到执掌教育集团，为建设现代化学校不断思考；他，也是一段历史的见证者，一段故事的讲述人。他，就是北京小学的校长，正高级特级教师，李明新。

作为中华人民共和国首都唯一以“北京”命名的小学，北京小学（以下简称“北小”）诞生于 1949 年 6 月 19 日，可以说与新中国同龄，是新中国成立初期由北京市委亲自组建的规模最大的公立寄宿制学校。

爱国、奉献、实干校史给予师生成长精神养分

李明新说，北小的师生从 70 年的校史中获得了丰富的精神养分，这些宝贵的精神财富传承至今。“第一，就是爱国的情怀。北京小学与新中国一起诞生。当时随着北平和平解放，许多干部进到北京，要开始进行新中国的建设、新北京的建设，在革命战争年代，他们很多人都将子女寄养在老乡家，革命胜利了，孩子们被接回来进入北京，也就组成了这样一个特殊的学校。孩子们都寄宿在学校，以支持他们的父母继续投身工作，进行新北京的建设。同学们胸怀强烈的爱国爱党之情，为了建设新中国，学习、劳动、锻炼。”

北小建校之初办学条件艰苦，并无稳定的校址校舍。当时，张自忠将军的女儿，也是北京小学建校时的校长之一张廉云同志，多次向党组织表示要把其父牺牲后遵其遗嘱筹办的私立自忠小学奉献给国家。通过研究，1950 年，北京市委决定把私立自忠小学并入北京小学。李明新说：“这就是第二点，北小

人的奉献精神。当时参与筹建北小的另外几位校长还有禹培芝同志、从延安保育院一路护送孩子们到京的伍真同志、刚从北京师范大学毕业就到北小工作的陈玉华同志等。这些老同志也都兢兢业业、艰苦奋斗、无私奉献，把自己的青春乃至一生都奉献给了学校，奉献给了教育。师生都一起寄宿在学校，一起学习、劳动，建立了深厚的感情。在教师们无私奉献的过程中，爱生如子的文化传统也形成了。直到今天，北小的老师还在传承这些文化。比如多年来，北小一直保持家访的传统，家访率100%，无论冬夏，老师们都会克服各种困难，牺牲休息时间，深入学生家中了解情况。这就是一种奉献的精神。”

“北小的校训是‘脚踏实地做事、顶天立地做人’，正是这样一种实干精神使学校稳步发展”，李明新说，“第三，这就是北小师生的实干品格。不吹嘘、不张扬、不空谈，日常工作就是做到静下心来教书、潜下心来育人。多年来，北小的教育事业不断改革发展，通过扎实的工作，学校教育科研、课改、文化、集团化办学都取得了很好的效果。”这些宝贵的精神财富是北小之魂，是北小人前进的动力。

童蒙养正，做好现代教育的基础性工作

“北京小学未来的愿景就是要办成一所学生热爱、教师自豪、家长认同的基础教育现代化学校。”李明新表示，学校下一步要着力提高教育教学质量，在总结经验的同时，把经验转化为各个集团成员校前进的动力，并帮助他们提高课堂教学的质量。因为“均衡不是目的，优质才是我们的追求”。

提及实现路径，李明新介绍，首先是要进行现代化学校建设，学校将从办学理念、制度、队伍、设施等各方面向实现现代化进一步努力。其次，要让学校的文化建设更加鲜明。“我们要传承北小的优良传统，同时也要随着时代的发展，形成北小具有时代特征的文化，使学校在制度文化、教师文化、教学文化、课程文化和家校文化上体现现代教育的思想，使学校文化更具现代教育特征。”

李明新表示，在实现教育现代化过程中，人的现代化是最重要也是最难的。而人的现代化要从最基础的素质培养做起。为使学生身心能够健康发展，当下思想教育、品德培养、人格培育显得尤为重要。因此，教会孩子们扣好人生第一粒扣子是教育者的责任，这里说的教育者既包括老师，也包括家长。他认为在小学阶段“童蒙养正”是教育的重点。他进一步阐释，幼儿养性，童蒙养正，少年养志，这是指每个学段的孩子在教育上都要突出不同的教育重点，小学阶段就是要在系统的学科知识的学习过程当中，对他们进行人生的启蒙。因此，在这个过程中要通过知识的学习让孩子培养良好的学习习惯，培育美好的品德情感，引导正确的价值观。这就是“养正”的内涵。这是基础教育应该着力的基础性工作。

李明新说：“现代教育要形成家校育人的共同体。在这个时代，我觉得不能够学校单边作战，学生的发展是受制于各个方面的，尤其是家庭和学校，应该相互尊重、相互合作，密切联系，形成育人的共同体，保持教育的一致性。共同建设良好的学校教育生态，让学生校内校外、家里家外都能够受到正确的人生教育。”

回归教育本真　尊重孩子成长规律

作为一名躬耕讲台多年的一线教师，李明新在从教师到校长的工作中，不断去感受和体味孩子的成长过程，“我认为基础教育要回归本真，尊重人的生命成长规律”。

李明新把这一过程归纳为“五养”。这五养分别是：慢养、顺养、牧养、素养和调养。第一，慢养。这是指儿童教育不能图快，要尊重孩子生命成长规律，耐心地等待着儿童一点一点地成长。“我这个慢养是针对今天社会的快文化提出的，我们今天太揠苗助长，太过度施肥了，这会加重学生负担，达不到很好的育人效果。”第二，顺养。“这不是说顺着孩子，而是要顺木之天，要承认差异，尊重人的个性，挖掘人的潜能。”李明新说。第三，牧养。“这是说我们的教育不应该圈养孩子，要像草原上牧人一样为牛羊寻找肥美的水草，我们的教育的一个重要责任是给孩子寻找发掘成长的资源，然后激发孩子成长的积极性、主动性，让他们获得更好的发展。”第四，素养。“素就是指日常、平时，素质不能速成，素质只能靠一点一滴培养，素质的培养在哪？在家庭的每一天的生活中，在每一顿饭的规矩中，在每一次家长和孩子的交流中，在每一次的待人接物中；素养在学校就是在每堂课中，在每次教育活动中，在每次做课间操的过程中。所以素养就是要强调养成教育，强调养成教育就要强调家校的合作。”第五，调养，这一思想借鉴了中医理论。李明新尤其强调，他认为一个孩子要德智体美劳全面发展才能实现身心的和谐，所以在这个过程中教育既要“扬长”又要“补短”。“有人说教育就是扬长的教育，我认为这还值得商榷和思考，不能极端和片面。我认为人在将来的社会生活中一定是扬长避短的，但是他在受教育的过程中既要扬己之长又要补己之短，尤其哪些短要补？比如说道德方面的‘短’就要补，学生的道德出了问题就一定要重视起来。再比如说一个人的身体健康、心理健康如果出了问题一定要补，一定要‘调养’。”李明新表示，有些家长和老师只关注智育或孩子某方面发展是片面的，基础教育还是要强调人的全面、和谐的发展。学生不一定全面优秀，但是一定要全面发展。

而今，“五养”教育思想贯穿在北京小学校园文化、教育教学、课程建设等各个方面，因而创生出了独具特色的四季课程和“实与活”的课堂教学。

俯下身子为孩子　静待花开

李明新说，从自己师范毕业与北小结缘，“无论是当老师还是当校长，难忘的故事很多，许多都是学生深深地感动了我、教育了我”。北小本校有一千多名寄宿学生。记得有一次一年级新生入校后，他在楼道里巡视，课间有个新生突然跑过来搂住他，孩子说：“李校长，我今后能不能叫你李爸爸啊？”李明新问为什么，小女孩说因为她特别想念自己的爸爸却见不到：“我能不能就叫你爸爸？”“我当时特别感动，这就是孩子需要父爱啊，所以我说好，你就叫我李爸爸。这孩子一叫我李爸爸，后来别的小孩也跟着叫李爸爸，这就是‘李爸爸’的故事。每当想到这些孩子们，他们都激励我要更好地工作，更好地回馈孩子对我的爱。”

“同时我们的教育要理解学生，关爱学生，给他们以切实的帮助。”李明新回忆，“当年，我当班主任教语文，有次新接了一个班，没多长时间就有同学反映班里有个同学恨李白，这很奇怪，我就把他找来了。我问他为什么这么恨李白，他说他记忆力太差，背东西背不下来，四年级学李白写的《赠汪伦》，因背不下来而老受老师批评、同学笑话，好不容易熬到五年级，李白又写了一首《望庐山瀑布》，背不下来就又得受大家笑话、老师批评。我就理解了，实际上就是学习有困难的同学需要我们更多的帮助，我和他说不要恨李白，李白是我国古代的伟大诗人，我们应该为他自豪和骄傲。我又说，他可以和其他同学不一样，其他同学今天放了学就要背下来，他一天背一句，用四天把它背下来。他说行，所以后来他用四天的时间把诗背下来，我让他在课堂上给同学们背诵，同学们给他鼓掌，孩子也非常高兴，获得了成功的体验。”

李明新说：“所以我感受到老师要重视教学的方法，方法好了就体现了教育的艺术性，能够使孩子更好更快乐地去获取知识。孩子与孩子之间是有差别的，有的学得快、有的学得慢，我们该思考如何静等花开，耐心地俯下身子教育孩子。”

“教育是一门科学，也是一门艺术，所以它是科学性和艺术性的统一，老师要研究如何组织课堂教学，如何传授知识，如何激发学生的学习兴趣，如何引导学生的思维，这些都需要专业的方法。”所以，李明新也在学校建设中致力于提升教师素养：一方面需要教师在教育的实践工作中不断地通过自身的学习努力去提升对教育事业的爱、对孩子的爱，使之成为自觉的追求；另一方面，学校要重视教师的师德的素质，重视培养教师教书育人的本领。

李明新说：“教师既要提高师德素质，也要提高自己的专业能力，同时教师还应该自觉地在政治素质、文化素质等各方面去充实、丰富自己。所以你要问教师该学什么，不该学什么？我认为，只要是对教师人生有益、只要是对学生的成长有用的知识都应该学习。教师只有丰富自己的内涵才能够厚积薄发，才能更好地引导孩子。所以教师的专业发展是无止境的。”

李明新：教育像农业，教育者在耕种人生

李明新，北京小学校长，北京市语文特级教师，享受国务院政府特殊津贴，北京市首批中小学正高级教师。1988 年师范毕业后分配进入北京小学。2000 年担任教学副校长，2009 年，正式担任北京小学校长并兼任中小学整体改革专业委员会副理事长、全国小学语文特级教师研究中心副秘书长、北京教育学会副会长、教育部课程教材审查专家委员会委员等。

北京小学校长李明新说，教育像农业，教育者是在耕种人生。这些年，他大声呼吁“让基础教育回归本真”。同时，他将自己在教育实践和学习中的理解、感悟概括为五个“养”字，即慢养、牧养、顺养、素养和调养。2012 年，北京小学推出了“不改学制改学程”的课程改革——四季课程，根据北京的季节特点安排与之适应的课程和实践，顺应孩子的生长特点，让儿童体会学习的幸福。

一、成立西城区首个教育集团

北京小学成立于 1949 年，是唯一以“北京”命名的小学，组建之初为北京市规模最大的公立寄宿制学校。

北京小学如今已形成一体两翼、一校多址的办学体系。校长李明新说，“一体”指北京小学这个整体，“两翼”是指学校有寄宿制和走读制两种办学形式。

截至发稿，北京小学在北京市有 8 个分校，北京小学包括寄宿校区和走读校区。2011 年学校率先成立西城区首个教育集团，2012 年成为西城区政府推出的四大教育集团之一。

二、改革学程开设四季课程

2012 年，北京小学推出新的课程改革——根据北京季节特点和孩子成长规律设计开发了四季课程。四季课程中，春天定为“律动健身周”，学生们开始加强体育锻炼；夏天定为“读书实践周”，学生们在暑假期间要进行读书实践活动，坚持读两本书；秋天定为“科技创意周”，学生们要把上一个学年所学的知识综合运用，进行小发明、小创造；冬天则定为“传统文化周”，学生们不但要了解北京的历史文化，还要感受全国各地的民俗文化。

谈到课改的初衷，李明新表示，目前中小学生每个学期的学程（是指学生的学习进程）约为四个半月，然后就是暑假或寒假。现有学程安排并不十分适合孩子的心理发育和生命成长规律。学校推出的课程改革“不改学制改学程”，希望孩子能在活泼充实的课程中体验学习的幸福。

三、用“五养”理论关注成长

在北京小学，一直坚持没有入学考试、平行分班、不设快慢班。李明新说，教育像农业，教育者是在耕种人生。育人既不要揠苗助长，也不要过度施肥，更不能搞工业加工。这其实是李明新在北京小学推行的“五养”理论中的“慢养”。

他把自己对教育的感悟概括为五个“养”字，即慢养、牧养、顺养、素养和调养。

他说，现在一些家长在生活上让孩子饮食过度、营养过度，导致孩子消化不良、体态臃肿。而在学习上，知识的过度补充也容易造成孩子在知识吸收上的消化不良。“所以学校在教育上倡导个性化班级建设，允许学生适度落后。”李明新说，学校倡导合格性评价，不比成绩比成长，不比他人比自己，不比高分比标准。

四、在“合格”基础上“扬长”

李明新曾经接到一个毕业生家长的来电，这位毕业生被某知名大学录取。当年，这个孩子在北京小学时就特别喜欢读书和写作文，其他学科学得也不错。但因不喜欢学奥数，家长没有给她报奥数班，而允许孩子把更多精力放在读书、写作和公益活动上。上中学后，这个学生依旧热爱并坚持写作，个别理科的学习属于中等。家长曾问李明新，是不是该给孩子报个奥数班或补习班，李明新的建议是：“让孩子在‘合格’的基础上‘扬长’”。

“学生最终被知名大学录取，大学也非常看重她对写作一贯的热爱，以及她对社会公益活动的热爱。”李明新说。

自 2012 年起，北京小学每年都要举办“年度荣誉奖”评选活动。李明新说，活动的目的就是引导学生个性化发展，让每一个孩子认识到，只要努力就能成为“最好的自己”，而不是必须考 100 分才是最好的自己。

李明新说，因材施教就是要尊重且通过健康与高雅的兴趣和爱好，促其有个性地成长，鼓励孩子成为最好的自己。

■校长说

让基础教育回归本真

新京报：您提出“五养”教育理念的初衷是什么？

李明新：我觉得今天基础教育的核心价值追求应该回归它的基础性，我也曾大声呼吁了多年“让基础教育回归本真”。“基础教育”四个字本来说得很清楚，就是打好基础。这个“基础”不是传统意义的“双基”概念，而是指人一生身心健康、幸福成长的基础。这个基础是全面的、和谐的、利于个性化发展的基础。如何进行基础教育实践才能尊重它的基础性呢？我把自己在教育实践和学习中的理解、感悟概括为五个“养”字，即慢养、牧养、顺养、素养和调养。

新京报：“牧养”有“放养”的意思，该如何把握这个度？

李明新:“牧养”不是放手不管,而是比喻我们要像草原的牧人放牧一样,把羊群带到肥美的草地,让羊尽情地吃草——我们要把儿童引到更广阔的、富有意义的知识空间,激发儿童主动学习的愿望和热情。从这个角度讲,激发儿童求知的主动性和积极性是“牧养”的核心价值。现在的问题是——更多的家长在“圈养”孩子。许多学生每天就是上学、做作业、写试卷、上培训班。有的家长甚至很明确地给孩子提出:“你什么都别管,把成绩考好就行了。”他们替代了孩子的成长,束缚了儿童的发展。

新京报:如何跟家长合作一起教育学生呢?

李明新:我们会引导家长参与到学校课程资源建设中,让家长走进学校,给学生开设各种各样的大课堂。家长不再是资源之外的观望者,而是资源的开发者。

校长语录

课堂不仅要使学生掌握所学知识,掌握适合自身发展的基本技能,课堂还要生动起来,能激发学生主动性,尊重学生的独特感受,开启学生思维的大门。

——李明新

后 记

今年刚入春天，我就收到两个喜讯，一是疫情已经处于结束阶段，学生们又可以回到学校开启正常的校园生活了；二是伊师孟责编告诉我，书稿已经完成了二校，正在顺利推进。对于一个热爱教育、倾心教育的人来说，这两件事都是非常令我振奋的。前者让我又能面对面地和可爱的孩子们在一起了，一起升旗，一起学习，一起唱戏，一起过有意思又有意义的学校生活；后者让我能梳理办学经验，反思过往，汲取教训，站高望远，开启新的教育实践。

这本书并不高大上，也不难懂，它平实地记录了一个小学校长的所思、所为、所感。因此，这本书是我用笔书写的自己做校长的成长历程，同时也是我用笔写的北京小学这个集体的奋斗历程和办学经验，许多观念都反映了北小人共同的价值追求。特别是我的思想，从在做教师时就深受这所学校文化的影响，一直到我做校长工作。因此，我深深地感谢三十多年成长和工作中帮助过我的领导、专家、同事、家长和同学们，是他们给了我坚守教育的信念，是他们给了我实践创新的信心，是他们给了我战胜困难的勇气。这些领导、专家，这些同事、家长和同学，都是我的良师益友，甚至是指路明灯。

北京教育学院的杨文荣教授二十多年来一直关心我、指导我，他一直期待我能出一本办学的书。不幸的是，他在 2022 年年末驾鹤西去。我想，这本书的出版是对他最好的纪念。

感谢首都师范大学党委副书记杨志成研究员，他一直关心北京小学的发展，也一直关心我的成长。他克服了许多困难，在繁忙的工作中为此书写序，这是对我极大的鼓励！

最后，还要感谢石中英教授鼓励我出这本书，感谢北师大出版社给我提供了平台，也感谢伊师孟责编的辛勤劳动！

要感谢的人、感谢的话实在太多，这也常常让我领悟到，自己的进步离不开组织的培养，离不开许多人的厚爱与帮助。

李明新

2023 年 3 月